Teil 1

DEUTSCH HEUTE

Duncan Sidwell and Penny Capoore

NEUE AUSGABE

Nelson

Nelson
Delta Place
27 Bath Road
Cheltenham
GL53 7TH
United Kingdom

First published by Thomas Nelson and Sons Ltd 1983
Reprinted 1983, 1984 (three times), 1985 (five times),
1986 (twice), 1987 (twice)
Second Edition first published by Thomas Nelson and Sons Ltd 1990

ISBN 0-17-439212-5
NPN 14 13 12 11

Printed in China

Illustrations by Sue Lines, Oena Armstrong, Martin Salisbury and Peter Dennis; Fränzi
cartoons conceived by Duncan Sidwell and drawn by Michael Munday; Nibelungenlied
cartoons conceived by Duncan Sidwell and drawn by Nirava Kavya; maps by Ian Foulis
and Pete Smith. Front cover illustration: Carl Melegari.

Acknowledgements

Amt für Öffentlichkeitsarbeit, Saarbrücken: pp. 191, 211. CIBA-GEIGY GmbH: p.195.
Pestalozzi-Verlag: p. 37. Niederösterreichische Fremdenverkehrswerbung, Wiener
Fremdenverkehrsverbanl: p.17.

Photographs

J. Allan Cash Ltd: p.30 (bottom row, No. 6). Austrian National Tourist Office: p.179 (left).
Sally and Richard Greenhill; p.122 (right). IN-Press/Deutsche Zentrale für Tourismus:
p. 123 (left). Jugendherberge Husum: p. 142 (bottom right). Landeshauptstadt
Saarbrücken: p. 218. David Simson/Das Photo: pp. 6, 7, 8, 10, 11 (top left), 14, 15, 19,
20, 22 (Nos. 1, 2, 4, 5), 26, 30 (Nos. 1–5, 7), 37, 41, 42, 43, 47, 48, 49, 57, 62, 63, 68
(top), 69 (bottom left), 73, 77, 78, 79, 83, 86 (Nos. 1–8), 87, 89, 90, 92, 93 (Nos. 3–6),
95, 100, 101 (top left, centre, bottom left), 103, 106 (No. 1), 110, 114, 120, 121, 123
(right), 129, 130, 133 (No. 2), 134 (Nos. 3, 5), 141, 142 (top left), 143, 145, 146, 149, 150,
162, 163 (top left), 170, 171, 172, 173, 182, 183 (bottom right), 187, 195 (top left), 196,
197, 199, 202, 203, 204, 205, 211, 214, back cover. John Clark: pp.22 (No. 3), 183
(top row, bottom left), 186.

All other photos: Nelson Visual Resources Unit, Duncan Sidwell and Chris Stadtler.

Every effort has been made to trace owners of copyright and if any omissions can be
rectified the publishers will be pleased to make the necessary arrangements.

Inhalt

1 Name? Alter? Wohnort?
Name, age and where you live.

ERSTER TEIL

Wie heißt du? Wie alt bist du?
What's your name? How old are you?

This section explains how to greet someone in German, how to give your name and age and how to ask others for this information.

1.

„Hallo! Ich heiße Claudia.“

2.

„Tag! Ich heiße Andreas.“

Servus!

3.

„Guten Tag! Ich heiße Karl, und ich bin vierzehn Jahre alt.“

4.

„Grüß Gott! Ich heiße Petra, und ich bin siebzehn.“

Ihr Name und Alter, bitte.

Mein Vorname ist Frank, und mein Familienname ist Bauer. Ich bin 23.

5.

„Hallo. Ich heiße Dieter. Und du?“

„Ich heiße Eva.“

6.

„Wie alt bist du, Erich?“

„Vierzehn. Und du?“

„Bin auch vierzehn.“

**Und du? Wie heißt du?
Und wie alt bist du?**

i

Die Zahlen bis 20

1 eins	6 sechs	11 elf	16 sechzehn
2 zwei	7 sieben	12 zwölf	17 siebzehn
3 drei	8 acht	13 dreizehn	18 achtzehn
4 vier	9 neun	14 vierzehn	19 neunzehn
5 fünf	10 zehn	15 fünfzehn	20 zwanzig

ZWEITER TEIL — Wo wohnst du?

Where do you live?

This section teaches you how to say where you live, and to explain whereabouts in Great Britain or Ireland that is.

1.

„Ich heiße Sandra. Ich wohne in Leicester."

   „Wo liegt das?"

„Es liegt in Mittelengland."

2.

„Hallo! Ich heiße Chris. Ich wohne in Bickleigh."

   „Wo liegt das?"

„In Südwestengland in der Nähe von Plymouth."

3.

„Tag! Ich heiße Andrew, und ich wohne in Aberdeen in Ostschottland."

Wortschatz	*vocabulary*
heißen	*to be called*
liegen	*to be situated, to lie*
wohnen	*to live*
in der Nähe von	*near*

Jetzt seid ihr dran!

1   Mit einem Partner oder einer Partnerin
*When you are abroad you are often
asked where certain places are.
Working with a partner, pick places on
the map of Great Britain and Ireland
below and describe where they are.*

Zum Beispiel:
For example:
A: Wo liegt Penarth, bitte?
B: Es liegt in Südwales in der Nähe
   von Cardiff.

2   Nun erfindet Dialoge!
Now make up dialogues!

Zum Beispiel:
A: Wo wohnst du?
B: In Newcastle.
A: Wo liegt das, bitte?
B: In Nordostengland.

England
Schottland
Wales
Nordirland
Irland

Nordengland
Südengland
Ostengland
Westengland

Nordostschottland
Südwestirland
Mittelengland

Landkarte von Großbritannien und Irland

Greenock liegt in Westschottland in der
Nähe von Glasgow.
Und Penrith?

Describe the position of ten towns.

DRITTER TEIL Du wohnst in Deutschland? Wo?
So you live in Germany? Where?

This section develops the theme of the previous section and shows how to ask an inhabitant of the Federal Republic of Germany where he/she lives, and whereabouts that is.

1.

„Hallo! Ich wohne in Schwalbach. Es liegt in Südwestdeutschland in der Nähe von Saarlouis."

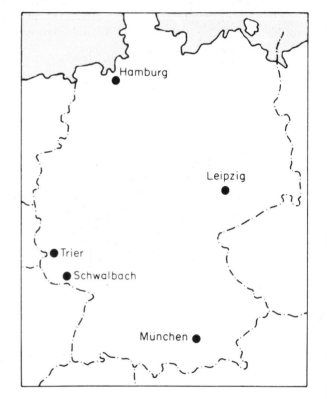

2.

„Tag! Ich wohne in Pinneberg in der Nähe von Hamburg. Pinneberg liegt in Norddeutschland."

3.

„Ich wohne in München in Süddeutschland."

4.

„Und ich wohne in Leipzig."

5.

„Wo wohnst du, Ulrich?"

„Ich wohne im Südwesten. In der Nähe von Trier. Du kommst aus England, na?"

„Ja. Ich wohne in London."

„Ich war einmal da. In Wandsworth."

6.

„Wo wohnst du, Hanna?"

„In Norddeutschland."

„Wo genau?"

„In Buxtehude. Das liegt in der Nähe von Hamburg. Und du, wo wohnst du?"

„In Newcastle."

„Im Nordosten also."

Wortschatz	vocabulary
einmal	once
kommen (aus)	to come (from)

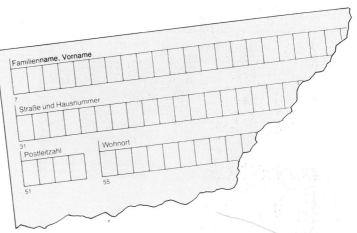

Jetzt seid ihr dran!

1 Hör zu! ●

On the tape you will hear people giving their name and age and saying where they live. Their names and their towns are given here, but they are not given in the order you will hear them. Copy these lists into your books on to one page. Now listen to the tape and join the names of the people to the towns where they live with a line, writing their age in the brackets next to their name.

Name (Alter)	Wohnort	Name (Alter)	Wohnort
Jungen		**Mädchen**	
Rolf ( )	München	Birgit ( )	Hamburg
Stefan ( )	Saarbrücken	Heike ( )	Bremen
Georg ( )	Freiburg	Inge ( )	Passau
Thomas ( )	Memmingen	Gabi ( )	Kiel
Lutz ( )	Lübeck	Barbara ( )	Stuttgart
		Kirsten ( )	Flensburg
		Heidi ( )	Trier

2 *These people are being asked the age of their children. How would they answer?*

Zum Beispiel:
A: Und wie alt ist Karl, bitte?
B: Er ist vier.
A: Und Gabi?
B: Sie ist drei.

1.

„Wie alt ist Barbara, bitte?
Und Horst?"

2.

„Wie alt ist Manfred? Und Rüdiger?
Und Birgit?"

3.

„Wie alt ist Claudia?
Und Wolfgang?"

4.

„Wie alt ist Florian? Und Heike?
Und Jürgen?"

VIERTER TEIL **Wo spricht man Deutsch?**
Where is German spoken?

This section is an introduction to the European countries where German is the main language and to some of the towns in these countries.

German is the main language of these European countries:

Die Bundesrepublik Deutschland
The Federal Republic of Germany
Die Flagge ist schwarz, rot und gold.

Österreich
Austria
Die Flagge ist
rot und weiß.

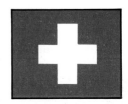

Die Schweiz
Switzerland
Die Flagge ist
rot und weiß.

Die Bundesrepublik Deutschland *is usually called* die Bundesrepublik.

Before 1989, Germany was divided into two parts. The area in the east was known as the German Democratic Republic (the GDR),
die Deutsche Demokratische Republik *(usually called* die DDR*).*

				Telefon privat:	
Ankunftstag Date of arrival - Date de l'arrivée	\multicolumn{3}{c}{**Meldeschein der Beherbergungsstätten** für die Meldebehörde Z. Nr. ....}		
	Beherbergungsstätte:			Telefon dienstlich:	
Abreisetag Day of departure - Date de départ	\multicolumn{3}{c}{**CITY-HOTEL** Richard-Wagner-Straße 67 6600 SAARBRÜCKEN 3}		

Wo spricht man Deutsch?

In Ulm, um Ulm und um Ulm herum!

Jetzt seid ihr dran!

1 Sieh dir die Landkarte von Mitteleuropa auf Seite 6 an!
Look at the map of Central Europe on page 6.

Wo liegen Bremen, Magdeburg, Luzern und Salzburg?

Bremen liegt in der Bundesrepublik.   Luzern liegt in der Schweiz.
Magdeburg liegt in der Bundesrepublik. Salzburg liegt in Österreich.

Wo liegen Linz, Chemnitz, Düsseldorf, Zürich, Nürnberg, Basel,
Wien, Stuttgart?

2 Sieh dir die Landkarte von Mitteleuropa mit einem Partner oder einer
Partnerin an! Stellt Fragen!
Look at the map of Central Europe with a partner and put questions to each other.

Zum Beispiel:
Wo liegt Hamburg?
Liegt Interlaken in der Bundesrepublik?

Tell your partner if he/she gets it right or wrong:
Richtig! *Right!*
Falsch! Es liegt in .... *Wrong! It's in ....*

*When you have asked each other where four towns are, write down another four
for your partner to answer in writing.*

FÜNFTER TEIL Woher kommst du?
Where do you come from?

*This section explains how to ask German-speaking people which country they
come from and whereabouts in that country they live.*

1.

„Hallo! Ich komme aus
der Schweiz."

2.

„Grüß Gott! Ich komme aus
Österreich. Ich wohne in Wien."

3.

„Guten Tag. Ich heiße Bettina. Ich komme aus der Bundesrepublik, und ich wohne in Köln."

4.

„Tag! Mein Name ist Dieter. Ich komme aus der Bundesrepublik. Ich wohne in Berlin."

5.

„Ich heiße Manfred. Wie heißt du?"
   „Inge."
„Woher kommst du, Inge?"
   „Ich komme aus der Schweiz. Ich wohne in Egliswil."
„Egliswil?"
   „Ja. Das liegt in der Nähe von Zürich."

Inge kommt aus . . . ? Sie wohnt in . . . ?

6.

„Ich heiße Kirsten. Und du?"
   „Sven. Woher kommst du?"
„Aus Österreich. Ich wohne in Graz."
   „Ich kenne Graz! Ich war einmal da."
„Wann war das?"
   „Vor drei Jahren."

Kirsten kommt aus . . . ? Sie wohnt in . . . ? Sven kennt . . . ?

Wortschatz	*vocabulary*
kennen	*to know, to be*
(kennt)	*acquainted with*

Jetzt seid ihr dran!

1 Hör zu! ●

Copy these lists into your books. Listen to the tape and draw lines to join the names of the people to the towns and the countries where they live.
Note! Some people say they live in the former German Democratic Republic (die DDR).

	Helga	Rostock
	Hans-Peter	Saarbrücken
die Bundesrepublik	Herr Franz	Salzburg
die DDR	Ulrike	Zürich
Österreich	Reinhardt	Regensburg
die Schweiz	Brigitte	Berlin
	Bärbel	Wien
	Frau Bauer	Luzern

Jetzt schreib einen Satz über jede Person!
Now write a sentence about each person.

Zum Beispiel:
Helga. Sie kommt aus der Bundesrepublik, und sie wohnt in Regensburg.
Hans-Peter. Er kommt . . . .

2 Sieh dir die Landkarte von Mitteleuropa auf Seite 6 mit einem Partner oder einer Partnerin an! Erfindet fünf Dialoge!
Make up five dialogues.

Zum Beispiel:
A: Ich wohne in Zürich.
B: Du kommst also aus der Schweiz?
A: Ja, aus der Schweiz.

3 Nun macht es ohne Landkarte!
Now do it without the map. Who knows the map better? Look at the map and choose a town. You then say you come from there and the other person tries to remember in which country that town is.

Zum Beispiel:
A: Ich wohne in Wien. Woher komme ich?
B: Du kommst aus Österreich.
A: Richtig!

kommen	ich komme	aus der Bundesrepublik
	du kommst	aus der Schweiz
	er kommt	aus Österreich
	sie kommt	

wohnen	ich wohne	in der Bundesrepublik
	du wohnst	in der Schweiz
	er wohnt	in Österreich
	sie wohnt	
liegen	es liegt	

sein	ich bin
	du bist
	er ist
	sie ist

heißen	ich heiße
	du heißt
	er heißt
	sie heißt

sponsored by *Manner*

... *a speciality from Vienna.*

Vienna
Wien · Vienne · Viena · ウィーン

Servus in Österreich

17

Das Nibelungenlied von Fränzi erzählt

Servus Freunde! Ich <u>erzähle</u> eine <u>Geschichte</u>.
Es ist eine sehr <u>grausame</u> Geschichte. Es beginnt ganz schön – es endet aber grausam. In der Geschichte sind <u>folgende</u> Personen.

1 Siegfried. Ich komme aus Xanten. Das liegt in den Niederlanden. Ich bin <u>König</u> der Niederlande und König von den Nibelungen.

2 Kriemhild. Ich komme aus Worms. Worms liegt am Rhein im <u>alten</u> Burgundenland. Mein <u>Bruder</u> heißt Günther. (Ich bin sehr <u>schön</u>.)

3 Brunhilde. Ich bin eine <u>Königin</u>. Ich komme aus Isenland. Isenland ist eine <u>Insel im Meer</u>.

4 Günther. Ich komme <u>auch</u> aus Worms. Ich bin König von Burgunden. Ich bin Kriemhilds Bruder.

5 Hagen. Hagen Tronje ist mein Name. Ich bin Günthers <u>Freund</u>. Ich wohne in einem <u>Schloß</u> in der Nähe von Worms.

6

---

erzähle *tell* Geschichte *story* grausame *cruel, horrible* folgende *the following* 1 König *king*
2 alten *old, ancient* Bruder *brother* schön *beautiful* 3 Königin *queen* Insel im Meer *island in the sea* 4 auch *also* 5 Freund *friend* Schloß *castle*

2 Die Familie
The family

ERSTER TEIL ## Hast du Geschwister?
Have you got any brothers and sisters?

This section teaches you how to talk about your brothers and sisters (if you have any) and how to ask others if they have brothers and sisters.

1.
„Ich heiße Claudia Simmer. Ich bin siebzehn Jahre alt, und ich habe einen Bruder."

2.
„Ich heiße Andreas Simmer. Ich bin vierzehn Jahre alt, und ich habe eine Schwester, die Claudia heißt."

3.
„Hast du Geschwister?"

„Nein. Ich habe keine."

„Du bist Einzelkind? Das bin ich auch."

4.
„Hast du einen Bruder?"

„Nein. Zwei Schwestern. Die sind vierzehn und achtzehn."

5.
„Hast du Geschwister?"

„Ja. Ich habe einen Bruder und eine Schwester. Mein Bruder heißt Karsten, und meine Schwester heißt Ursula. Du, hast du Geschwister?"

„Ja. Einen Bruder. Er ist zehn. Der heißt Rüdiger."

6.
Das ist Sonia. Sie hat mittellange, blonde Haare und blaue Augen. Sie ist mittelgroß.

7.

Karl hat braune
Augen und dunkle
Haare. Er ist klein.

8.

Das ist Richard. Er hat kurze,
hellbraune Haare. Er ist groß.

9.

Gabi hat schwarze
Haare. Sie ist klein.

10.

Was hat er für eine
Haarfarbe? Was hat er für
eine Augenfarbe?

11.

Sie hat braune Augen.
Sie hat braune Haare.

*What are the four questions you would ask this girl in order
to receive these four answers?*

1. Heidrun.
2. 15.
3. Aus Südwestdeutschland.
4. Ja. Einen Bruder.

haben	*to have*	blond	*blond, fair*
Familie	*family*	braune Haare	*brown hair*
ein Bruder	*a brother*	dunkelbraun	*dark brown*
zwei Brüder	*two brothers*	hellbraun	*light brown*
ein Einzelkind	*a single child*	schwarz	*black*
Geschwister	*brothers and sisters*	groß	*big*
keine Geschwister	*no brothers and sisters*	klein	*small*
eine Schwester	*a sister*	kurz	*short*
zwei Schwestern	*two sisters*	lang	*long*
blaue Augen	*blue eyes*	mittelgroß	*medium height*

Jetzt seid ihr dran!

1 Schreib die Antworten aus!
Write out the answers.

How would these people reply to this question:

Hast du Geschwister?

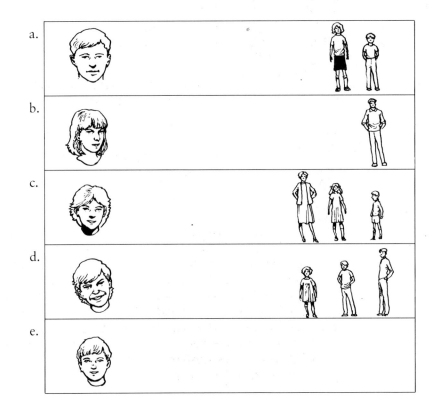

ZWEITER TEIL Tiere zu Hause
Pets

In this section you can learn how to say what pets you have (if you have any) and to ask others what pets they have.

1.

„Hallo! Ich bin Ursula Simmer. Ich wohne in Saarbrücken. Zu Hause haben wir einen Hund, der Rollo heißt. Er ist schwarz und weiß. Wir haben auch einen Wellensittich. Er ist gelb, blau und grün."

2.

„Tag! Ich heiße Ingo. Ich wohne in Rehlingen im Saarland, und ich habe einen Bruder. Zu Hause haben wir einen Hund und zwei Katzen. Der Hund ist braun und weiß, und die Katzen sind schwarz und weiß."

3.

Das ist Heidrun. Sie ist fünfzehn Jahre alt, und sie wohnt in Bremerhaven in Norddeutschland. Sie hat einen Bruder und eine Schwester. Sie hat einen Hamster zu Hause. Er ist weiß und braun.

4.

Petra ist zwölf. Sie wohnt in Marburg, und sie hat ein Meerschweinchen. Es ist klein und weiß und hellbraun.

5.

Das ist Sigi. Er hat keine Haustiere.

auch	*also*
gelb	*yellow*
grau	*grey*
weiß	*white*

Und du? Hast du Tiere zu Hause oder hast du keine?

Hast du einen Hamster? Dieser Hamster ist braun und weiß.

Hast du einen Hund?  Dieser Hund ist . . . ?

Hast du einen Wellensittich?  Dieser ist . . . ?

Hast du eine Katze? Diese ist . . . ?

Hast du eine Maus? Diese ist . . . ?

Hast du ein Kaninchen?  Dieses ist . . . ?

Hast du eine Schlange?  Diese ist . . . ?

Hast du ein Meerschweinchen?

Dieses ist . . . ?

Hast du zwei Katzen?

Diese sind . . . ?

Hast du zwei Hunde?

Diese sind . . . ?

Hast du viele Fische?

Diese sind . . . ?

Hast du viele Mäuse?

Diese sind . . . ?

Hast du eine Schildkröte?

Diese ist . . . ?

i

dieser, diese, dieses *all mean this*
diese *can also mean these*

Jetzt seid ihr dran!

  Hör zu!
Welches Bild ist das?
Listen to the tape, on which there are people talking about themselves, their brothers and sisters and their pets. Which picture goes with which speaker?

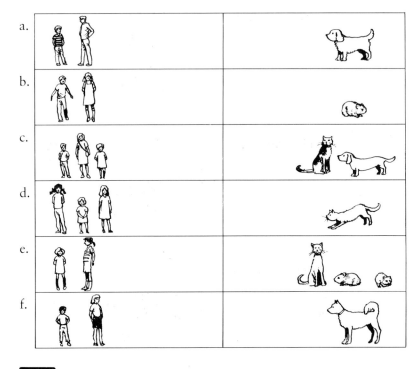

2 Hör zu! ●
Trage die Tabelle in dein Heft ein!
Copy the table into your exercise book. Listen to the tape and fill in as much information about each speaker as possible.

Name	Alter	Geschwister		Tiere				
		Bruder	Schwester	Hund	Katze	Schlange	Hamster	Maus
Gabi								
Peter								
Konrad								
Heike								
Stefan								

Ich habe	**einen** Bruder	zwei Brüder
	eine Schwester	zwei Schwestern
		keine Geschwister
Wir haben	**einen** Hund	zwei Hunde
	eine Katze	zwei Katzen
	ein Kaninchen	zwei Kaninchen
		keine Tiere
		viele Tiere

3 a. Sieh mal die Fotos an! Sind sie älter oder junger als du?
Look at the photos and say if the people are older or younger than you.

Zum Beispiel:
Die Nummer eins ist jünger/älter als ich.
Die Nummer zwei ist vielleicht jünger/älter als ich.

b. Beschreibe diese Leute!
Describe these people.

1.

2.

3.

4.

5.

6.

4 Mit einem Partner oder einer Partnerin

*On page 55 there are details about a number of boys and girls. On **this** page there is a list of questions to ask. Work in pairs. One of you (Student A) pretends to be a person from page 55. The other (Student B) asks the questions **in the order they are set out on this page**. Student A answers the questions using **Ja** or **Nein** only. Student B, who asks the questions, makes notes about the other person. When all the questions have been asked, Student B checks to see if he/she has all the information right, for example:*

„Du bist 15. Du wohnst in . . . .“

Remember to tell your partner whether he/she is right or wrong: Richtig! *or* Falsch!

Bist du	15?
Bist du	jünger? (*All the ages given are between 12 and 18*) älter?
Bist du	16 (13, 17, 12, 14, 18)?
Wohnst du	in der Bundesrepublik? in der Schweiz? in Österreich?
Hast du Geschwister?	
Hast du	einen Bruder? eine Schwester? zwei Brüder? zwei Schwestern?
Hast du ein Haustier?	
Hast du	einen Hund? zwei Hunde? eine Schlange? eine Katze? zwei Katzen? Mäuse? Fische? einen Wellensittich?
Ist das alles?	

i

haben *to have*	**sein** *to be*
ich habe	ich bin
du hast	du bist
er hat	er ist
sie hat	sie ist
wir haben	es ist
ihr habt	wir sind
	ihr seid

Here are some phrases you may find useful in class if you want to . . .

. . . tell the teacher you have not got something:

Ich habe keinen Kuli
(Kugelschreiber).

Ich habe kein Heft.

Ich habe keinen
Bleistift.

Ich habe kein Buch.

Ich habe kein Lineal.

. . . explain something:

Mein Kuli ist kaputt. *My biro is broken.*
Mein Buch (Heft) ist zu Hause. *My (exercise) book is at home.*

. . . borrow something from another student:

Kannst du mir einen Kuli
einen Bleistift
einen Gummi
ein Lineal geben/leihen?

. . . ask the teacher something:

Haben Sie ein Blatt Schreibpapier, bitte? *Have you a sheet of paper, please?*
Haben Sie mein Heft, bitte? *Have you got my book, please?*
Darf ich zur Toilette gehen, bitte? *May I go to the lavatory, please?*

. . . tell the teacher something:

Ich verstehe nicht. *I don't understand.*
Ich weiß nicht. *I don't know.*
(Ich bin) fertig! *(I've) finished!*

Das Nibelungenlied

Die fünf Personen beschreiben sich.

1 Siegfried war ein bißchen dumm und oft jähzornig.

Ich habe blaue Augen und lange, blonde Haare. Ich bin sehr stark. Ich habe ein weißes Pferd.

2 Günther war immer ein bißchen schwach.

Ich habe schwarze Haare und braune Augen. (Ich habe auch eine große Krone.)

3 Kriemhilds Haare waren sehr lang, und sie war so-o-o-o schön.

Ich habe blaue Augen und lange, blonde Haare.

4 Ja. Die Brunhilde war nicht schwach! Sie war auch nicht sehr freundlich.

Ich bin sehr, sehr stark! Ich habe lange, blonde Haare und braune Augen.

5 Hagen war nicht sehr freundlich. Er war stark und grausam. Er konnte sehr gefährlich sein.

Ich habe nur ein Auge und einen schwarzen Schnurrbart. Ich habe kurze, schwarze Haare.

beschreiben sich *describe themselves*   1   dumm *stupid*   jähzornig *quick tempered*   stark *strong*
Pferd *horse*   2   schwach *weak*   Krone *crown*   4   freundlich *friendly*   5   konnte *could*
gefährlich *dangerous*   nur *only*   Schnurrbart *moustache*

3 Was machst du in deiner Freizeit – abends und am Wochenende?

What do you do in your free time, in the evening and at weekends?

ERSTER TEIL

Was machst du gern?
Wohin gehst du gern?

What do you like doing?
Where do you like going?

*This section explains how to say
what sports, hobbies and other
activities you enjoy, and how to
ask others for the same information.*

Was spielst du gern?

1. Ich spiele gern Schach.

2. Ich spiele gern Karten.

3. Ich spiele gern Gitarre.

Wohin gehst du gern?

4. Ich gehe gern
   ins Kino.

5. Ich gehe gern
   zum Jugendklub.

6. Ich gehe gern
   zum Training.

7. Ich gehe gern
   spazieren.

Und was sonst noch?

Ich treibe gern Sport.

Ich sehe nicht besonders
gern fern.

Ich gehe nicht besonders
gern einkaufen.

Ich nähe gern Kleider und
stricke gern.

Ich fahre nicht gern Rad.

Ich höre sehr gern Musik
und spiele auch Gitarre.

Ich sammle Briefmarken.

Ich lese gern Romane und
Zeitschriften aber nicht
besonders gern Comics.

einkaufen gehen	*to go shopping*	spielen	*to play*
fernsehen	*to watch TV*	Sport treiben	*to go in for sport*
gehen	*to go*	stricken	*to knit*
hören	*to hear, listen to*	besonders	*especially*
lesen	*to read*	Briefmarken	*stamps*
nähen	*to sew*	Kleider	*clothes*
radfahren	*to cycle*	Romane	*novels*
sammeln	*to collect*	Zeitschriften	*magazines*
spazierengehen	*to go for a walk*		

„Tag! Ich heiße Holger Render. Was sind meine Hobbys? Ich spiele gern Handball, und ich fahre gern Rad. Ich lese gern, und ich höre gern Musik. Ich lerne auch sehr gern Englisch. Ich wohne in Dudweiler, und ich habe eine Schwester."

Jetzt seid ihr dran!

1 📼 Hör zu! ●
Schüleraustausch.
Student exchange.

The forms given below have been filled in by English students who are going on an exchange. Make six blank forms of the same kind, ready to fill in. Now listen to the tape, on which you will hear details of six German students. Can you find a German exchange partner for each English student?

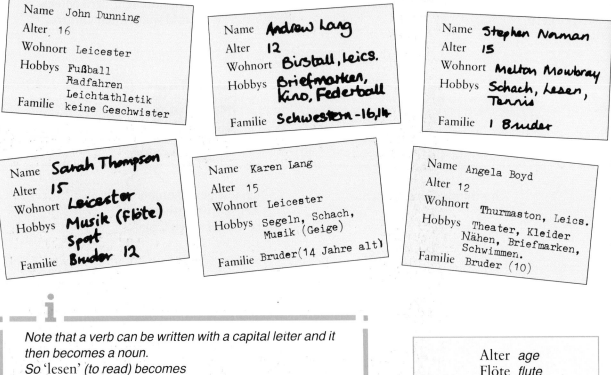

Name John Dunning
Alter 16
Wohnort Leicester
Hobbys Fußball
Radfahren
Leichtathletik
Familie keine Geschwister

Name Andrew Lang
Alter 12
Wohnort Birstall, Leics.
Hobbys Briefmarken, Kino, Federball
Familie Schwestern -16,14

Name Stephen Norman
Alter 15
Wohnort Melton Mowbray
Hobbys Schach, Lesen, Tennis
Familie 1 Bruder

Name Sarah Thompson
Alter 15
Wohnort Leicester
Hobbys Musik (Flöte) Sport
Familie Bruder 12

Name Karen Lang
Alter 15
Wohnort Leicester
Hobbys Segeln, Schach, Musik (Geige)
Familie Bruder (14 Jahre alt)

Name Angela Boyd
Alter 12
Wohnort Thurmaston, Leics.
Hobbys Theater, Kleider Nähen, Briefmarken, Schwimmen.
Familie Bruder (10)

ℹ️

Note that a verb can be written with a capital letter and it then becomes a noun.
So 'lesen' (to read) becomes 'Lesen' (reading),
'segeln' (to sail) becomes 'Segeln' (sailing).
What do the following verbs become?
spielen, radfahren, sammeln, hören

Alter	*age*
Flöte	*flute*
Geige	*violin*
Leichtathletik	*athletics*
Schwimmen	*swimming*
Segeln	*sailing*
Federball	*badminton*

2 Und du? Was machst du gern? Was machst du nicht gern?
Look at each picture and write down whether or not you like the activity
illustrated in it.

Zum Beispiel:
Ich fahre besonders gern Rad.
Ich spiele nicht gern Fußball.
Ich lese sehr gern.
Ich spiele gern Gitarre.

3 Lies den Dialog mit einem Partner oder einer Partnerin!

„Hallo! Ich heiße Erich. Wie heißt du?"

    „Barbara."

„Woher kommst du, Barbara?"

    „Aus England. Ich wohne in Rye."

„Rye? Wo liegt das?"

    „In Südostengland. Wo wohnst du?"

„In Neunkirchen. In Südwestdeutschland."

    „Hast du Geschwister?"

„Ja. Ich habe einen Bruder. Und du?"

    „Eine Schwester. Ich habe eine Katze. Hast du Haustiere?"

"Ja. Wir haben einen Hund. Er ist schwarz und sehr klein."

    „Was machst du gern?"

„Ich spiele gern Tennis. Und du? Spielst du Tennis?"

    „Nein. Nicht besonders gern. Ich spiele gern Handball."

In this dialogue, Erich and Barbara find out all these things about each other: what they're called, the names of the towns where they live, where these towns are, whether they have brothers and sisters, whether they have any pets and what their interests are.

Working in pairs, use the information given below to make up dialogues. Each of you chooses the name of one of the people given and decides how old he/she is, where he/she lives, and so on. You then ask each other questions to find out these details from each other. When you have done this, you could make notes, write a dialogue (like the one between Erich and Barbara) and give a description of the other person.

Name	Alter	Wohnort	Familie	Tiere	Hobbys
Inge	11	Schweiz:			
Kirsten	12	Bern, Brig.			
Heike	13	Bundesrepublik:			
Wolfgang	14	Bonn,			
Jürgen	15	Hamburg.			
Frank	16	England:			
John	17	Dover, Newcastle.			
Peter	18	Schottland:			
Angela	19	Glasgow, Aberdeen.			
Sue			keine	keine	

ZWEITER TEIL Die Musik
Music

This section tells you how to say what kind of music you like, how to give your opinion about different types of music and how to say what musical instrument you play (if any).

„Hörst du gern Musik?"

„Ja!"

„Was, zum Beispiel?"

„Jazz und klassische Musik. Ich habe viele Kassetten und Schallplatten."

Hast du Kassetten? Was für welche?
Hast du Schallplatten? Was für welche?
Hast du eine Lieblingsgruppe? Welche?
Spielst du ein Instrument? Welches?

eine Kassette	*a cassette*
eine Lieblingsgruppe	*a favourite group*
eine Schallplatte	*record*
Was für welche?	*What sort?*
Welche? Welches?	*Which one?*

Wie findest du Vox Populi?

„Wie findest du Vox Populi?"

„Furchtbar!!" „Einfach klasse!!
Unheimlich gut!!"

Furchtbar!! Schlecht! Nicht schlecht.

 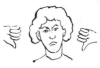

Gut. Unheimlich gut! Einfach klasse!!

How would you express their opinions in English?

Jetzt seid ihr dran!

1 Stell folgende Fragen an deine Klassenkameraden/-kameradinnen!
Ask students in the class the following questions.

Hörst du gern Musik? Klassische oder Popmusik?

Hast du eine Lieblingsgruppe? Welche?

Hast du Kassetten? Was für welche?

Hast du Schallplatten? Was für welche?

Wie findest du . . . ?

Spielst du ein Instrument? Welches?

2 Zum Lesen

1.

Silke Stübe ist 12. Sie wohnt in Dudweiler, und sie hat eine Schwester, die 19 Jahre alt ist. Sie hat viele Hobbys. Sie ist Funkamateur, und sie fährt gern Rad. Sie liest auch gern. Ihre Lieblingsgruppe ist ‚Kiss‘.

Zu Hause hat sie eine Katze.

2.

Dirk Appelzöller ist 13. Er hört gern Musik und spielt Orgel. Er treibt Sport, spielt Fußball und fährt gern Rad. Sein Lieblingsfach in der Schule ist Mathe.

Was macht er noch? Hat er eine Lieblingsgruppe? Welche?

3.

Lisa ist 13. Sie hat einen Hund. Er heißt Rudi.
Lisa geht sehr gern mit Rudi spazieren. Sie
schwimmt auch gern. Sport ist ihr Lieblingsfach.
Sie hat einen Bruder. Er heißt Karl, und er ist 15.

4.

Gabi ist 18. Sie wohnt in der Schweiz, und sie
hat einen Bruder und eine Schwester. Ihr Bruder
wohnt nicht zu Hause: er ist in Amerika.

Gabi liest gern englische Bücher, und sie spielt
Gitarre. In der Schule hat sie Englisch und
Französisch gern. Sie näht auch gern Kleider.

5.

Bernd ist sechzehn Jahre alt und wohnt in der Nähe
von Graz in Südostösterreich. Er treibt viel Sport
und spielt besonders gern Handball. Seine Schwester,
Heidrun, ist ein Jahr älter als er. Sie fotografiert und
malt gern. Bernd und Heidrun fahren auch gern Rad
und machen oft Radtouren zusammen.

Französisch	French	Mathe	*maths*
der Funkamateur	amateur radio enthusiast	die Schule	*school*
das Lieblingsfach	favourite subject	zusammen	*together*
malen (malt)	to paint		

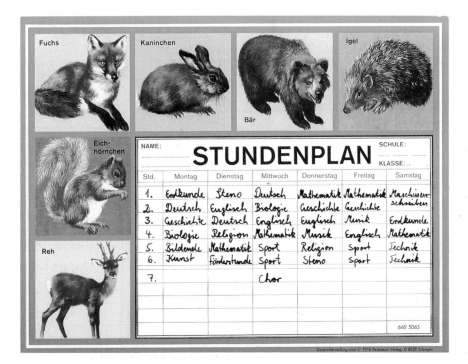

Liebe Clair,

meine Englischlehrerin hat mir Deinen Namen gegeben. Hallo! Ich heiße Barbara.

<u>Mein Steckbrief</u>

Ich bin 14 Jahre alt. Ich habe Geschwister - und zwar einen Bruder (Sven) und eine Schwester (Susanne). Beide sind jünger als ich. Ich habe lange, hellbraune Haare und blaue Augen. Meine Hobbys sind Skilaufen, Tiere und moderner Tanz. Ich spiele auch Gitarre. Meine Lieblingsfächer sind Biologie, Chemie und Physik. Hast Du eine Lieblingsgruppe? Die meine ist Vox Populi. Sind sie in England auch bekannt? Ich habe viele Kassetten und Schallplatten. Wann hast Du Geburtstag? Ich habe nächste Woche Geburtstag - am 13. März. Und Du? Kannst Du mir schreiben und ein Foto schicken? In meinem nächsten Brief schicke ich Dir ein Bild von mir und meiner Katze - Bibi. Jetzt mache ich Schluß.

Tschüs

Deine Barbara

P.S. Hast Du auch Haustiere?

beide	both	nächste Woche	next week
bekannt	known	schicken	to send
ein Bild	a picture	Schluß machen	to end, to close
Geburtstag haben	to have a birthday	ein Steckbrief	personal description
hat ... gegeben	has given	Tanz	dance
Lehrerin	(woman) teacher	Tschüs!	so long!

FRÄNZI

Was bist du, Fränzi?

Ein FRÄNZI!!

Nein. Du heißt Fränzi. Was bist du?

Du bist kein Hund, na?

Nein?

Du bist keine Katze, na?

Nein?

Kein Hund. Keine Katze. Kaninchen? Wellensittich? Was gibt's denn sonst noch?

3 **Here is the translation of a conversation which was overheard in an office in Germany.**

"I say. Do you know anything about the new secretary?"

"No, why?"

"Well, she doesn't seem to know what a capital letter is."

"She must have been to England: they hardly ever use them there."

"Well, at least she joins her words up. I'll ask her for a note about herself."

"Mmmm. I see what you mean."

Hallomeinnameistmarleneundichbinzwan
zigjahrealtichbinsekretärinichwohnei
nsaarlouisichhabeeinenbrudererheißtr
einhardtunderwohntinnorddeùtschlandm
einhobbyistmusikichspieleklavierundi
chhöresehrgernmusikichleseauchgernts
chüs

i

Weak verbs	Weak verbs ending in -eln		Other weak verbs
machen	**sammeln**	**segeln**	**kochen**
ich mache	ich sammle	ich segle	spielen
du machst	du sammelst	du segelst	tanzen
er macht	er sammelt	er segelt	wohnen
sie macht	sie sammelt	sie segelt	heißen
es macht	es sammelt	es segelt	
wir machen	wir sammeln	wir segeln	
ihr macht	ihr sammelt	ihr segelt	
Sie machen	Sie sammeln	Sie segeln	
sie machen	sie sammeln	sie segeln	

Strong verbs			Note: Not all strong verbs change like this in the present tense. For example:		
fahren	**lesen**	**sehen**	**kommen**		
ich fahre	ich lese	ich sehe	ich komme		
du fährst	du liest	du siehst	du kommst		
er fährt	er liest	er sieht	er kommt		
sie fährt	sie liest	sie sieht	sie kommt		
es fährt	es liest	es sieht	es kommt		
wir fahren	wir lesen	wir sehen	wir kommen	and also:	**finden**
ihr fahrt	ihr lest	ihr seht	ihr kommt		**gehen**
Sie fahren	Sie lesen	Sie sehen	Sie kommen		**liegen**
sie fahren	sie lesen	sie sehen	sie kommen		**schwimmen**

Das Nibelungenlied

Nun beginnt die Geschichte. Vor vielen Jahren in Xanten <u>lebten</u> der König Siegmund und die Königin Sieglinde. Sie <u>hatten</u> einen <u>Sohn</u> – Siegfried.

1 Das Baby war sehr stark und sehr aktiv. Das war ein Problem!

2 Er <u>hat</u> gern mit <u>Waffen</u> gespielt!

3 Er hatte die <u>Jagd</u> besonders gern.

4 Die <u>Eltern</u> hatten eine gute Idee. Sigi <u>mußte</u> zur Schule gehen.

Er muß zur Schule!

Schule! Wunderbar!

Schule?! Sigi in der Schule?!!

5 Siegfried <u>wollte nicht</u> zur Schule gehen. Er wollte <u>Drachen töten</u>.

Vati! Ich gehe weg. Es ist furchtbar hier in Xanten. Ich möchte in meiner Freizeit Drachen töten.

Du bist zu jung. Du mußt in die Schule.

Ich bin Siegfried. Ich sammle keine Briefmarken! Ich gehe nicht einkaufen! In meiner Freizeit töte ich Drachen!

6 Ja. Siegfried hat sich ein weißes <u>Pferd</u> und ein großes <u>Schwert</u> mit seiner Taschengeld <u>gekauft</u>. Dann hat er Xanten <u>verlassen</u>.

lebten *lived* hatten *had* Sohn *son*　**2** hat gespielt *played* Waffen *weapons*　**3** Jagd *hunt*
4 Eltern *parents* mußte *had to*　**5** wollte nicht *didn't want* Drachen töten *kill dragons*　**6** Pferd
horse Schwert *sword* gekauft *bought* verlassen *left*

40

4 Die Stadt
The town

This unit introduces you to a German city, Saarbrücken, and to the main buildings and places of interest to be found in it.

Saarbrücken *is the capital of the* Saarland. *It is right on the French border, and the French influence is noticeable in the shops, where you see quite a lot of French foods, and in the names of one or two villages on the border:* Neunkirchen-les-Bouzonville, *for example. You also hear people who do not speak French using* Merci *and* Voilà. *The slogan of the town,* Salü Saarbrücken, *mixes the languages too, with a German spelling of a French word!*

Saarbrücken *is a very pleasant city to be in, having some fine buildings and shops. Its wealth is based mainly on coal and steel, the traditional industries of the* Saar. *As with all big towns in Germany, it has an* Oberbürgermeister: *a lord mayor.*

Saarbrücken liegt in Südwestdeutschland. Es ist die Hauptstadt vom Saarland und hat rund 200 000 Einwohner. Die Hauptindustrien sind Stahl und Kohle.

Hans-Jürgen Koebnick
Oberbürgermeister

Salü Saarbrücken

3. Die Fußgängerzone: *the pedestrian area in the market place called* der St. Johanner Markt.

1. Das neue Rathaus: *the new Town Hall, built in 1900 though.*

2. Das alte Rathaus: *the old Town Hall, built about two hundred years ago. Many German towns have two town halls: a new one and an old one, too small for modern offices.*

4. Das Schloß: *the castle, more like a palace really and now being restored.*

5. Das Stadion: *the stadium where* FC Saarbrücken *play, sometimes in the First Division, sometimes not.*

6. Das Informationsbüro: *the information office. Often these offices are in* the Rathaus.

7. Der Fluß: *the river. It's called* die Saar *and here you can see the old bridge,* die alte Brücke. *The city's name is derived from these two words.*

8. Das Jugendzentrum: *the youth centre.*

9. Der Bahnhof: *the railway station.*

10. Die Bahnhofstraße.

11. Die Jugendherberge: *the youth hostel is large and very well-equipped. It has about 180 beds.*

12. Die Post: *the post office. This is in fact* die Hauptpost, *the main post office.*

13. Das Krankenhaus: *the hospital stands on one of the hills round* Saarbrücken, *and from it you can look out over France.*

14. Karstadt: *one of the big stores in* Saarbrücken. *A big store is called* ein Kaufhaus.

15. Das Theater: *the theatre stands on the banks of the* Saar.

16. Die Ludwigskirche: *the Ludwig's Church. Named after the prince who built it, it was finished two hundred years ago.*

17. Der Landtag: *the parliament. Each state of the* Bundesrepublik *has its own parliament.*

18. Das Landesmuseum: *a small museum of ancient history and prehistory, in the* Ludwigsplatz.

Jetzt seid ihr dran!

1 Mit einem Partner oder einer Partnerin
Look at the symbols under the photographs on pages 42 and 43 with your partner. Then cover the photographs and the text and take turns to identify the meaning of each symbol.

Zum Beispiel:
A (*pointing to symbol for* Rathaus 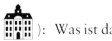): Was ist das?
B: Das alte Rathaus.

2 *Now try a spelling test on each other. One of you gives a word and the other writes it down. If you are able to, you could spell the word in German.*

3 *Can you tell what place each of these phrases refers to? Try to get the answers without looking at the descriptions. Use these only for checking up!*

1. *You can see France from it.*
2. *It was built 200 years ago and another building of the same kind has now been built.*
3. *Sometimes these are in the Town Hall.*
4. *It has something over it.*
5. *Definitely not for old people.*
6. *It's being done up.*
7. *It's named after someone.*
8. *Home ground to someone.*
9. *It's just by the river.*
10. *It's the main one, in fact.*
11. *Fine for a stay.*
12. *There are ten of these in Germany.*
13. *Feet only – no wheels.*
14. *This last one is often journey's end.*

4 How good is your memory? Look at the photographs on pages 42 and 43 for two minutes and try to remember the buildings and their numbers. One of you now has the photographs in front of him/her and tests the other one's memory by asking five numbers – one at a time, of course! If you get the gender wrong – the der, die or das – the questioner has another turn. When you've answered five correctly, swap over.

Zum Beispiel:
A: Sechs.
B: Das Informationsbüro.
A: Richtig. Neun.
B: . . . Bahnhof.
A: Falsch! **Der** Bahnhof.

5 What do you think the gender of these words is?

Hof *yard*
Straße *street*
Haus *house*
Zentrum *centre*
Kirche *church*
Büro *office*
Zone *zone*
Herberge *shelter, inn*

If you knew the genders of these words, it was probably because you recognised them from other, longer words that you have met already, eg: **Hof – der Bahnhof.** *What does this tell you about the gender of words that are made up in this way from other words?*

6 How many words can you make out of the following list by combining words? You can use each word in more than one example.

Rat	Jugend	Straße
Hof	Haus	Zentrum
Kranken	Haupt	Bahn
Post	Herberge	

Maskulinum	Femininum	Neutrum
der	die	das

45

Das Nibelungenlied

Siegfried hat eine lange Reise gemacht. Er hat viele Abenteuer gehabt.

1 Eines Tages hat er etwas im Wald gehört.

Was höre ich?
Was ist das?

2 Ja. Das war Mimir, ein Schmied. Er machte Schwerte, Speere, usw. (Fahrräder machte er nicht. Damals hatten sie keine Fahrräder.)

Guten Tag. Ich möchte hier als Lehrling arbeiten. Ich heiße Siegfried. Ich bin sehr stark. Ich kann alles machen.

OK. Fein. Du bekommst ein Bett, Frühstück, Abendessen und Bier.

3 Siegfried hat begonnen. Er war aber zu stark. Die anderen Lehrlinge haben viel gelacht. (Was dumm war.)

Ei! Ei! Ei! Junge! Junge! Junge! Nicht so stark! Mein Hammer! Ich brauche einen neuen Hammer. Kein Bier für dich heute abend und kein Frühstück morgen.

Ho! Ho! Ha! Ha!

KRACKS

4 Die anderen Lehrlinge haben viel gelacht. Siegfried war von Natur aus jähzornig. Er war sehr böse und hat die anderen Lehrlinge verprügelt.

ZACK

Kopfschmerzen für alle!

5 Die Lehrlinge haben gestreikt. Mimir hatte ein großes Problem. Was konnte Mimir machen? Siegfried mußte weggehen.

'Raus mit Sigi!

Wir streiken! Siegfried muß weg!

Ja. Der junge Mann ist ein Problem.

Verflixt nochmal! Er muß weg! Er kostet mich zu viel Geld.

Reise *journey* gemacht *made* Abenteuer *adventures* gehabt *had*   1 gehört *heard*
2 Schmied *smith* damals *at that time* Lehrling *apprentice* arbeiten *work* Frühstück *breakfast*
Abendessen *evening meal*   3 begonnen *begun* gelacht *laughed* brauche *need*   4 von Natur
aus *by nature* böse *angry* verprügelt *beat up*   5 gestreikt *gone on strike* Geld *money*

5 In der Stadt
In town

DB-Bahnhof

ERSTER TEIL

Festplatz

Sportzentrum P

Wie komme ich am besten zum Bahnhof, bitte?
Can you tell me the way to the station, please?

*This section explains how to ask
your way in a German town and
how to understand basic directions.*

Stadtmitte

Sporthalle

📞 ✉ **TELEFON BRIEFMARKEN** ▶

POST 1. Straße links

Krankenhaus

1.

„Entschuldigung. Wie komme ich am besten zum Bahnhof, bitte?"

„Zum Bahnhof? Nehmen Sie die erste Straße links."

„Die erste Straße links. Danke schön."

„Bitte sehr."

RATHAUS P

Nur zum Parkhaus

2.

„Entschuldigung. Wie komme ich am besten zur Post, bitte?"

„Zur Post? Gehen Sie hier geradeaus."

„Danke schön."

„Bitte sehr."

Freibad Sportplatz

Kurzentrum Weiskirchen

3.

„Entschuldigung. Wie komme ich am besten zum Informationsbüro?"

„Gehen Sie hier geradeaus, und dann nehmen Sie die zweite Straße rechts."

„Danke schön."

„Gern geschehen."

Entschuldigung	*Excuse me*
geradeaus	*straight on*
links	*left*
nehmen	*to take*
rechts	*right*
die Straße (-n)	*street*

Wie komme ich am besten	zum Bahnhof, bitte? zur Post, bitte?		
Nehmen Sie die	erste zweite nächste	Straße	links. rechts.
Gehen Sie hier geradeaus.			
Danke schön.	Bitte sehr. Bitte schön.		

Jetzt seid ihr dran!

1 Hör zu! ●

Draw a grid in your book like the one shown here. Listen to the tape, on which you will hear people asking (and being told) how to get to particular places. Put the first letters of the place which is asked for on the street where it is to be found.

Du bist hier

Zum Beispiel:
Für „Schloß" schreibst du **Schl.**

2 Hör zu!

*Copy this list of words into your book. Listen to the tape and put **zum** or **zur** in front of each as you hear it.*

Krankenhaus   Stadion   Rathaus   Schwimmbad
Ludwigskirche   Museum   Jugendherberge   Post

*Can you now see when you use **zum** and when you use **zur**?*

3   Wie ist die Frage? *What is the question?*
If you were looking for one of the buildings shown here, what would you ask? See page 50 if you need help.

Das Theater

Der Landtag

Die Hauptpost

Das Hallenbad

Das Rathaus – Wien

Die Ludwigskirche

Der Bahnhof – Frankfurt

Das Stadion – Düsseldorf

Der Stadtmarkt – Trier

Das Schloß – Heidelberg

Die Jugendherberge – Weiskirchen.

4 Und wie ist die Antwort?
What is the answer?

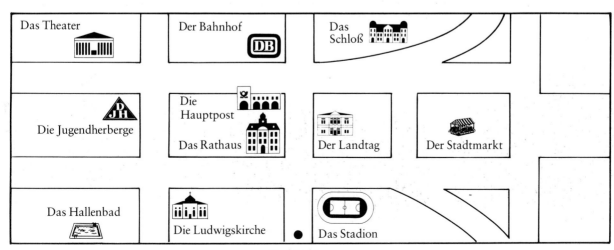

Das Theater	Der Bahnhof	Das Schloß
Die Jugendherberge	Die Hauptpost / Das Rathaus	Der Landtag	Der Stadtmarkt
Das Hallenbad	Die Ludwigskirche	Das Stadion

Du bist hier

5 Partnerarbeit: einer/eine fragt nach dem Weg, der/die andere gibt die Antwort.
With a partner, ask the way and give the answer. If you don't hear or understand what your partner says, you should say „Wie bitte?" or „Wie war das, bitte?"

Remember:

Wie komme ich . . .

zum Bahnhof	zur Bahnhofstraße	zum Hallenbad
zum Fluß	zur Brücke	zum Informationsbüro
zum Landtag	zur Fußgängerzone	zum Jugendzentrum
zum Markt?	zur Galerie	zum Krankenhaus
	zur Jugendherberge	zum Museum
	zur Ludwigskirche	zum Rathaus
	zur Post	zum Schloß
	zur Stiftskirche?	zum Sportzentrum
		zum Schwimmbad
		zum Stadion
		zum Theater?

*Why is this in **three** columns?*

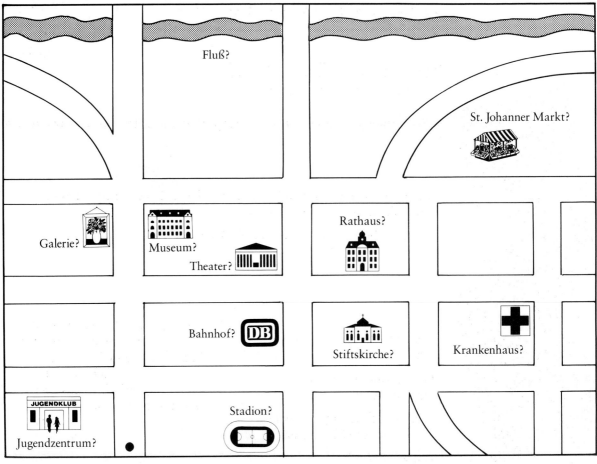

ZWEITER TEIL Etwas komplizierter!
A little more complicated!

This section teaches you how to understand more complicated directions when asking your way in a town.

auf der rechten Seite *on the right hand side*   an der Kreuzung *at the crossroads*
auf der linken Seite *on the left hand side*   an der Ampel *at the lights*
bis zur Kreuzung *as far as the crossroads*   um die Ecke *round the corner*
bis zur Ampel *as far as the lights*   ein bißchen weiter *a little further*
über die Kreuzung *over the crossroads*
Gehen Sie nach rechts/links *Go to the right/left*

Jetzt seid ihr dran!

1  Hör zu! ●
Copy the grid shown here into your book and mark the places which are asked for on the tape, using the first letters of the word in each case. (The dots represent traffic lights.)

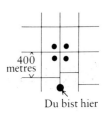

400 metres

Du bist hier

DRITTER TEIL Ist hier in der Nähe ein Café?
Is there a café near here?

In this section you can learn how to find your way to all the essential places in a town!

1.

Joanna ist mit einem Freund zusammen. Sie sind in der Stadt, und sie haben Durst. Sie suchen ein Café.

„Entschuldigung. Ist hier in der Nähe ein Café?"

  „Ja. Gerade hier um die Ecke."

„Danke."

2.

Peter braucht etwas Geld. Er sucht eine Bank.

„Guten Tag. Ist hier in der Nähe eine Bank?"

  „Entschuldigung. Ich weiß nicht. Ich bin hier fremd."

„Danke schön."

Durst haben (hat Durst)	*to be thirsty*
suchen (sucht)	*to look for*
brauchen (braucht)	*to need*
das Geld	*money*
gerade hier	*just here*
Ich bin hier fremd	*I'm a stranger here*

1.		der Briefkasten	ein Briefkasten	*letter box*
2.		die Bank	eine Bank	*bank*
3.		die Imbißhalle	eine Imbißhalle	*snack stall*
4.		die Post	eine Post	*post office*
5.		die Toilette	eine Toilette	*lavatory*
6.		die Trinkhalle	eine Trinkhalle	*drink stand*
7.		die Wurstbude	eine Wurstbude	*sausage stall*
8.		das Café	ein Café	*café*
9.		das Parkhaus	ein Parkhaus	*multi-storey car park*

i

Maskulinum	Femininum	Neutrum
der	die	das
ein	eine	ein
er	sie	es

Jetzt seid ihr dran!

1 Mit einem Partner oder einer Partnerin
Study the words given at the top of this page and check that you both know them. Then cover up the writing and, using the numbered symbols, test each other to see if you can ask the right questions to find if the places are nearby.

Zum Beispiel:
A: Nummer 5.
B: Ist hier in der Nähe eine Toilette?
A: Richtig.

2 Welche Fragen stellen sie? *What questions are they asking?*

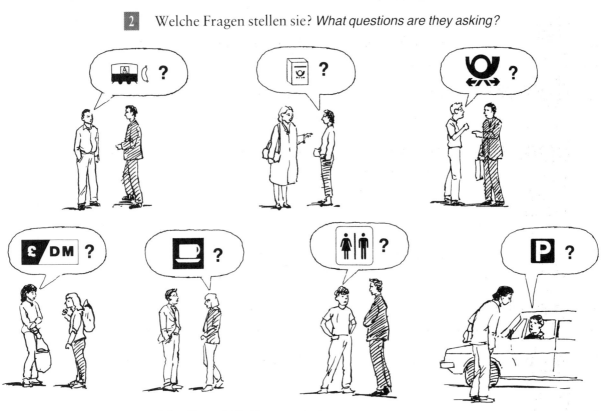

Schreib mal die Fragen aus!

3 Übe Frage und Antwort mit einem Partner oder einer Partnerin!

Zum Beispiel:
A: Wo ist die Bank?
B: Sie ist auf der rechten Seite.

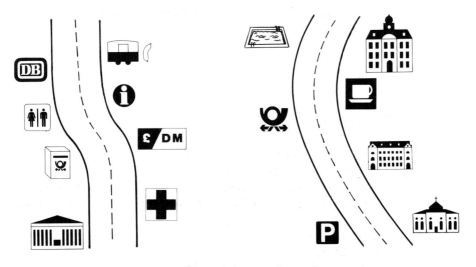

Jetzt schreib die Fragen und die Antworten auf!

4 Ergänze die Dialoge!
Complete the dialogues.

a. „____. Wie komme ich ____ ____ ____ Bahnhof, bitte?"

„____ Bahnhof? Ja. Gehen ____ hier ____, und dann nehmen ____
die zweite ____ ____."

„Danke schön."

„____ ____."

b. „Ist hier in der ____ eine ____, bitte?"

„Ja, Gehen Sie hier um ____ ____. Sie ist auf der ____ Seite."

„____ ____."

„____ ____."

c. „Entschuldigung. Wie komme ich am besten ____ Informationsbüro?"

„Gehen Sie hier über die ____, und dann ____ Sie die ____ Straße
rechts. Sie finden das Informationsbüro ____ ____ linken Seite."

d. „Ist hier in der ____ ____ Post, bitte?"

„O ja! Gehen Sie hier um ____ Ecke bis ____ Ampel. Die Post
ist ____ der ____ ____."

e. „Wie komme ich am besten ____ Jugendherberge, ____?"

„Gehen ____ hier ein bißchen ____, und dann sehen Sie die
Jugendherberge."

Prepositions

What are prepositions?

They're words like 'in'
'on', 'to', 'by' – and so on.

What's so important about them?

Well, in German they have an
important effect. They often change
the word that comes after them.
Quite different from the way in
which they're used in English.

Can you give me an example?

Zu.

And what does it do?

It changes der to dem, and die
to der and das to dem.

What? When does it do that?

All the time! When it has zu
in front of it, der Bahnhof
is always zum Bahnhof:
that's short for zu dem.

It's a bit complicated!

No, it's not. Just say that zu is
always followed by the Dative
case, dem, der and dem.

i

	Maskulinum	**Femininum**	**Neutrum**
Nominativ	der	die	das
Dativ	**dem**	**der**	**dem**

Note also the similar endings on **ein**:

der/ein Freund   mit **einem** Freund
die/eine Partnerin   mit **einer** Partnerin

There are other prepositions which have the same effect as **zu**. *You have met two of them:* **aus** *and* **mit**. *For example, when* **die Schweiz** *has* **aus** *in front of it, it becomes* **aus der Schweiz**.

(Sieh dir Seite 27, Übung 4 an!)

14
BRD
1 Bruder
1 Hund

16
Bundesrepublik
2 Brüder
0 Haustiere

17
Schweiz
1 Bruder
1 Hund

16
Österreich
1 Schwester
1 Kaninchen

12
Schweiz
1 Schwester
2 Brüder
Fische

14
Bundesrepublik
2 Schwestern
1 Katze

12
BRD
1 Schwester
1 Bruder
1 Wellensittich

17
Schweiz
1 Bruder
1 Schwester
0 Haustiere

18
Österreich
0 Geschwister
1 Wellensittich

15
Schweiz
1 Schwester
1 Hund

13
BRD
0 Geschwister
2 Hunde

17
Österreich
0 Geschwister
2 Katzen

Das Nibelungenlied

Mimir hatte eine Idee. Eine sehr furchtbare und grausame Idee. Er wollte Siegfried töten! Siegfried mußte in die Berge ins Nibelungenland gehen.
In den Bergen lebten Drachen und Lindwürmer. Lindwürmer waren keine Haustiere – sie waren große, gefährliche Schlangen!

1 Ich überlege. Eine Idee! Einfach klasse! Sehr schlau!

2 Sigi. Wir brauchen Holzkohle. Du bist stark. Kannst du in die Berge gehen und einen großen Sack Holzkohle kaufen, bitte? Nimm die erste Straße links.

3 DAS NIBELUNGENLAND VORSICHT DRACHEN
DAS NIBELUNGENLAND OK. KEINE DRACHEN

Das drehe ich um! Die Lindwürmer werden Siegfried töten, oder der Drache wird Siegfried fressen.

4 Fein. In Ordnung. Ich gehe in die Berge. Zuerst mache ich mir ein neues Schwert.

5 Du brauchst kein Schwert in den Bergen. Es ist nicht gefährlich in den Bergen. Keine Drachen, usw.

KLING KLANG KLANG

Zu viel Lärm! Hör auf! Wir können nicht schlafen!

6 Sigi hat aber die ganze Nacht hindurch gearbeitet. Er hat sich ein schönes, starkes Schwert gemacht.

töten *kill* Berge *mountains* gefährliche *dangerous* **1** überlege *think about it* schlau *sly*
2 brauchen *need* Holzkohle *charcoal* **3** werden *will* wird *will* fressen *eat* **4** zuerst *first*
5 schlafen *sleep*

6 Im Verkehrsamt/Im Informationsbüro
At the tourist information office

This unit explains how to use information offices to find out what there is of interest to see in German towns.

Karla und John sind Freunde. Sie sind auf Urlaub in Saarbrücken, und sie brauchen einen Stadtplan. Sie gehen also zum Verkehrsamt, wo sie um Information über die Stadt bitten.

„Guten Morgen. Haben Sie einen Stadtplan, bitte?"

„Aber sicher. Möchten Sie auch einen Prospekt?"

„Ja, bitte. Was gibt es hier zu sehen?"

„Also. Es gibt die Ludwigskirche und den St. Johanner Markt. Vom Schloß haben Sie eine sehr schöne Aussicht. Es gibt sehr viel zu sehen. Das ist alles hier auf dem Plan."

„Danke schön."

„Bitte sehr."

„Auf Wiedersehen."

„Auf Wiedersehen."

Birgit und Frank gehen auch ins Verkehrsamt.

„Guten Tag. Haben Sie eine Broschüre?"

„Sicher . . . . Da haben Sie eine Broschüre von Saarbrücken."

„Danke schön. Was gibt es hier zu sehen?"

„Zum Beispiel die Stiftskirche, das alte Rathaus, das Museum. Sie finden alles in der Broschüre."

„Danke schön."

„Gern geschehen. Auf Wiedersehen."

„Auf Wiedersehen."

also	*therefore, so*
die Aussicht	*view*
bitten um (bittet um)	*to ask for*
die Broschüre	*brochure*
der Prospekt	*brochure*
sicher	*certainly*
der Stadtplan	*town map*
der Urlaub	*holiday*

Haben Sie	**einen** Stadtplan?
	einen Prospekt?
Möchten Sie	**eine** Broschüre?
Was gibt es hier zu sehen, bitte?	
Es gibt	**den** St. Johanner Markt.
Sie haben	**die** Ludwigskirche.
	das Museum.

Jetzt seid ihr dran!

1 Such dir einen Partner oder eine Partnerin aus! Erfindet einen Dialog!
Look for a partner. Make up a dialogue.

Zum Beispiel:

A: Haben Sie ... ?

B: Aber sicher.
   Möchten Sie auch ... ?

A: Ja, bitte.

> einen Stadtplan
> eine Broschüre
> einen Prospekt

2 *Here is a map of a German town. Imagine that you are asked by someone what there is to see in the town. With your partner take turns to offer some ideas of what there is to see. The words you must change when you use them are underlined in the list.*

Zum Beispiel:

A: Was gibt es hier zu sehen, bitte?

B: Es gibt die Schloßkirche, ...

1. der Landtag
2. das Schloß
3. die alte Brücke
4. das alte Rathaus
5. das neue Rathaus
6. das Theater
7. der St. Johanner Markt
8. die Ludwigskirche
9. das Museum
10. die Schloßkirche

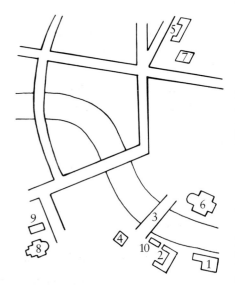

Mark steht mit einem Freund auf der Straße. Er will wissen, wo der Landtag ist.

„Hast du den Stadtplan?"

   „Ja. Suchst du etwas?"

„Ja. Ich suche den Landtag."

   „Den Landtag? Sieh mal hier ...
   Nummer 1."

„Danke."

> Was machst du? *What are you doing?*
> Ich suche .... *I'm looking for ....*

3 Sieh dir die Symbole auf Seiten 42 und 43 mit einem
Partner oder einer Partnerin an.
Beantwortet die Fragen!

Was machst du?

Ich suche

Ich suche

Ich suche

Ich suche

Ich suche

Ich suche

Ich suche

Ich suche

Ich suche

Ich suche

Ich suche

Ich suche

Ich suche

	Maskulinum	Femininum	Neutrum
Nominativ	der	die	das
Akkusativ	**den**	**die**	**das**
Dativ	dem	der	dem

Akkusativ
Zum Beispiel:

Hast du **den** Stadtplan, bitte?
Ich suche **die** Broschüre.
Es gibt **das** Rathaus und
das Schloß.

	Maskulinum	Femininum	Neutrum
Nominativ	ein	eine	ein
Akkusativ	**einen**	**eine**	**ein**
Dativ	einem	einer	einem

Akkusativ
Zum Beispiel:

Möchten Sie **einen** Stadtplan?
Ich habe **keinen** Bruder.

Wir haben **eine** Katze.
Wir haben **keine** Galerie
in Frohenweiler.

kein *behaves in just the same way as* **ein**.

Note: the plural of **kein** *in the Nominative and Accusative
is* **keine**: Ich habe **keine** Geschwister.

Sie hat **ein** Meerschweinchen.
Er hat **kein** Buch.

Das Nibelungenlied

Am nächsten Morgen hat Siegfried die Werkstatt <u>verlassen</u> und ist in die Berge <u>geritten</u>. Er hat den ersten Weg links <u>genommen</u>. Er war <u>guter Laune</u> und hat <u>gesungen</u>.

4 Und Siegfried hat die grausamen, gefährlichen Lindwürmer <u>gefunden</u>. Er <u>freute sich</u> sehr.

5 Und Siegfried hat alle Lindwürmer getötet. Dann hat er ein großes <u>Feuer</u> gemacht, und er hat die Lindwürmer <u>gebraten</u> – genau wie <u>Würstchen</u>.

verlassen *left* geritten *rode* genommen *took* guter Laune *in a good mood* gesungen *sang*
1 wer *who* Vorsicht *take care*   2 Zwerge *dwarves*   3 vor *before*   4 gefunden *found*
freute sich *was pleased*   5 Feuer *fire* gebraten *roasted* Würstchen *sausages* Bäume *trees*

7 Das Geld
Money

ERSTER TEIL Münzen und Scheine
Coins and notes

This section describes the system of money that is used in the German-speaking countries in Europe.

Ein Zwanzigmarkschein

Ein Zweimarkstück

1. Geld aus der Bundesrepublik
Eine Deutsche Mark entspricht hundert Pfennig.

2. Geld aus der Schweiz
Ein Franken entspricht
hundert Rappen.

---

weitere Zahlen

20	zwanzig
30	dreißig
40	vierzig
50	fünfzig
60	sechzig
70	siebzig
80	achtzig
90	neunzig
21	einundzwanzig
22	zweiundzwanzig
35	fünfunddreißig
38	
41	
55	
65	
75	
98	
150	hundertfünfzig
330	dreihundertdreißig

3. Geld aus Österreich
Ein Schilling entspricht hundert Groschen.

entsprechen *to correspond to*
(entspricht)

Karla steht vor der Bank und wartet. Sie will englisches Geld wechseln. Es ist sieben Uhr fünfundfünfzig. Die Bank ist von acht Uhr bis sechzehn Uhr fünfzehn geöffnet.

die Bank	bank
bis	till
geöffnet	open
stehen	to stand
warten	to wait
wechseln	to change
sie will	she wants to

ZWEITER TEIL Wieviel Taschengeld bekommst du?
How much pocket money do you get?

This section explains how to say whether you earn money or receive pocket money and what you consider you need money for.

„Ich bekomme fünf Mark Taschengeld die Woche."

„Ich bekomme 12 Mark Taschengeld."

„Ich bekomme kein Geld! Nichts! Keinen Pfennig!"

„Ich arbeite und verdiene 60 Mark die Woche."

„Dieter. Wieviel Taschengeld bekommst du die Woche?"

„Ich bekomme kein Taschengeld. Ich verdiene jetzt."

„So? Was machst du denn?"

„Ich arbeite zweimal die Woche als Kellner in einem Café."

„Was verdienst du?"

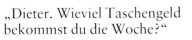

„100 Mark, und dann kommt das Trinkgeld noch dazu."

„Mensch, du hast es gut!"

„Wieso? Die Arbeit ist nicht leicht. Ich verdien' es."

Und du? Arbeitest du in einem Geschäft oder vielleicht in einem Café? Verdienst du etwas? Wofür brauchst du Geld? Für dein Hobby? Sparst du für etwas? Für die Ferien? Wieviel Geld hast du gespart? Trägst du Zeitungen aus?

arbeiten (arbeitet)	to work
austragen	to deliver
bekommen (bekommt)	to obtain, receive
die Ferien	holidays
das Geschäft	shop
gespart	saved
jetzt	now
der Kellner	waiter
leicht	easy
sparen (spart)	to save
das Trinkgeld	tip
verdienen (verdient)	to earn
die Woche	week
die Zeitung	newspaper

8 Auf der Post/Auf dem Postamt
At the post office

ERSTER TEIL ## Briefmarken
Stamps

In der Bundesrepublik ist die Post
von 9 Uhr bis 18 Uhr geöffnet,
das heißt, von 9 Uhr morgens bis
6 Uhr abends.

*This unit explains how to ask what it
costs to send letters and postcards
from German-speaking countries and
how and where to buy stamps.*

abends	*in the evening*
morgens	*in the morning*

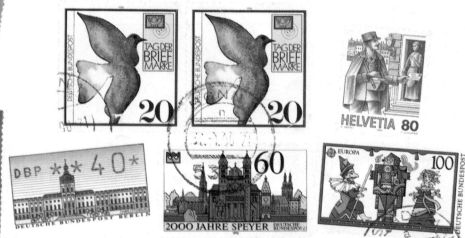

Aus welchen Ländern sind diese Briefmarken?

Frau Brauer ist auf der Post und schickt vier Briefe nach
England.

„Was kostet ein Brief nach England, bitte?"

„Nach England. Achtzig Pfennig. Wie viele möchten Sie?"

„Vier."

„Also, vier Briefmarken zu achtzig Pfennig . . . das macht
drei Mark zwanzig . . . . Danke."

„Danke schön."

Lou schickt drei Postkarten. Sie kauft die Briefmarken, und dann wirft sie die Postkarten ein.

„Was kostet eine Postkarte nach Amerika?"

„Neunzig Pfennig."

„Drei Stück, bitte."

„Drei Briefmarken zu neunzig … das macht zwei Mark siebzig, bitte … . Danke."

„Danke schön."

Ulrich kauft Briefmarken.

„Vier Briefmarken zu achtzig Pfennig und eine zu einer Mark zwanzig, bitte."

„Vier Mark vierzig. Danke."

„Danke."

Man kann Briefmarken auch am Automaten kaufen. Hier wirft man ein Zweimarkstück ein, und dann bekommt man verschiedene Briefmarken.

Was kostet	ein Brief eine Postkarte	nach England?

Eine Briefmarke Zwei Briefmarken	zu	achtzig Pfennig, einer Mark zwanzig,	bitte.

der Brief (-e)	*letter*
die Briefmarke (-n)	*stamp*
einwerfen (wirft ein)	*to post, to put in*
die Postkarte (-n)	*postcard*
schicken (schickt)	*to send*
zwei Stück	*two (stamps)*

Jetzt seid ihr dran!

1 Hör zu! ●

Trage die Tabelle in dein Heft ein!
Was schicken die Leute und wohin? Was kaufen sie?

Wohin?	Was? (Brief? Postkarte?)	Preis?	Wie viele Briefmarken?
Bonn			
Leipzig			
Belgien			
Dänemark			
England			
Frankreich			
Italien			
Norwegen			
Spanien			
Südafrika			

2 Du bist auf der Post, und du kaufst diese Briefmarken. Was sagst du?

1.

2.

3.

4.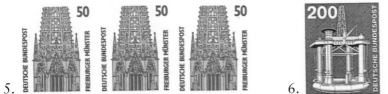

5.

6.

3 Erfinde Dialoge mit einem Partner oder einer Partnerin! ●
First copy the table given below into your exercise book and fill in the prices
of the stamps as you wish. Then make up dialogues as follows:

Zum Beispiel:
A: Was kostet ein Brief nach England, bitte?
B: Achtzig Pfennig.
A: Drei Stück, bitte.

	Briefe	Postkarten		Briefe	Postkarten
Belgien			Italien		
Dänemark			Österreich		
England	−.80		Schottland		
Frankreich			Schweden		

4 Du bist auf dem Postamt. Erfinde Dialoge und schreib sie auf!
Write out the dialogues that could take place if you were at the post office and
wanted to post the following postcards and letters.

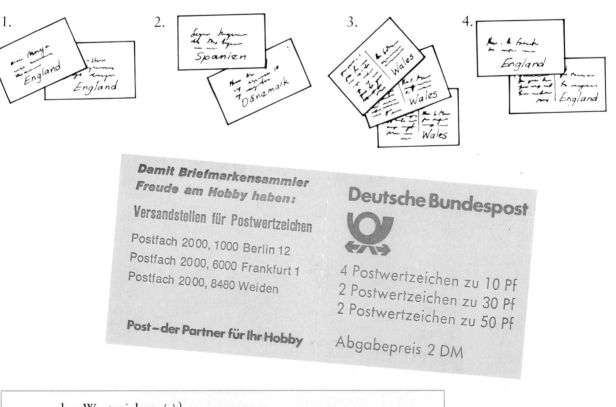

1.

2.

3.

4.

Damit Briefmarkensammler
Freude am Hobby haben:

Versandstellen für Postwertzeichen

Postfach 2000, 1000 Berlin 12
Postfach 2000, 6000 Frankfurt 1
Postfach 2000, 8480 Weiden

Post – der Partner für Ihr Hobby

Deutsche Bundespost

4 Postwertzeichen zu 10 Pf
2 Postwertzeichen zu 30 Pf
2 Postwertzeichen zu 50 Pf

Abgabepreis 2 DM

das Wertzeichen (-) ⎫
das Postwertzeichen (-) ⎬ *stamp (on notices and machines, etc)*

Das Nibelungenlied

Die zwei kleinen Könige haben Siegfried gefragt, das Gold und Silber (das Nibelungenhort) _zwischen ihnen_ zu _teilen_. Das war eine gute Idee, oder…

1

Ich habe eine gute Idee. Siegfried, du kannst <u>entscheiden</u>. Du kannst das Gold und Silber zwischen uns teilen. Wir geben dir das Schwert Balmung.

Ja. Klasse! Machen wir das vor dem Mittagessen. Ich habe Hunger, und ich habe auch Kopfschmerzen.

OK. Ja.

2   Die Zwerge haben das Gold und Silber aus dem Berg <u>gebracht</u>, und Siegfried hat es geteilt.

Nibelung.

Schilbung.

zzzzzz

74

3 Die zwei Könige waren nicht <u>zufrieden</u>. Ganz klar.

4 Siegfried war sehr unzufrieden. Und, natürlich, jähzornig wie immer.

5 Und Siegfried hat mit den Königen und den Zwergen <u>gekämpft</u>. Er hat die Könige getötet und das Gold und Silber <u>genommen</u>.

6

zwischen ihnen *between them* teilen *divide*   1 entscheiden *decide*   2 gebracht *brought*
3 zufrieden *satisfied*   4 gegessen *eaten*   5 gekämpft *fought* genommen *took*

3 Zum Lesen

Gestern war Karl in der Stadt. Er hat sich ein
T-Shirt gekauft. Er hat 19.– DM bezahlt.
Berta war auch dabei. Sie hat aber nichts
gekauft. Sie will sich einen Radiokassetten-
rekorder kaufen und spart dafür. Sie hat
schon 90.– DM gespart.

bezahlt	*paid*
gekauft	*bought*
gestern	*yesterday*
sie will	*she wants*

ZWEITER TEIL   Kann ich Ihnen helfen?
Can I help you?

*This section teaches you how to
ask for and buy various things
in German shops.*

1.

Inge ist zum ersten Mal in Mannheim. Sie braucht einen
Stadtplan, also geht sie in ein Geschäft, um einen zu kaufen.

„Guten Tag. Kann ich
Ihnen helfen?"

   „Ja. Ich möchte
   einen Stadtplan."

„Sonst noch etwas?"

   „Nein, danke."

„Sechs Mark fünfzig, bitte . . . .
Danke schön."

   „Danke."

„Auf Wiedersehen."

der Campingplatz (⁻e)	*campsite*
das Geschenk (-e)	*present*
um . . . zu . . .	*in order to*
zum ersten Mal	*for the first time*

Ich möchte	einen Film. eine Tafel Schokolade. ein Notizbuch.

Was kostet	das, der Stadtplan,	bitte?

Das ist mir zu teuer.

2.

Karl ist auf einem Campingplatz und hat keine Seife und Zahnpasta. Er geht in ein Geschäft, um sie zu kaufen.

„Grüß Gott. Was möchten Sie, bitte?"

„Ich möchte ein Stück Seife."

„Eine Mark zwanzig. Sonst noch etwas?"

„Ja. Eine Tube Zahnpasta, bitte."

„Also. Eine Mark zwanzig plus eine Mark fünfzig . . . zwei Mark siebzig, bitte . . . . Danke."

„Danke schön. Auf Wiedersehen."

„Auf Wiedersehen."

3.

Morgen fährt Annette wieder nach England, und sie sucht ein Geschenk für ihren Vater.

„Was möchten Sie, bitte?"

„Was kostet der Bierkrug?"

„Achtundzwanzig Mark."

„O! So viel. Das ist mir zu teuer. Danke schön. Auf Wiedersehen."

Ich möchte . . .	einen Bierkrug einen Film einen Filzstift einen Füller einen Kuli einen Pullover einen Stadtplan einen Sticker	eine Landkarte eine Packung Kaugummi eine Packung Umschläge eine Postkarte eine Tafel Schokolade eine Tube Zahnpasta	ein Abzeichen ein Notizbuch ein Stück Seife ein T-Shirt
	die zwei Kassetten die zwei Kulis Schreibpapier		

Jetzt seid ihr dran!

1 Erfinde Dialoge mit einem Partner oder einer Partnerin!
Use the illustrations and the prices on page 76 to make shopping dialogues.

Zum Beispiel:
A: Kann ich Ihnen helfen?
B: Ja. Ich möchte einen Stadtplan, bitte.
A: Sieben Mark fünfzig, bitte.
B: Danke schön.

2 *You have just arrived in Germany and you find you need to buy a number of things. You want some soap, and you want to write home: a postcard will do, but you have lost your pen. You will also need a stamp, of course. You will also want to find your way round the town and to make some excursions, so you need a map too. Make a list of everything you need. How do you ask for them in the various shops?*

3 Übe Dialoge mit einem Partner oder einer Partnerin!

Zum Beispiel:
A: Was kostet die Kassette, bitte?
B: Neun Mark.
A: Danke. Das ist mir zu teuer.

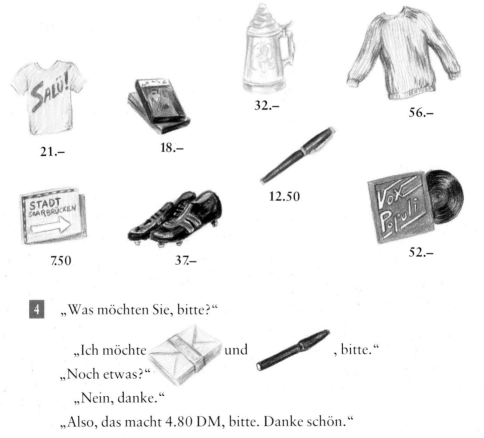

21.–

18.–

32.–

56.–

12.50

STADT SAARBRÜCKEN
7.50

37.–

52.–

4 „Was möchten Sie, bitte?"

„Ich möchte [envelope] und [pen], bitte."

„Noch etwas?"

„Nein, danke."

„Also, das macht 4.80 DM, bitte. Danke schön."

Versucht mal!
Have a go! Make up the prices.

+? = sonst noch etwas?
√ = ja, bitte.
× = nein, danke.

a. — Was möchten Sie, bitte?

— 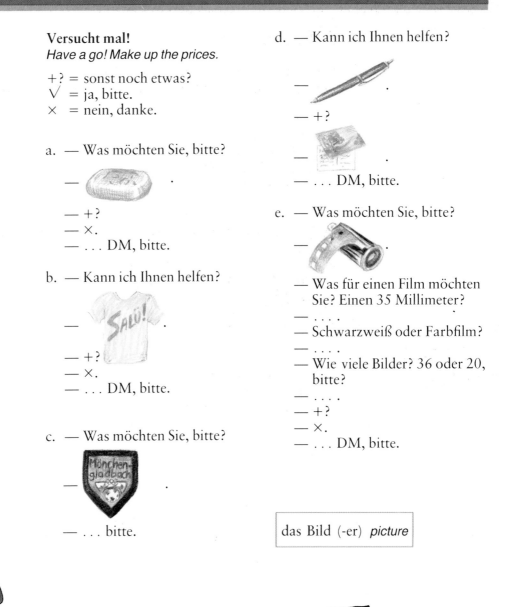 .

— +?
— ×.
— . . . DM, bitte.

b. — Kann ich Ihnen helfen?

— .

— +?
— ×.
— . . . DM, bitte.

c. — Was möchten Sie, bitte?

— .

— . . . bitte.

d. — Kann ich Ihnen helfen?

— .

— +?

— .

— . . . DM, bitte.

e. — Was möchten Sie, bitte?

— .

— Was für einen Film möchten
Sie? Einen 35 Millimeter?
— . . . .
— Schwarzweiß oder Farbfilm?
— . . . .
— Wie viele Bilder? 36 oder 20,
bitte?
— . . . .
— +?
— ×.
— . . . DM, bitte.

| das Bild (-er) *picture* |

5 Hör zu!

Was hätten sie gern als Geburtstagsgeschenk?
What would they like for a birthday present?

Auf dem Tonband hörst du Hans-Peter, Kirsten, Monika, Georg und Silvia.

Zum Beispiel:
Hans-Peter hätte den Schraubenschlüssel und ... gern.

ein Schraubenschlüssel (m)

ein Kassettenrekorder (m)

ein Anorak (m)

ein Fotoapparat (m)

Fußballschuhe

ein Schläger (m)

eine Fahrradlampe (f)

eine Angelrute (f)

eine Ölkanne (f)

Tennisbälle

eine Badehose (f)

6 Zum Lesen

Mark und Julia treffen sich in der Stadt.

„Gehen wir einen Kaffee trinken?" fragt Julia.

„Gute Idee. Was hast du dir gekauft?"

„Einen Pulli."

„Zeig mal .... Schön. Was hat er gekostet?"

„Ich habe 68.– DM bezahlt."

„Toll. Ich habe gar nichts gekauft.
Ich spare, weißt du, für ein neues Fahrrad.
Ich habe schon 400.– DM gespart und
brauche noch 50.– DM."

„OK. Dann bezahle ich den Kaffee."

sich treffen	*to meet*
zeigen	*to show*
es hat gekostet	*it cost*

DRITTER TEIL **Ich will . . .**
I want to . . .

This section teaches you how to say what you want to do.

„Was machst du, Birgit?"

„Ich gehe in die Stadt. Ich
will Umschläge und einen
Kugelschreiber kaufen."

„Kannst du mir einen
Schwarzweißfilm kaufen,
bitte?"

„Sicher."

Birgit geht in die Stadt. Sie will
Umschläge, einen Film und
einen Kuli kaufen.

Ich will	einen Kuli ein Abzeichen	kaufen.
Er will	in die Stadt zum Bahnhof	gehen.
Sie will	Tennis	spielen.

Jetzt seid ihr dran!

1 Was wollen diese Menschen kaufen?
What do these people want to buy? Here are their shopping lists.

1. Filzstift
Zahnpasta
1 Briefmarke
20 pfg.

2. Abzeichen
6 Postkarten
Kuli

3. Schokolade
1 Film (s/w)
Stadtplan

4. Schreibpapier
Umschläge
Kaugummi
T-Shirt

2 Übe Dialoge mit einem Partner oder einer Partnerin!

A: Was machst du?
B: Ich gehe <u>in die Stadt</u>. Ich will <u>einen Stadtplan</u> kaufen.
A: Dann kauf' mir doch <u>einen Kuli</u>.
B: OK. Hast du das Geld da?

Practise similar dialogues using the following as alternatives to the underlined words:

zum Kaufhof   zur Post   auf den Markt
Schreibpapier   einen Filzstift   Briefmarken
eine Briefmarke (80 Pfg)   ein Notizbuch   eine Schallplatte

3 Was wollen diese Leute machen?

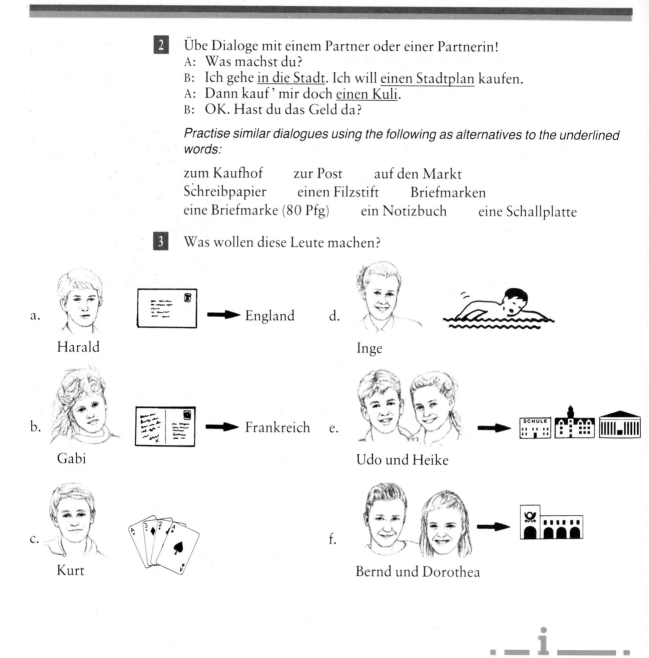

a. Harald — England

b. Gabi — Frankreich

c. Kurt

d. Inge

e. Udo und Heike

f. Bernd und Dorothea

Konrad: Wohin gehst du, Martin?
Martin: Ich gehe in die Stadt. Ich will eine
        Landkarte kaufen. Brauchst du was?
Konrad: Ja. Kannst du mir Schreibpapier und
        Umschläge kaufen?
Martin: Sicher. Hast du das Geld da?

Martin will eine Landkarte kaufen, und
Konrad braucht Schreibpapier und
Umschläge. Martin geht in die Stadt und
kauft alles im Kaufhaus.

---

i

wollen *to want to*

ich will
du willst
er will
sie will
es will
wir wollen
ihr wollt
Sie wollen
sie wollen

Das Nibelungenlied

Aber etwas hat Siegfried getroffen. Er hat aber nichts gesehen, und er hat nichts gehört! Wer war das?

1 Au!! Wer war das? Grrr! Wer ist da?

2 Dann hat Siegfried das Ding gefaßt und geschüttelt, und...da stand Alberich der Zwerg, Freund des Königs Nibelung. Alberich hatte eine Zaubermütze getragen. Die Zaubermütze machte ihn unsichtbar. Im Kampf war die Zaubermütze ihm vom Kopf gefallen.

Was ist das? Wo bist du?

3 Alberich. Gib mir diese Mütze! Komm, gib sie mir. Sonst haue ich dir den Kopf ab.

Ach weh! Muß ich?

4 Jetzt bin ich König der Nibelungen. Ich bin euer König. Ihr seid alle in meinem Dienst.

Ich nehme etwas Gold und die Zaubermütze mit nach Hause.

5 Siegfried ist in Xanten angekommen. Er hatte viele Soldaten und viel Gold.

Tag, Papi! Tag, Mami! Ich bin König der Nibelungen und habe auch viel Gold. Ich habe auch diese komische Zaubermütze bekommen.

Du kommst zu spät für das Mittagessen.

6 Ach Sigi! Wie nett. Möchtest du einen Kaffee mit einem Stück Kuchen? Wir haben Pflaumenkuchen. Sehr lecker.

7 Die drei Leute sind also ins Schloß gegangen, wo sie Kaffee getrunken und Kuchen mit Sahne gegessen haben. Siegfried war sehr zufrieden. Er war jetzt König der Niederlande, König der Nibelungen und hatte viel Gold und viele Soldaten.

Sigi, möchtest du auch König der Niederlande sein?

OK. Ja. Das wäre ganz fein.

getroffen *struck*   2 Ding *thing* gefaßt *grasped* geschüttelt *shaken* Zaubermütze *magic cap* unsichtbar *invisible* Kopf *head*   3 sonst *otherwise* haue...ab *chop off*   4 Dienst *service* 6 Kuchen *cake* Pflaumenkuchen *plum cake* lecker *tasty*   7 Schloß *castle* Sahne *cream*

10 Etwas zu essen, etwas zu trinken.
Something to eat, something to drink.

ERSTER TEIL **Möchtest du eine Wurst?**
Like a sausage?

This unit is about food and drink, and in this section you can learn how and where to get a snack in Germany.

In Germany it is easy to buy a snack at almost any time of the day because of the many hot food stalls and hot food counters there are. You never seem to have to go far to find one!

1. Hier kann man etwas essen.

heiße wurst

2. **SCHNELLIMBISS**

3. Hier kann man etwas trinken.

Coca-Cola **TRINKHALLE** Coca-Cola

4.

5. **Schaschlik**

6.

Weißwurst Spezialität

Speck-Kartoffel-salat 148
100g
Beste Salatkartoffeln
Speck, Zwiebeln, Gewürze

7.

8.

Rostwurst mit ½ Weck **2¹⁰**

9. FLORIDA BOY ORANGE
Keine Pommes frites!
erfrischend ohne Kohlensäure

10. Was kostet es?

Bockwurst	1.80
Rostwurst	1.70
Curry-weis	2.00
Curry-Rot	2.10
Frikadelle	1.60
Schaschlik	2.80
Pom-frittes	1.40
Bier	1.50

11. **PREISTAFEL**

Pommes Frites ohne	1.60
Frikadelle	1.70
Pommes Frites mit	1.80
Rostwurst	1.80
Bockwurst	1.90
Curry Frikadelle	2.00
Curry Wurst	2.20
Fleischkäse geb.	2.90
Schaschlik	2.90
½ Hähnchen	4.50
Schwenkbraten	6.00
Spaghetti Bolognese	3.80

1.

„Was möchten Sie, bitte?"

„Einmal Schaschlik."

„Mit Currysoße?"

„Ja."

„Zwei Mark zwanzig, bitte."

Die Kundin hat Schaschlik mit Currysoße
gekauft und hat 2.20 DM bezahlt.

2.

„Was darf es sein?"

„Zweimal Bockwurst, bitte."

„Mit Senf?"

„Nein, danke."

„Drei Mark sechzig, bitte."

Der Kunde hat zweimal Bockwurst ohne Senf
gekauft und hat 3.60 DM bezahlt.

3.

„Was darf es sein?"

„Pommes Frites, bitte."

„Eine große oder eine kleine Portion?"

„Eine große, bitte, mit Mayonnaise."

„Eine Mark achtzig, bitte."

Was hat die Kundin gekauft?
Wieviel hat sie bezahlt?

Was darf es sein? Was möchten Sie, bitte?		
Einmal Zweimal	Bockwurst	mit Senf
	Pommes Frites	mit Mayonnaise
	Schaschlik	mit Currysoße

der Schnellimbiß die Imbißstube	snack bar
der Senf	mustard
die Soße	sauce
die Wurst (¨e)	sausage
ohne	without

Jetzt seid ihr dran!

1 Hör zu! ●
Trage die Tabelle in dein Heft ein!
On the tape you will hear six customers giving their orders.

a. *Listen to the tape and put ticks in the boxes for the number of things ordered,
   eg:* „Zweimal Bockwurst." = √ √.

b. *Listen to the tape a second time and put what each customer pays at the
   bottom of the column.*

	1	2	3	4	5	6
Bockwurst						
Currywurst						
Jägerwurst						
Rostwurst						
Preis						

	1	2	3	4	5	6
Schaschlik						
Frikadelle						
Pommes Frites (groß)						
Pommes Frites (klein)						
Preis						

2 Du bestellst etwas.
Choose a different type of sausage each time.

S
M } Soßen   O = ohne alles
C

a. 1 ×  + S

b. 1 ×

c. 2 × + C

d. 3 × O

e. 1 × + M

f. 1 ×

g. 1 × + M. 2 ×

h. 1 ×  1 ×

3 Quick quiz

Without looking up the answers can you:
a. *name three types of place where you can get a snack?*
b. *name three types of sausage?*
c. *say what sometimes comes on a skewer or on a stick?*
d. *remember what you say when you don't want any sauces on your food?*

4 📼 **Wer bezahlt?**

Peter und Dieter haben Hunger. Sie wollen etwas essen und gehen zum
Bahnhof, wo es eine Wurstbude gibt. Sie kaufen Currywurst und Pommes
Frites mit Mayonnaise. Peter hat kein Geld, und Dieter bezahlt.

Peter: Dieter, wieviel Uhr ist es?
Dieter: Schon halb zwei.
Peter: Halb zwei? Ich habe Hunger. Gibt es hier in der Nähe
eine Wurstbude oder so was?
Dieter: Ja. Am Bahnhof gibt's eine. Komm. Gehen wir mal hin.

An der Wurstbude
Verkäuferin: Bitte schön?
Peter: Einmal Currywurst, bitte . . . .
Danke.
Dieter: Und eine große Portion Pommes
Frites, bitte.
Verkäuferin: Mit oder ohne?
Dieter: Mit . . . . Danke.
Verkäuferin: Vier Mark fünfzig.
Peter: Hör mal, Dieter. Kannst du
bezahlen? Ich habe kein Geld mehr.
Dieter: OK.

ℹ️

einmal
zweimal
dreimal
viermal
. . . hundertmal

bezahlen (bezahlt)	*to pay*
halb zwei	*half past one*
Hunger haben	*to be hungry*

FRÄNZI

Fränzi! Was ist los?

Ich war in der Stadt..

und ?

Da ist eine WURSTBUDE!!

Ich habe Hunger, Hunger, Hunger,
Habe Hunger, Hunger, Hunger,
Habe Hunger, Hunger, Hunger,
Habe Durst.

Wo bleibt das Essen, Essen, Essen,
Bleibt das Essen, Essen, Essen,
Bleibt das Essen, Essen, Essen,
Bleibt die Wurst?

ZWEITER TEIL Hast du Durst?
Are you thirsty?

This section teaches you how to order something to drink in a Café.

Es ist Viertel nach vier Uhr nachmittags. Ingrid, Robert und Karl sin
im Café. Es ist warm, sie haben Durst und bestellen etwas zu trinken

Karl: Wie spät ist es Ingrid?
Ingrid: Viertel nach vier.
Karl: Gut. Wir haben noch eine halbe Stunde Zeit.
Robert: Was möchtest du, Ingrid?
Ingrid: Ich hätte gern einen Tee mit Zitrone. Ein Glas.
Karl: Ich habe Durst. Ich trinke eine Limo.
Robert: Und ich einen Kaffee. Herr Ober!
Der Kellner: Bitte schön?
Robert: Ein Glas Tee mit Zitrone, bitte. Eine
Limonade und einen Kaffee.
Der Kellner: Eine Tasse oder ein Kännchen?
Robert: Eine Tasse, bitte.

ein Glas Wein, ein Glas Bier

bestellen (bestellt)	*to order*
das Glas (¨er)	*glass*
das Kännchen (-)	*pot*
eine halbe Stunde	*half an hour*
nachmittags	*in the afternoon*
noch	*still*
die Tasse (-n)	*cup*
Viertel nach	*a quarter past*

Ich möchte			
einen Apfelsaft.	eine Cola.	zwei Glas Apfelsaft.	einen Tee mit Zitrone. einen Tee mit Milch. Ein Glas oder ein Kännchen?
einen Fruchtsaft.	ein Glas Bier.	zwei Tassen Kaffee.	einen Kaffee. Eine Tasse oder ein Kännchen?
eine Limonade.	ein Glas Wein.	zwei Kännchen Tee.	eine Schokolade. Eine Tasse oder ein Kännchen?

Jetzt seid ihr dran!

1 Hör zu! ●
Was bestellen diese Leute?

Copy the names of drinks from the Getränkekarte *given here into your book and draw five columns next to it with the following names at the top of the columns:*

Helena   Jürgen   Herr Pitz   Maria   Tobias.

Put a tick against what each person orders. How much does each one spend?

2 Jetzt könnt ihr bestellen!
Mit einem Partner als Kellner oder einer Partnerin als Kellnerin bestelle etwas zu trinken!

Zum Beispiel:
A: Bitte schön?
B: Ein Glas Tee mit Milch, bitte.
A: Danke. Ein Glas Tee mit Milch.

The waiter or waitress must repeat the order back each time, and if either of you does not quite hear what the other says, what do you say?

Here are the orders to be placed:

Getränkekarte

Biere

Moravia Pils	1,80 DM
Holsten Pils	1,80 DM
Holsten Edel	1,50 DM

Alkoholfreie Getränke

Apfelsaft	1,50 DM
Hella Gold ohne Kohlensäure	1,50 DM
Hella Orange	1,30 DM
Hella Zitrone	1,30 DM
Coca Cola	1,30 DM
Selter	1,20 DM

Warme Getränke

1 Kännchen Kaffee	2,60 DM
1 Tasse Kaffee	1,30 DM
1 Kännchen Tee mit Zitrone	2,80 DM
1 Tasse Tee mit Zitrone	1,40 DM
1 Kännchen Tee	2,60 DM
1 Tasse Tee	1,30 DM

a. b. c. d.

e. f. g. h.

DRITTER TEIL Hast du Hunger? Guten Appetit!
Are you hungry?

This section is about the custom of Kaffee und Kuchen *in German-speaking countries and teaches you how to order cakes and ice-creams in a* Café *or a* Konditorei *(cake and sweet shop).*

In the German-speaking countries there is an enormous variety of types of cake and flan, and it is common for people to have a drink of tea or coffee with a piece of cake (and cream) in the afternoon. In fact, Kaffee und Kuchen *is quite an institution, both at home and in* Cafés.

The system of ordering a cake in a Café *may at first seem a little complicated. Read the first few lines here to see how it works.*

In einer Konditorei verkauft man Kuchen, Bonbons, Pralinen, und so weiter. Viele Konditoreien haben auch ein Café, wo man Kuchen essen und Kaffee trinken kann.

1.

Wenn man ein Stück Kuchen will, wählt man es vorne an der Theke aus. Dort bekommt man einen Zettel mit einer Nummer darauf. Dann geht man ins Café.

Dann, wenn man Getränke bestellt, nimmt der Kellner oder die Kellnerin den Zettel, und er oder sie bringt den Kuchen zum richtigen Tisch.

der Kuchen (-)	*cake*	verkaufen	*to sell*
nehmen (nimmt)	*to take*	auswählen	*to select*
die Pralinen	*chocolates*	(wählt aus)	
die Theke (-n)	*counter*	der Zettel (-)	*slip of paper, note*

3.

Gail ist in der Konditorei. Sie steht an der Theke und wählt ein Stück Kuchen aus.

„Was ist das, bitte?"

„Das ist eine Himbeertorte. Möchten Sie ein Stück?"

„Bitte."

„Mit Sahne?"

„Ja."

4.

„Das ist Ihr Zettel. Der Kellner bringt den Kuchen."

„Danke schön."

„Bitte schön."

5.

Peter will wissen, was es für Kuchen gibt. Er kennt die Namen nicht.

„Was für Kuchen haben Sie, bitte?"

„Oh . . . Käsekuchen hier und Apfelstrudel. Das hier ist Pflaumenkuchen. Diese hier sind Schwarzwälder Kirschtorte und Schokoladentorte."

„Ich nehme das, bitte."

„Das ist Schokoladentorte. Mit Sahne?"

„Nein, danke. Ohne Sahne."

„Da haben Sie Ihren Zettel."

„Danke schön."

6.

Kuchen und Gebäck		
1 Stück Apfelkuchen	DM	2.-
1 Stück Käsekuchen	„	2.-
1 Stück Sahnetorte	„	2.20
Eisspezialitäten		
Gem. Eis	DM	3.-
Gem. Eis mit Sahne	„	3.60
Früchtebecher Jet Star	„	4.50
Eis-Kaffee	„	3.-

Vielleicht möchte man ein Eis essen. Es gibt natürlich viele Eissorten. John sitzt im Café und fragt den Kellner, was es für Eissorten gibt.

7.

das Eis	ice-cream
ein gemischtes Eis	ice-cream of mixed flavours
kennen (kennt)	to know, be acquainted with
die Sahne	cream
der Käsekuchen	cheese-cake
die Kirschtorte	cherry flan
die Himbeertorte	raspberry flan
der Pflaumenkuchen	plum flan
der Apfelstrudel	apple roll
das Erdbeereis	strawberry ice

„Herr Ober!"

„Bitte schön?"

„Was für Eissorten haben Sie, bitte?"

„Wir haben Vanilleeis, Erdbeereis und gemischtes Eis."

„Ein gemischtes Eis und eine Limo, bitte."

„Das Eis mit Sahne?"

„Nein, danke."

Jetzt seid ihr dran!

1 Hör zu! ●
Was wollen diese Leute bestellen?
Listen to the tape, make notes and then write out the orders the people give to the waiter.

2 Setz die fehlenden Sätze ein!
Put in the missing sentences.

a. – Was möchtest du?
– . . . .
– Was für ein Eis?
– . . . .

b. – Hast du Hunger?
– . . . .
– Was möchtest du essen?
– . . . .

c. – Willst du etwas essen?
– . . . .
– Mit oder ohne Sahne?
– . . . .

d. – . . . .
– Wir haben Vanille, Himbeer,
Pistazien und Nußeis.
– . . . .
– Danke.

e. – Möchtest du etwas trinken?
– . . . .
– Mit Zitrone?
– Nein, danke. Mit . . . .

3 Übt Dialoge, und benutzt diese Getränkekarte!

CAFÉ AM STADEN

Alkoholfreie Getränke

Mineralwasser 0,25 l.	DM 1.80
Limonade 0,25 l.	DM 1.65
Coca-Cola 0,2 l.	DM 1.65
Glas Orangensaft	DM 2.50
Glas Grapefruitsaft	DM 2.50
Kännchen Tee	DM 3.50
Kännchen Kaffee	DM 4.—

Alkoholische Getränke

Underberg 0,02 l.	DM 2.80
Alsbach 0,04 l.	DM 5.—
Flasche König Alt 0,35 l.	DM 2.50
Flasche König Pilsener 0,33 l.	DM 3.—
Glas Rotwein 0,2 l.	DM 2.30
Glas Weißwein 0,2 l.	DM 2.50
Glas franz. Roséwein 0,2 l.	DM 2.80

Preise inkl. MWSteuer und Bedienung

4 Mit einem Partner oder einer Partnerin
Imagine you are in a Café with friends who don't speak German. What they would like is set out on page 95, and you have to use the German you know to give their order to the waiter or waitress, who is played by your partner. This is not a translation exercise — you should be an interpreter and give the essential information, which is printed in heavy type below. After you have given the order to the waiter or waitress, he/she should repeat it back to check it with you. The waiter or waitress can make notes, of course.

Order 1

– *I'll have a* **coffee**, *I think, and one of those* **cheesecake** *things.*
– *And I'll have an* **apple juice** *and a* **vanilla ice-cream**, *please.*
(Don't forget **yourself** *when you place the order!)*

Order 2

– *I'd like a* **lemon tea** *and a bit of that, what is it . . .* Kirschtorte *. . . ?*
– *I'm going to have an* **ice-cream**, **raspberry** *if they've got it, and a* **coke**.
I'm thirsty, aren't you?
(Yes you are, so order a **long drink** *for yourself.)*

Order 3

– *I think I'll have a* **chocolate ice-cream** *and a* **coffee**. *I think I'll have*
cream *with the ice too.*
– *I want a glass, no, a* **pot of tea**, *please, and an* **ice**. *Any sort, the*
mixed one *will do.*
(And what will **you** *have?)*

Order 4

– *I want a* **vanilla ice-cream** — *with* **cream** *too. And a* **fruit juice**.
– *I'd like a bit of* **apple cake** *and a* **coffee**.
(And what will **you** *have this time?)*

VIERTER TEIL # Zahlen, bitte!
The bill, please.

After eating and drinking in a Café you have to pay, and this section explains
how to ask for the bill.

Frau Melchior, Hannelore und Lutz sind im Café. Frau Melchior will zahlen.

„Es ist schon Viertel vor fünf. Wir müssen uns beeilen.
Fräulein!"

„Bitte?"

„Zahlen, bitte."

„Hat's geschmeckt?"

„Ja. Danke schön."

„Das war?"

„Ein Kännchen Kaffee, eine Limonade und zwei Stück
Schwarzwälder Kirschtorte."

„Geht das zusammen oder getrennt?"

„Zusammen, bitte."

„Also. Zehn Mark zwanzig, bitte."

Sie bezahlt, und dann gehen sie nach Hause.

Hat's geschmeckt? *Did it taste nice?*
sich beeilen *to hurry*

Jetzt seid ihr dran!

1 Du bist im Café, und du möchtest zahlen.

a. Du: *(Call the waiter and say you want the bill.)*
Der Kellner: Geht das zusammen, bitte?
Du: *(Say you want separate bills.)*
Der Kellner: Was hatten Sie?
Du: *(Say you had one tea and a mixed ice, and one apple juice and a chocolate ice with cream.)*
Der Kellner: Vier Mark achtzig und drei Mark zehn, bitte.

b. Du: *(Call the waitress.)*
Die Kellnerin: Was möchten Sie?
Du: *(Say you want to pay.)*
Die Kellnerin: Geht das zusammen oder getrennt?
Du: *(Say you want one bill.)*
Die Kellnerin: Was hatten Sie?
Du: *(Say you had one lemonade, a coffee and a coke, one strawberry ice and a piece of cheesecake.)*
Die Kellnerin: Das macht neun Mark dreißig, bitte.

2 Zum Lesen

Martin ist sechzehn. Er wohnt in der Nähe von Saarbrücken, und er hat zwei Geschwister. Sie heißen Ingrid und Peter. Heute fahren sie alle in die Stadt.

Martin will eine Landkarte kaufen, Peter sucht ein neues T-Shirt, und Ingrid will eine Kassette von Reinhardt Ingo kaufen. Dann wollen sie alle schwimmen gehen.

„Gehen wir zum Kaufhof," sagt Martin.
„Dort kann man alles kaufen."

Peter kauft ein T-Shirt zu acht Mark, und Martin findet eine gute Landkarte. Es gibt aber keine Kassetten von Reinhardt Ingo im Kaufhof.

Um drei Uhr nachmittags gehen sie zum Schwimmbad. Dort gibt es ein Café, und nach dem Schwimmen bestellen sie Cola und Kuchen, weil sie alle Hunger haben.

heute	*today*
nach dem Schwimmen	*after swimming*
weil	*because*

Stefan und Karla sind in der Stadt. Stefan will Briefmarken kaufen und geht zur Post. Dann gehen sie zum Sportgeschäft, wo Karla einen Tennisschläger kauft.

„Hast du Durst?" fragt Karla.

„Ja. Gehen wir zum Café Heyne. Wir haben Zeit – es ist nur halb vier."

Im Café lesen sie die Karte.

„Ich trinke eine Limo."

„Und ich hätte gern einen Tee."

Karla bestellt. Sie ißt auch ein gemischtes Eis.

i

essen *to eat*
ich esse
du ißt
er ißt
sie ißt
wir essen
ihr esst
Sie essen
sie essen

FÜNFTER TEIL Wieviel Uhr ist es?
What time is it?

Here the times are shown from morning till evening.

Es ist neun Uhr morgens.
Es ist fünf (Minuten) nach neun morgens.
Es ist Viertel nach zehn morgens.
Es ist halb drei nachmittags.
Es ist Viertel vor acht abends.
Es ist zehn (Minuten) vor elf abends.

1 Beantworte folgende Fragen!
1. Um wieviel Uhr beginnt die Schule?
2. Um wieviel Uhr ist die Schule aus?
3. Um wieviel Uhr stehst du auf?
4. Um wieviel Uhr gehst du ins Bett?

beginnen *to begin*
aufstehen *to get up*

2 Wie spät ist es? Wieviel Uhr ist es?
Frag mal deinen Partner oder deine Partnerin.

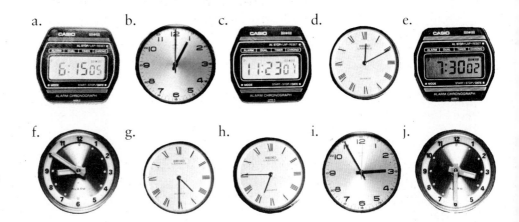

Das Nibelungenlied

Eine neue Person — Kriemhild, Prinzessin von Burgunden. Sie war Günthers Schwester und war sehr schön. Viele Männer wollten sie heiraten.

1 Ja. Ich bin die blonde Kriemhild. Ich wohne mit meinen Brüdern in einem Schloß in Worms. Viele Männer wollen mich heiraten. Schön, nicht wahr?

2 In der Nacht aber hatte Kriemhild einen furchtbaren Traum.

3 Am nächsten Morgen ist sie zu ihrem alten Lehrer gegangen, und sie hat ihm den Traum erzählt.

Mein Falke — er war in der Luft, und zwei andere Vögel haben ihn getötet! Was bedeutet das?

Heirate nie! Heirate nie! Dein Falke ist dein Mann. Wer dich heiratet, wird sterben! Wer dich heiratet, wird getötet werden!

4   Die schöne Kriemhild war aber recht <u>traurig</u>, <u>weil</u> sie eine schöne, große <u>Hochzeit</u> mit vielen Gästen usw. haben wollte.

OK. Ja. Dann werde ich nicht heiraten. Diese <u>Krieger</u> und Soldaten sind sowieso ziemlich langweilig.

5   <u>Unterdessen</u> langweilte sich Siegfried furchtbar in Xanten. Er war sehr <u>unzufrieden</u>. Er hatte nichts zu tun und wollte etwas machen.

Es ist recht langweilig hier... keine Drachen, keine <u>Schlachten</u>, nur Kartenspielen und diese verdammten Musiker...

6

Fritz, was hast du da?

Das ist mein <u>Bild</u> von Kriemhild. Sie ist Prinzessin von Burgunden und sehr schön. Sie will aber nicht heiraten.

7   Siegfried hat das Bild <u>geklaut</u>.

Gib!

8

Ach! Sie ist recht schön. Ich gehe sofort nach Burgunden. Vielleicht gibt es auch Drachen dort. Ich komme in einigen Jahren wieder. Tschüs!

9   Und Siegfried ist mit zwölf Soldaten nach Burgunden geritten.

Keine <u>Abenteuer</u> unterwegs - nichts. Keine Drachen. Wie langweilig.

Oh! Wer ist dieser schöne Mann?

WILLKOMMEN in WORMS

---

heiraten *marry*   2   Traum *dream*   3   erzählt *told*   Falke *falcon*   Luft *air*   Vögel *birds*   wird getötet werden *will be killed*   4   traurig *sad*   weil *because*   Hochzeit *marriage*   Krieger *warriors*
5   unterdessen *meanwhile*   unzufrieden *dissatisfied*   Schlachten *battles*   6   Bild *picture*
7   geklaut *pinched*   9   Abenteuer *adventures*

11 Mit dem Bus, mit der Straßenbahn oder mit der U-Bahn?

By bus, tram or underground?

ERSTER TEIL **Fahrkarten**
Tickets

This unit concerns travelling by public transport, and in this section you can learn how and where to buy tickets.

Wo kauft man eine Fahrkarte?

Man kauft sie   im Bus   am Automaten   oder am Schalter

Dann muß man die
Fahrkarte entwerten. Wo?

Vergiß nicht!

Am Entwerter im Bus oder in der Straßenbahn.

FAHRAUSWEISE BITTE SELBST ENTWERTEN

In der U-Bahn kauft
man eine Fahrkarte
(oder einen Fahrausweis)
am Automaten.

Man muß die richtige Fahrkarte wählen, und
dann kauft man sie.

Vergiß nicht!

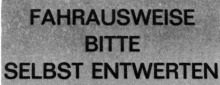

entnehmen	*to take*
entwerten	*to cancel, make invalid*
der Fahrausweis (-e)	*ticket*
die Fahrkarte (-n)	*ticket*
der Fahrschein (-e)	*ticket*
vergessen (vergißt)	*to forget*
wählen (wählt)	*to choose*
zahlen (zahlt)	*to pay*

Jetzt seid ihr dran!

1 Fahrkarten … . Fahrausweise … Fahrscheine

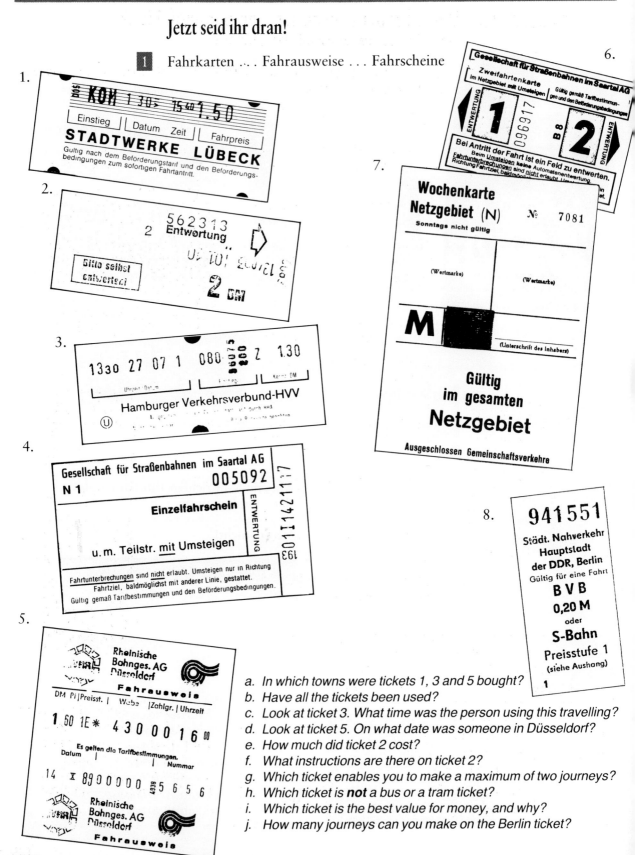

1.
DOS **KOH** 1 30> 15 40 **1.50**
Einstieg | Datum Zeit | Fahrpreis
STADTWERKE LÜBECK
Gültig nach dem Beförderungstarif und den Beförderungs-
bedingungen zum sofortigen Fahrtantritt.

2.
562313
2 **Entwertung**
bitte selbst
entwerten!
2 DM

3.
1330 27 07 1 080 Z 1.30
Uhrzeit Datum | Kennz. DM
Hamburger Verkehrsverbund-HVV

4.
Gesellschaft für Straßenbahnen im Saartal AG
005092
N 1
Einzelfahrschein
ENTWERTUNG
u. m. Teilstr. mit Umsteigen
Fahrtunterbrechungen sind nicht erlaubt. Umsteigen nur in Richtung
Fahrtziel, baldmöglichst mit anderer Linie, gestattet.
Gültig gemäß Tarifbestimmungen und den Beförderungsbedingungen.

5.
Rheinische
Bahnges. AG
Düsseldorf
Fahrausweis
DM Pf |Preisst. | Wabe |Zahlgr. | Uhrzeit
1 60 1E * 4 3 0 0 0 16 00
Es gelten die Tarifbestimmungen.
Datum | Nummer
14 X 89 0 0 0 0 5 6 5 6
Rheinische
Bahnges. AG
Düsseldorf
Fahrausweis

6.
Gesellschaft für Straßenbahnen im Saartal AG
Zweifahrtenkarte
im Netzgebiet mit Umsteigen | Gültig gemäß Tarifbestimmun-
gen und den Beförderungsbedingungen.
ENTWERTUNG **1** 096917 B 8 **2** ENTWERTUNG
Bei Antritt der Fahrt ist ein Feld zu entwerten.
Beim Umsteigen keine Automatenentwertung.
Fahrtunterbrechungen sind nicht erlaubt. Umsteigen in
Richtung Fahrtziel, baldmöglichst.

7.
Wochenkarte
Netzgebiet (N) № 7081
Sonntags nicht gültig
(Wertmarke) (Wertmarke)
M (Unterschrift des Inhabers)
Gültig
im gesamten
Netzgebiet
Ausgeschlossen Gemeinschaftsverkehre

8.
941551
Städt. Nahverkehr
Hauptstadt
der DDR, Berlin
Gültig für eine Fahrt
B V B
0,20 M
oder
S-Bahn
Preisstufe 1
(siehe Aushang)
1

a. In which towns were tickets 1, 3 and 5 bought?
b. Have all the tickets been used?
c. Look at ticket 3. What time was the person using this travelling?
d. Look at ticket 5. On what date was someone in Düsseldorf?
e. How much did ticket 2 cost?
f. What instructions are there on ticket 2?
g. Which ticket enables you to make a maximum of two journeys?
h. Which ticket is **not** a bus or a tram ticket?
i. Which ticket is the best value for money, and why?
j. How many journeys can you make on the Berlin ticket?

ZWEITER TEIL Wie fährt man am besten zum Bahnhof, bitte?
How do you get to the station, please?

This section teaches you how to find out which form of public transport it is best to use to go to a particular place.

1.

Diese Leute sind in der Stadt. Sie sind hier fremd, und sie wollen irgendwohin fahren. Sie fragen, wie sie am besten dorthin kommen können.

„Entschuldigung. Wie fährt man am besten zum Bahnhof?"

„Also, zum Bahnhof . . . . Fahren Sie am besten mit dem Bus. Mit der Linie 5."

2.

„Guten Tag. Mit welcher Linie fährt man zum Schloßplatz, bitte?"

„Fahren Sie mit der Linie 3. Richtung Neumaden."

3.

4.

„Entschuldigung. Wie fahre ich am besten zur Uni? Mit der U-Bahn oder mit der Straßenbahn?"

„Fahren Sie entweder mit der Straßenbahn Linie 2 oder mit der U-Bahn."

„Wie komme ich am besten nach Völklingen, bitte?"

„Fahren Sie mit dem Bus. Die Haltestelle ist dort drüben."

Wie	fahre ich	am besten	zum Bahnhof,	bitte?
	fährt man		zur Universität,	
	komme ich		nach Völklingen,	

Fahre	mit dem Bus.
Fahren Sie	mit der Straßenbahn.
	mit der U-Bahn.
	mit der Linie 5.
	entweder mit dem Bus oder mit der U-Bahn.

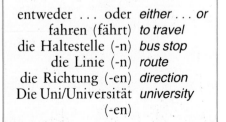

entweder . . . oder	*either . . . or*
fahren (fährt)	*to travel*
die Haltestelle (-n)	*bus stop*
die Linie (-n)	*route*
die Richtung (-en)	*direction*
Die Uni/Universität (-en)	*university*

Jetzt seid ihr dran!

1 Hör zu! ●

Trage folgendes in dein Heft ein! Hör das Band an und zeichne die Bus-,
Straßenbahn- und U-Bahnstrecken ein!
Listen to the tape and draw in the bus, tram and underground routes.

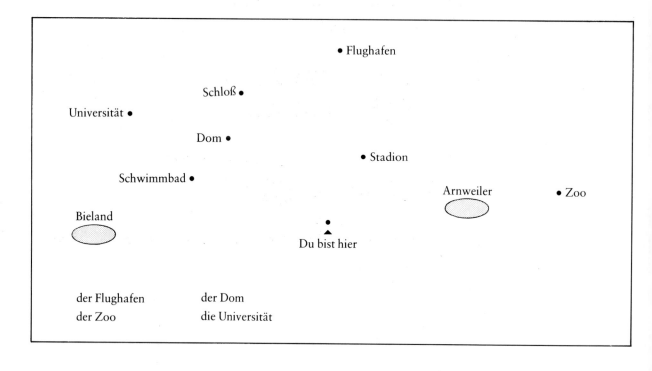

2 Mit einem Partner oder einer Partnerin

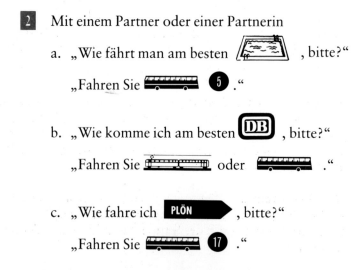

a. „Wie fährt man am besten [Schwimmbad-Symbol] , bitte?"

   „Fahren Sie [Bus] 5 ."

b. „Wie komme ich am besten DB , bitte?"

   „Fahren Sie [Straßenbahn] oder [Bus] ."

c. „Wie fahre ich PLÖN , bitte?"

   „Fahren Sie [Bus] 17 ."

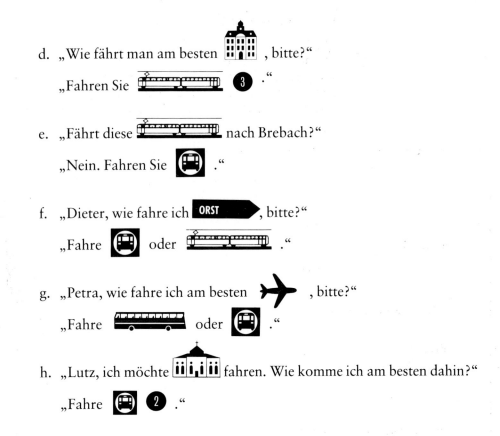

d. „Wie fährt man am besten [Bild], bitte?"

„Fahren Sie [Bild] 3 ."

e. „Fährt diese [Bild] nach Brebach?"

„Nein. Fahren Sie [Bild] ."

f. „Dieter, wie fahre ich ORST , bitte?"

„Fahre [Bild] oder [Bild] ."

g. „Petra, wie fahre ich am besten [Bild], bitte?"

„Fahre [Bild] oder [Bild] ."

h. „Lutz, ich möchte [Bild] fahren. Wie komme ich am besten dahin?"

„Fahre [Bild] 2 ."

3 Stell einem Partner oder einer Partnerin Fragen!
Work with a partner and put questions to each other.

You are trying to find your way to the following places in town:

zum		zur	nach
Flughafen	Rathaus	Galerie	Neumaden
Theater	Informationsbüro	Jugendherberge	Lönz
Tilsiterplatz	Krankenhaus	Universität	Brebach
Dom	Schloß		Emsweiler
Landtag	Schwimmbad		

*You ask your partner how to get to these places and he/she gives you the
information by consulting the map on page 111. Make a note of the directions
you are given and, after five questions, check to see that you have understood
correctly and that your partner has given you the right directions. Take turns
.asking the questions.*

Here is an example of the sort of dialogue you could have:
A: Wie fährt man am besten zum Schwimmbad, bitte?
B: Fahre entweder mit der Straßenbahn Linie 21 oder mit der U-Bahn.
A: Danke.

DRITTER TEIL
Wo ist die nächste Haltestelle?
Where's the nearest stop?

This section teaches you how to ask where the nearest stop or station is.

1.

Sabine ist auf Urlaub, und sie will in die Stadt fahren.
Sie fragt, wo die nächste Haltestelle ist.

„Entschuldigung. Ich möchte zur Stadtmitte fahren.
Wo ist die nächste Haltestelle, bitte?"

„Sie ist da. An der Post."

„Danke schön."

Herr Brenner ist in Frankfurt und
möchte zum Flughafen fahren.

„Ist hier in der Nähe eine U-Bahnstation, bitte?"

„Ja. Gehen Sie gleich hier um
die Ecke. Sie ist in der
Holzhausenstraße."

Ralf besucht seinen Freund und sucht die Linie 8.

„Guten Tag. Ich möchte mit der Linie 8 fahren.
Wo ist die nächste Haltestelle, bitte?"

„Am Hauptbahnhof ist eine."

2.

3.

RICHTUNG DOM/HBF. UND

Wo ist die nächste	Haltestelle, U-Bahnstation,	bitte?

| Sie ist | am Bahnhof
am Dom
am Landtag
am Ilseplatz | an der Brücke
an der Galerie
an der Kirche
an der Post
an der Schule | am Café Hauke
am Informationsbüro
am Kino
am Krankenhaus
am Schloß
am Schwimmbad
am Stadion
am Theater
am Verkehrsamt |

Jetzt seid ihr dran!

1 Hör zu! ●

Wo befinden sich die Haltestellen und die
U-Bahnstationen?

Trage die Tabelle in dein Heft ein!

*Put a tick in the right box to show where the
stop or station is.*

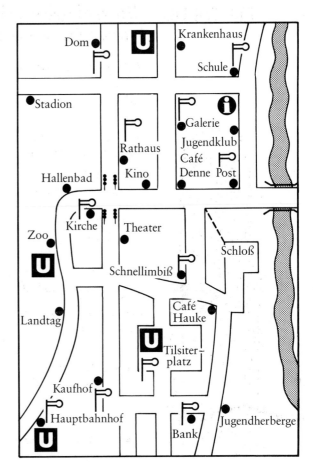

Haltestelle	Bus	Straßenbahn	U-Bahn
an der Schule			
am Dom			
an der Brücke			
am Schloßplatz			
an der Post			
am Bahnhof			
an der Kirche			
am Stadion			

2 Sieh dir den Stadtplan oben rechts an!
Stell einem Partner oder einer Partnerin Fragen!

Zum Beispiel:
A: Du bist am Jugendklub. Wo ist die nächste Haltestelle (U-Bahnstation)?
B: Sie ist an der Schule.

Du bist

am Stadion	am Landtag	an der Ampel	am Hallenbad	am Café Denne
an der Brücke	am Schloß	am Kino	an der Jugendherberge	am Theater

3 Übe Dialoge mit einem Partner
oder einer Partnerin!

Zum Beispiel:
A: Wo ist die nächste Haltestelle, bitte?
B: Wohin möchtest (willst) du fahren?
A: Ich möchte (will) zum Dom.
B: Dann ist die Haltestelle an der Brücke.

Richtung	Haltestelle
Dom	Brücke
Stadtmitte	Schloß
Flughafen	Galerie
Schwimmbad	Post
Berliner Platz	Kaufhaus
Hauptpost	Schloß
Brebach	Rathaus
Völklingen	Jugendherberge

VIERTER TEIL Einmal nach Malstatt, bitte.

Single to Malstatt, please.

This section is about buying a ticket on the bus, explaining where you want to go and asking where you should get off in order to get there.

Zwei Freunde gehen schwimmen. Sie wissen aber nicht, wo sie aussteigen müssen.

„Zweimal nach Fechingen, bitte.“

   „Zwei Mark achtzig . . . . Danke.“

„Wir gehen schwimmen. Können wir am Schwimmbad aussteigen?“

   „Nein. Sie steigen am Bahnhof aus. Das ist ganz in der Nähe.“

Hier sucht ein Tourist das Informationsbüro.

„Ich will zum Informationsbüro. Kann ich dort aussteigen?“

   „Nein. Da gibt es keine Haltestelle. Am besten steigen Sie am Bahnhof aus.“

Ich möchte	zum Bahnhof	fahren.
Wir möchten	zur Galerie	

Kann ich	dort aussteigen?
Können wir	
Kann man	

aussteigen (steigt aus) *to alight, to get off*

Steigen Sie	am Schwimmbad	aus.
	an der Kirche	

Jetzt seid ihr dran!

1 🔊 Hör zu! ●

Wohin fahren diese Leute und wo steigen sie aus?

2 *The illustrations below show where you are trying to go. How do you:*
a: say where you are going;
b: ask if you can get off there?

1.   2.   3.   4.   5.

3 Sieh dir den Stadtplan auf Seite 107 mit einem Partner oder einer Partnerin an. Übt Dialoge!

Imagine that you are with a friend and you are asking advice about where you should get off the bus. One of you puts the questions and the other gives the bus driver's answer. Take turns to do this.

The one who asks the question should not look at the map at the time of asking the question. Once you have your answer, check to see if you have understood correctly.

Zum Beispiel:
A: Wir möchten zum Krankenhaus. Können wir dort aussteigen?
B: Nein. Steigen Sie an der Galerie aus.
A: An der Galerie. Danke.

Wir fahren ...	zum Jugendklub
	zum Landtag
	zur Jugendherberge
	zum Café Denne
	zum Café Hauke
	zum Hallenbad
	zum Informationsbüro
	zum Kino
	zum Schloß
	zum Stadion
	zum Theater

i

Prepositions

An *is a preposition which is mostly followed by the Dative.*
*If you are saying where something **is** and you are using the*
preposition **an** *then you use the Dative. For example:*

Wo ist die Haltestelle?	Sie ist an der Galerie.
	Sie ist am Rathaus.
Wo ist Richard?	Er ist an der Haltestelle.
Wo ist Barbara?	Sie ist an der Wurstbude.

In *behaves in the same way.*

Wo ist Frieda?	Sie ist im Café.
Wo ist der Entwerter?	Er ist in der Straßenbahn.
	Er ist im Bus.
Wo liegt Pinneberg?	Es liegt in der Nähe von Hamburg.

Auf *behaves in the same way too.*

Wo ist der Automat?	Er ist auf der Straße.
Wo ist Klaus?	Er ist auf der Post.
	Er ist auf dem Postamt.
Wo ist die Bank?	Sie ist auf der rechten Seite.

 4   Zum Lesen
Gerd spricht mit seinem Bruder Erich.

„Ich fahre nach Saarbrücken."

„Warum?"

„Ich möchte mir einige Kassetten kaufen."

„Du kannst das aber hier machen."

„Nein. In der Stadt ist die Auswahl besser."

„OK. Kannst du dann etwas für mich kaufen?"

„Ja. Sicher. Was?"

„Ich brauche Tischtennisbälle für den Jugendklub.
Kannst du mir zwei Schachteln kaufen?"

„Hast du das Geld da?"

„Was kosten denn zwei Schachteln?"

„Ich weiß nicht. Gib mir einen Zwanzigmarkschein."

„OK. Danke."

die Auswahl	*choice*
die Schachtel (-n)	*little box*

Gerd will nach Saarbrücken fahren. Er kann seine Kassetten im Kaufhaus kaufen. Er fährt mit dem Bus, und er steigt am Rathaus aus. Er kann nicht am Kaufhaus aussteigen: dort gibt es eine Baustelle mit Umleitung.

Er kauft die Kassetten und die Tischtennisbälle für seinen Bruder. Dann geht er zum Café Schubert, wo er seine Freundin Barbara sieht. Er bestellt einen Kaffee.

„Kommst du heute zum Jugendklub?"

„Nein. Ich kann nicht. Ich habe einfach zu viel zu tun. Ich muß heute arbeiten."

die Baustelle	*road works*
einfach	*simply*
die Umleitung	*diversion*

i

können *to be able to*	**können wollen möchten**
ich kann	Sie **können** am Bahnhof **aussteigen.**
du kannst	Ich **möchte** ein Stück Käsekuchen
er kann	**essen.**
sie kann	Er **will** nach Saarbrücken **fahren.**
es kann	
wir können	
ihr könnt	
Sie können	
sie können	

Sieh dir Seite 105, Übung 3 an!

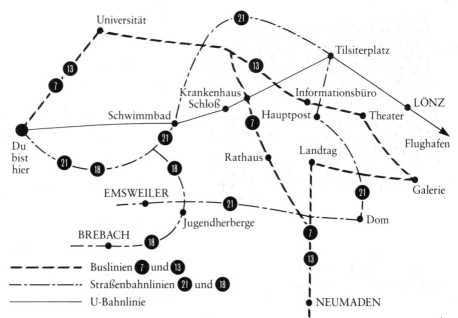

Das Nibelungenlied

In Worms hat sich Siegfried <u>vorgestellt</u>. Er hat schon wieder eine halbe Stunde lang von sich <u>gesprochen</u>.

1 Hagen war recht unzufrieden. Er hatte Sigi gar nicht gern!

Servus! Willkommen in Worms. Wie heißen Sie?

Guten Tag! Ich bin Siegfried aus Xanten. Ich bin ein <u>Held</u> und König von den Niederlanden. Ich bin auch König von den Nibelungen. Ich bin sehr reich. Ich habe den Drachen getötet, und Alberich <u>besiegt</u> und, und, und...

zzzzz

2 Eine gute Stunde später......

Ja. Sehr interessant. Sonst noch was?

Ja. Ist Kriemhild da? Ich möchte Kriemhild heiraten.

Was?!!

Hagen ist <u>eifersüchtig</u>.

112

3

Nein. Unmöglich. Sie hat einen komischen Traum gehabt, und sie will nicht heiraten. Aber - es gibt etwas viel Interessanteres zu machen. Krieg! Wir gehen kämpfen.

GRENZE

Der dänische König Lüdegast steht mit einer großen Armee an der Grenze. Komm mit! Es wird eine sehr gute Schlacht sein.

---

4 Siegfried hatte Schlachten sehr gern. Er hat um ein Wurstbrot gebeten, und dann hat er nach dem schnellsten Weg zur Grenze gefragt.

OK. Ja! Fein! Wunderbar! Wo sind diese Dänen? Wie komme ich am besten zur Grenze? Ich habe noch nie Dänen getötet!

5

Apfelsaft!!! Igit!!

Gut. Aber zuerst essen wir zu Mittag. Komm. Es gibt Pommes Frites mit Bärenfleischwurst. Möchtest du einen Apfelsaft?

---

6 Nach dem Mittagessen sind sie alle Richtung Grenze geritten. Kriemhild war am Fenster und hat oft geseufzt. Der Sigi war so schön – ein Held, ein König, und sehr, sehr reich. (Was nicht zu vergessen war!)

7

Vielleicht könnten wir eine sehr kleine Hochzeit machen...

GRENZE

---

vorgestellt *introduced* gesprochen *talked*   1 Held *hero* besiegt *defeated*   2 eifersüchtig *jealous*   3 Krieg *war* kämpfen *fight* Grenze *frontier* Schlacht *battle*   6 geseufzt *sighed* Held *hero*

12 Wenn es regnet, wie gehst du zur Schule?

When it's raining, how do you get to school?

ERSTER TEIL **Gehst du immer zu Fuß?**
Do you always go on foot?

*This unit is about travel and weather; this
section introduces you to the various forms of
transport and teaches you how to ask which
one people use in order to go to work or school.*

Fährst du . . .

. . . mit dem Rad?

. . . mit dem Mofa?

. . . mit dem Wagen?

. . . mit der Eisenbahn?

Und wie oft fährst du mit dem Bus?

1.
Ich fahre jeden Tag
mit dem Schulbus.
Immer mit dem Bus.

2.
Ich fahre meistens
mit dem Bus. Ab
und zu fahre ich
mit dem Rad.

Oder gehst du zu Fuß?

3.
Ich fahre nie mit dem Bus. Meine Schule ist ganz in der Nähe, und ich gehe immer zu Fuß.

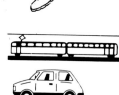

4.
Ich fahre meistens mit der Straßenbahn, aber ab und zu – vielleicht einmal die Woche – fahre ich mit dem Wagen.

Ich fahre	jeden Tag immer	mit dem Bus.
Ich gehe	meistens ab und zu nie	zu Fuß.

jeden Tag	*every day*
meistens	*mostly*
nie	*never*

Jetzt seid ihr dran!

1 Hör zu! ●
Wie fahren diese Jungen und Mädchen zur Schule?
Trage die Tabelle in dein Heft ein!

	Name	immer	meistens	ab und zu	nie
1.	Gerd				
2.	Sabine				
3.	Gabi				
4.	Horst				
5.	Erich				
6.	Karl				

B = Bus
E = Eisenbahn
S = Straßenbahn
F = Fuß
M = Mofa
R = Rad
U = U-Bahn
W = Wagen

Jetzt schreib sechs Sätze!

Now write six sentences, one about each person.

Zum Beispiel:
a. Gerd fährt . . . .
Vorsicht! Gehen oder fahren?

115

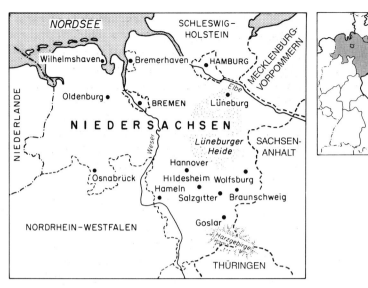

HEIDRUN GERBERT

Hallo. Ich heiße Heidrun Gerbert, und ich bin
I5 Jahre alt und möchte mich und meine
introduce Gegend <u>vorstellen</u>. Ich komme aus dem
kleinsten <u>Bundesland</u> in der BRD und zwar   *state*
do you know aus Bremen. <u>Wißt ihr</u>, wo das ist? (Wenn
nicht, könnt ihr euch die Karte am <u>Anfang</u> des   *beginning*
Buches auf Seite 6 ansehen.) Ich wohne gern
in Bremen, nicht nur weil das eine schöne alte
Stadt ist, sondern auch weil Bremen sehr
lively <u>lebendig</u> ist.

   Es war eine Hansestadt und hat
immer noch einen großen <u>Hafen</u> mit vielen   *harbour*
großen Schiffen aus aller Welt. Es ist der
zweitgrößte Hafen der BRD. Wir wohnen
nicht sehr weit vom Hafen entfernt, und ich
sehe besonders gern die Fischerboote, die
hinaus auf die Nordsee fahren.

Ich wohne in einem Zweifamilienhaus mit meinen Eltern zusammen. Mein Bruder ist bei der <u>Bundeswehr</u> in Münster. Ich besuche die <u>Gesamtschule</u> in der Nähe. Wie ihr wißt, haben wir am Nachmittag frei, nicht wie bei euch in Großbritannien. Ich finde es ganz schön, den ganzen Nachmittag frei zu haben. Zweimal in der Woche gehe ich mit meinen Freunden zum <u>Ruderverein</u>. Wir rudern auf der Weser, sowohl im Sommer als auch im Winter, der hier sehr kalt sein kann.

army

comprehensive school

rowing club

Norddeutschland ist ein <u>flaches</u> Land, gar nicht wie im Süden der BRD. Die großen <u>Wälder</u>, die man unten im Süden sieht, gibt es bei uns <u>fast</u> nicht. Nur im <u>Harzgebirge</u> sieht man Wälder, und sie sind alle <u>krank</u>: das finden wir sehr schlimm. Ich finde die <u>Landschaft</u> hier schön. Dann und wann machen wir lange Radtouren durch die Moorlandschaft, z.B. kenne ich die Lüneburger <u>Heide</u> jetzt ziemlich gut. Wir machen auch oft <u>Urlaub</u> an der Nordseeküste, aber nicht nur dort, <u>da</u> wir Familie im Ruhr<u>gebiet</u> haben, und zwar in Wuppertal. Ich persönlich fahre gern dahin, obwohl Wuppertal eine Industriestadt ist. Ich fahre hin, um meine Tante und meinen Onkel zu besuchen.

flat

woods, forests
Harz Mountains

landscape

heath

since

holiday

district

Mein Onkel ist aus Polen. Wie viele Leute ist er nach dem <u>Krieg</u> hierhergekommen, um in der Stahlindustrie zu arbeiten. Da hat er meine Tante <u>kennengelernt</u>. Ich war noch nie in Süddeutschland, aber ich möchte gern dort Skiurlaub in den Alpen machen.

war

got to know

almost
ill

Das Nibelungenlied

Einige Tage später war der dänische König tot, und seine Armee ist nach Hause gegangen.

1

2

Fein! Nichts mehr hier zu machen. Gehen wir nach Hause.

Wenn wir schnell reiten, kommen wir pünktlich zum Abendessen an.

OK. Ja. Ich habe schon Pommes Frites mit Bärenfleischwurst bestellt – und Adlereier.

3 Auf dem Weg nach Hause hat Siegfried nochmal gesagt, daß er gern Kriemhild heiraten würde.

OK. Ja, Sigi. Du kannst meine Schwester heiraten. Aber zuerst mußt du mir helfen. Ich möchte Brunhilde heiraten – kennst du die Brunhilde?

4 Und Günther hat alles über Brunhilde erzählt. Um Brunhilde zu heiraten, mußte man sie besiegen. Brunhilde war aber sehr, sehr stark und schwer zu besiegen. Niemand hatte sie bisher besiegt.

Sie ist ziemlich stark. Wenn ein Mann sie nicht besiegt, haut sie ihm den Kopf ab. Peinlich, nicht wahr? Kannst du mir helfen?

Ja, sicher. Ich kann dir helfen. Fahren wir morgen nach dem Frühstück los. Wir sagen Brunhilde, daß ich in deinem Dienst bin.

5   Am nächsten Morgen hat ein Schiff Burgundenland <u>verlassen</u>, um nach Isenland zu fahren. An Bord waren Günther, Siegfried, Hagen, einige Soldaten, und Bier, Apfelsaft (für Günther), Wurst, usw. Zwölf Tage später haben sie die Insel von Isenland am Horizont gesehen.

6   Brunhilde wohnte in einer <u>Burg</u> nur für Frauen. Die Männer mußten alle draußen bleiben. Das hatten sie nicht gern. Brunhilde war aber ziemlich <u>streng</u>.

7   Die Krieger sind in Isenland angekommen. Günther hat sich und seine Soldaten <u>vorgestellt</u>.

8

Guten Morgen. Ich bin König Günther von Burgundenland. Ich möchte Sie heiraten. Das ist Siegfried – er ist in meinem Dienst.

Guten Tag. Willkommen. Sie wollen mich heiraten? Dann müssen Sie mich besiegen.

Günther sieht nicht sehr stark aus. Er sieht schwach aus! Wo sind seine Muskeln? Aber dieser Siegfried – er ist sehr schön...

Aha! Brunhilde hat Sigi ganz gern!

2 Adlereier *eagles' eggs*   3 helfen *help*   4 besiegen *defeat* niemand *nobody* bisher *up till now* haut sie ihm den Kopf ab *she chops his head off* Dienst *service*   5 verlassen *left*   6 Burg *fortress* streng *strict*   7 vorgestellt *introduced*

13 Die Bahn
The railway

ERSTER TEIL **Auf dem Bahnhof**
On the station

SAARBRÜCKEN HBF

This unit is about travel by train, and this section teaches you how to read the various signs and notices to be found in a German railway station.

Wo bekomme ich eine Reiseauskunft?

1. **FAHRPLAN-AUSKUNFT** INFORMATION

Was mache ich mit meinem Gepäck?

2. **GEPÄCKSCHLIESSFÄCHER**

3. **GEPÄCK** ABFERTIGUNG · AUFBEWAHRUNG · FUNDBÜRO ▶

Wo kaufe ich meine Fahrkarte?

4. **DB** S **Fahrausweise bis 50 km** ▼ **hier**

6. **11 GLEIS 12**

Wo finde ich den Zug?

5. **ZU DEN GLEISEN**

Wann fährt er ab?

7.

ABFAHRT 12 06 DEPART DEPARTURE

Zeit		Über	Nach	Gleis	Später
1217	E Eilzug				
1233	Nahverkehr	Kreuznach-Mannheim	Würzburg	16	
1235	D Schnellzug	Neunkirchen-St Wendel	Türkismühle	3	
1243	Nahverkehr	Forbach-Metz	Paris	16	
1311	D Schnellzug	Völklingen-Saarlouis	Saarhölzbach	19	
1312	Nahverkehr	Dillingen-Merzig	Trier	16	
1318	Nahverkehr	St Ingbert-Homburg	Kaiserslautern	3	hält nicht in Völklingen
1334	E Eilzug		Völklingen	1	
1347	D Schnellzug	Landau-Karlsruhe	München	5	
		Kreuznach-Mannheim	Frankfurt (M)	5	ab Karlsruhe D-Zug

KURSWAGEN VON KRAKAU UND WARSCHAU ANK CA 12.26

abfahren	*to leave*
das Gepäck	*luggage*
das Gleis (-e)	*rail*
die Reiseauskunft	*travel information*
der Zug (¨e)	*train*

126

ZWEITER TEIL Wann fährt der nächste Zug?
When does the next train go?

This section teaches you how to find out when the next train to a certain place leaves, when it arrives at its destination and which platform it leaves from.

Diese Leute warten bei der Reiseauskunft auf dem Hamburger Hauptbahnhof.

Die erste in der Reihe ist Andrea. Sie bittet um eine Auskunft. Nächste Woche fährt sie nach Genf, und sie will wissen, um wieviel Uhr sie am besten fährt. Sie bekommt die Information, und dann stellt sie noch eine Frage. Sie möchte heute nach Aachen fahren. Wann fährt der nächste Zug?

„Ich will heute nach Aachen fahren. Wann fährt der nächste Zug?"

„Der nächste fährt um 15.42 auf Gleis 5."

„Um wieviel Uhr kommt er in Aachen an, bitte?"

„Um 18.21."

„Danke."

„Bitte schön."

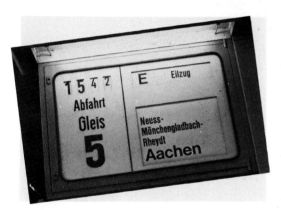

Sie geht auf den Bahnsteig, wo sie auf den Zug wartet.

Die zweite an der Reihe ist Frau Behrens. Sie stellt einige Fragen über eine Reise in die Schweiz, die sie im August machen will. Dann fragt sie, wann der nächste Zug nach Köln fährt.

„Ich möchte gerade nach Köln fahren. Wann fährt der nächste Zug?"

„Er fährt um 12.46."

„Wo fährt er ab, bitte?"

„Auf Gleis 3."

„Danke sehr."

„Bitte schön."

der Bahnsteig (-e)	*platform*
eine Frage stellen	*to put a*
(stellt eine Frage)	*question*
an der Reihe	*in the row*

Wann fährt der nächste Zug nach . . . ?
Wann kommt er in . . . an?
Wo fährt er ab?
Um wieviel Uhr fährt er ab?
Um wieviel Uhr kommt er an?

Jetzt seid ihr dran!

1 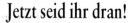 Hör zu! ●

Trage den Fahrplan in dein Heft ein!
Schreib die Abfahrts- und Ankunftszeiten
und die Gleisnummern auf!

ABFAHRT	IN RICHTUNG	ANKUNFT	GLEIS
	Köln		
	Bayreuth		
	Flensburg		
	Ulm		

2 Stell einem Partner oder einer Partnerin die
folgenden Fragen und gib Antworten!

a. Wann fährt der nächste Zug nach
   Düsseldorf? Um wieviel Uhr kommt er an?
b. Wo fährt der Zug nach Genf ab?
c. Wann fährt der nächste Zug nach
   Saarbrücken?
d. Wann kommt der Zug nach Bremerhaven
   an? Wo fährt er ab?
e. Wann kommt der Zug nach Genf an?

Könnt ihr jetzt noch andere
Fragen aneinander stellen?

ABFAHRT	IN RICHTUNG	ANKUNFT	GLEIS
02.34	Düsseldorf	04.02	4
16.35	Bremerhaven	17.50	18
13.02	Genf	14.45	6
21.15	Saarbrücken	22.49	5

3 Mit einem Partner oder einer Partnerin ●
*One of you copies the timetable on the right
into his/her book and the other copies the
timetable on page 134. Neither of you has all
the information: it is divided between you.
Without looking at your partner's timetable,
ask questions about the trains in order to be
able to fill in the part of your timetable that is
missing.*

ABFAHRT	IN RICHTUNG	ANKUNFT	GLEIS
15.25	Hamburg	16.54	5
13.40	Berlin	20.36	2
	Dortmund		
	Hameln		

4 *Make up a timetable with two destinations on it
and all other necessary details. Give the
destinations **only** to your partner who has to
ask questions to find out all the other details.*

i

bitten um + *accusative*
warten auf + *accusative*

Zum Beispiel:
Sie bittet um eine Auskunft.
Sie wartet auf ihren Freund.

DRITTER TEIL Wo kauft man Fahrkarten?
Where do you buy tickets?

This section explains how and where to buy a train ticket.

Man kann Fahrkarten am Automaten . . .

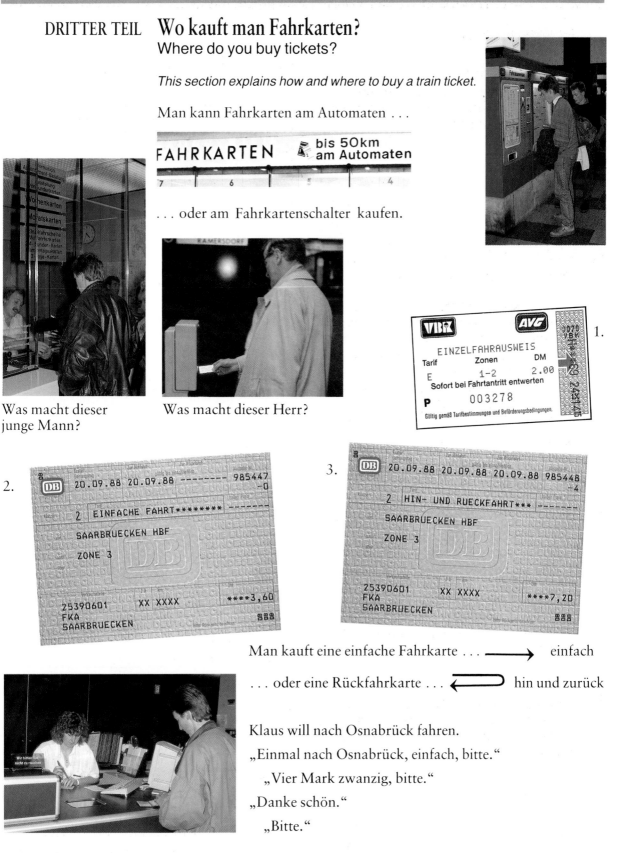

FAHRKARTEN bis 50 km am Automaten

. . . oder am Fahrkartenschalter kaufen.

1.

EINZELFAHRAUSWEIS
Tarif   Zonen   DM
E   1-2   2.00
Sofort bei Fahrtantritt entwerten
P   003278
Gültig gemäß Tarifbestimmungen und Beförderungsbedingungen.

Was macht dieser junge Mann?

Was macht dieser Herr?

2.

20.09.88 20.09.88 --------- 985447
                                      -0
2 EINFACHE FAHRT********
SAARBRUECKEN HBF
ZONE 3
25390601   XX XXXX   ****3,60
FKA
SAARBRUECKEN

3.

20.09.88 20.09.88 20.09.88 985448
                                      -4
2 HIN- UND RUECKFAHRT***
SAARBRUECKEN HBF
ZONE 3
25390601   XX XXXX   ****7,20
FKA
SAARBRUECKEN

Man kauft eine einfache Fahrkarte . . . ⟶ einfach

. . . oder eine Rückfahrkarte . . . ⟸ hin und zurück

Klaus will nach Osnabrück fahren.

„Einmal nach Osnabrück, einfach, bitte."

„Vier Mark zwanzig, bitte."

„Danke schön."

„Bitte."

Claudia und Mark wollen nach Husum fahren. Sie kommen heute abend zurück. Was für Fahrkarten kaufen sie?

„Zweimal nach Husum, bitte. Hin und zurück."

„Fünfzehn Mark sechzig, bitte."

„Danke schön."

„Bitte sehr."

Maria steht am Schalter. Kauft sie eine einfache Fahrkarte oder eine Rückfahrkarte?

„Nach Bremen, bitte."

„Einfach oder hin und zurück?"

„Einfach, bitte."

„Acht Mark."

„Danke."

„Bitte."

einfach	*single, simple*
hin und zurück	*there and back, return*
die Rückfahrkarte (-n)	*return ticket*

Einmal Zweimal	nach ...	einfach. hin und zurück.

Klaus hat eine einfache Fahrkarte gekauft. Wieviel hat er bezahlt? Und Mark und Claudia? Und Maria?

Jetzt seid ihr dran!

1 Übe Dialoge mit einem Partner oder einer Partnerin!
On a small station you can get information at the ticket office. Using the cue cards below, practise dialogues with your partner as shown in this example.

A

| → Bremen ? |
| 1 × ⇐ |
| Gleis? |

B

| 13.05 |
| 4.80 DM |
| 3 |

„Entschuldigung. Wann fährt der nächste Zug nach Bremen, bitte?"

„Um dreizehn Uhr fünf."

„Einmal hin und zurück, bitte."

„Vier Mark achtzig."

„Wo fährt er ab, bitte?"

„Auf Gleis 3."

„Danke."

„Bitte."

A

| → Hagen ? |
| 2 × ⇐ |
| Gleis? |

B

| 22.34 |
| 18.50 DM |
| 2 |

A

| → Ulm ? |
| 1 × ⟶ |
| Gleis? |

B

| 16.50 |
| 22.40 DM |
| 8 |

Make up more cue cards along the same lines.

VIERTER TEIL ## Fahrpläne
Timetables

This section explains how to understand the information given on the timetables in German railway stations.

Départ Abfahrt Departure
Abfahrt der Busse siehe besonderen Aushang

Zeit	Zug·Nr.	in Richtung	Gleis
		13 Uhr	
✗ 13.03	3223	Sulzbach 13.15 · Neunkirchen 13.33 · Idar Oberstein 14.30 · Bad Kreuznach 15.20 **Bingerbrück 15.43** ab St. Wendel als E-Zug	19
13.11	D 860	Saarlouis 13.24 · Merzig 13.36 **Trier 14.13** → (D Koblenz 15.43) Hält nicht in Völklingen	12 a/b
13.12	5747	St. Ingbert 13.28 · Homburg 13.45 **Kaiserslautern 14.21**	3
13.18	5832	**Völklingen 13.29** ⑥ 2. Kl ⑥ und †	11 1
✗ 13.23	4229	St. Ingbert 13.40 · Bierbach 14.11 · **Zweibrücken 14.20** 1)	8
✗ 13.31	4061	Brebach 13.37 **Saargemünd 13.56** 1)	6
✗ 13.32 außer ⑥	4854	Völklingen 13.43 · Saarlouis 13.55 · Merzig 14.12 · **Saarhölzbach 14.23**	1
⑥ 13.32	4854	Völklingen 13.43 · Saarlouis 13.55 · Merzig 14.12 · **Trier 15.06** 1)	1
✗ 13.32	4353	Sulzbach 13.43 · Neunkirchen 13.59 · St. Wendel 14.19 **Türkismühle 14.37** 1)	3
13.34	E 895	Landau 15.06 · Karlsruhe 15.48 · Stuttgart 17.13 · Ulm 18.25 · Augsburg 19.17 **München 19.57** ✗ außer ⑥ = Ab Karlsruhe als D-Zug	5
✗ 13.38	4645	Wemmetsweiler 14.00 → (Lebach 14.27) · ⑥ = 1) **Neunkirchen 14.10** ✗ außer ⑥ =	17
13.47	D 257	Homburg 14.06 · Kaiserslautern 14.26 · Mannheim 15.09 → (Basel 16.46) → (München 19.10) → (Hamburg 21.09) **Frankfurt (M) 16.22**	5
✗ 13.56 außer ⑥	5749	St. Ingbert 14.11 · Kirkel 14.20 · **Homburg 14.28** 1)	4

Zeichenerklärung:

! vor der Abfahrtzeit = zuschlagpflichtiger Zug
Intercity-Zug mit besonderem Komfort
(Zuschlag erforderlich, Platzreservierung unentgeltlich)
D = **Schnellzug** (zu Fahrausweisen bis 50 km sowie zu Streckenzeitkarten ist Schnellzugzuschlag erforderlich.)
E = **Eilzug**
ohne Buchstaben = Zug des Nahverkehrs
† = an Sonn- und allgemeinen Feiertagen
Als allgemeine Feiertage gelten: Neujahr, Karfreitag, Ostermontag, 1. Mai, Christi Himmelfahrt, Pfingstmontag, 17. Juni, Bußtag, 1. und 2. Weihnachtsfeiertag. Im Saarland auch: Fronleichnam, Maria Himmelfahrt, Allerheiligen.

✗ = an Werktagen	⑥ = Samstag
① = Montag	⑦ = Sonntag
② = Dienstag	✗ außer ⑥ = werktags außer samstags
③ = Mittwoch	täglich außer ⑥ = täglich außer samstags
④ = Donnerstag	✗ auß. vor † = werktags außer vor Sonn-und Feiertagen
⑤ = Freitag	

= durchlaufende Wagen (Kurswagen) = Schlafwagen
✗ = Speisewagen = Liegewagen 2. Klasse
= Büffetwagen
= Speisen und Getränke im Zug erhältlich (Liegewagen 1. oder 1.2, Klasse sind besonders gekennzeichnet)

Züge und Kurswagen ohne Angabe der Wagenklasse führen 1. und 2. Klasse. Änderung der angegebenen Gleise aus betrieblichen Grunden vorbehalten. Nachdruck mit Genehmigung der Bundesbahndirektion Saarbrücken gestattet.

(Die Werktage sind Montag, Dienstag, Mittwoch, Donnerstag, Freitag und Samstag. Sonntag ist kein Werktag. In Norddeutschland sagt man ‚Sonnabend' und nicht ‚Samstag'.)

Jetzt seid ihr dran!

1 Sieh dir den Fahrplan an! Sind folgende Sätze richtig oder falsch?

a. Der Zug um 13.03 fährt nicht an Werktagen.
b. Der E 895 fährt um 13.36 ab.
c. Der Zug um 13.23 fährt nach Zweibrücken.
d. Der 4353 nach Türkismühle kommt um 14.58 in Neunkirchen an.
e. Der Zug um 13.32 nach Trier fährt am Sonntag.
f. Der Zug um 13.56 fährt auf Gleis 6 ab.

2 *Look at the timetable and answer these questions.*

a. Which train runs only on Saturdays?
b. Which trains do not run at weekends?
c. Which trains are fast trains?
d. If you wanted to go to Basel where would you change?
e. What is an ?

außer	*except for*
täglich	*daily*

The first train on this timetable leaves **Homburg** *at 22.29 and arrives at* Saarbrücken *at 23.00.*

3 Richtig oder falsch?

a. Der 4396 kommt auf Gleis 5 an.
b. Der D 1719 fährt über (*via*) Mettlach.
c. Der E 3718 fährt um 22.46 in Trier ab.

4 *Answer the following questions.*

a. *Which train is the Inter-City?*
b. *Which train has a sleeper?*
c. *Which train has the longest journey to make?*
d. *I want to meet the train from* Homburg *late on Saturday night. Which platform do I wait on?*
e. *What is the German for: arrival departure platform time train?*

5 ABFAHRTSZEITEN
Fahren diese Züge am Vormittag, am Nachmittag oder am Abend?

		Forbach 10.18 · Metz 11.06	
10.11	D 450	**Paris Est 14.05**	☓ 12 ▭ a/b
		ab Forbach besonderer Zuschlag erforderlich	

Dieser Zug fährt am Vormittag ab.
Er kommt am Nachmittag in Paris an.

		Kaiserslautern 16.18 · Mannheim 17.07 ·	
15.37	D 861	**Heidelberg 17.22** **⑦Stuttgart 18.46**	♉ ▭ 5
		am 17.VI. bis Heidelberg, am 15.VI. bis Stuttgart ⸺ Stuttgart 19.06 · München 21.58	

Dieser Zug fährt am Nachmittag ab.
Er kommt am Abend in Stuttgart an.

② und ⑦		Forbach 21.43 · Bordeaux 8.35 · Bayonne 10.43	
21.33	D 9452	**Biarritz 11.05**	♉ 5
		Autoreisezug nur ② und ⤙Reservierung erforderlich	
② am 24.VI., 15., 29.VII., 12.VIII., ⑦ 8.VI. · 7.IX.			

Dieser Zug fährt am . . . ab.
Er kommt am . . . in Biarritz an.

		Kaiserslautern 6.23 · Mannheim 7.20 · Frankfurt 8.31 → (Frankfurt Flughafen 8.54) ▭ ⤙ Bebra 10.42 · Berlin Zoo 16.10	
5.34	D 355	**Berlin Friedrichstraße 16.32**	5
		⸺ Mannheim 7.20 · Heidelberg 7.43	

Dieser Zug fährt am . . . ab.
Er kommt am . . . in Berlin an.

Arrivée	**Ankunft**	Arrival

Zeit	Zug-Nr.	aus Richtung	Gleis
		23 Uhr	
☓ **23.00** außer ⑥	4898	**Homburg 22.29** Kirkel 22.36 · St. Ingbert 22.44	21
⑥ **23.00**	5794	**Homburg 22.29** Kirkel 22.36 · St. Ingbert 22.44	19
☓ **23.02**	4396	**Türkismühle 21.59** St. Wendel 22.16 · Neunkirchen 22.37 · Sulzbach 22.52	1
† **23.02**	4396	**St. Wendel 22.16** Neunkirchen 22.37 · Sulzbach 22.52	1 2. Kl
▮ **23.31**	D 354	**Berlin Friedrichstraße 12.37** Berlin Zoo 13.01 · Bebra 18.40 · Frankfurt 20.40 · Mannheim 21.45 Kaiserslautern 22.46 · ⸺ Heidelberg 21.55	12 ♉ a/b 1., 2. ⤙
▮⑥ **23.54**	D 1719	**Paris Est 19.51** Metz 22.58 · Forbach 23.47	4
23.56	E 3718	**Koblenz 21.09** Trier 22.36 · Merzig 23.18 · Saarlouis 23.33 · Völklingen 23.45	5
▮ **23.58**〓594	Saar-Kurier	**München 18.43** Augsburg 19.14 · Stuttgart 21.03 · Mannheim 22.30 · Kaiserslautern 23.19 ⸺ 2. Kl Klagenfurt 19.52	☓3

Am 5.VI. und 15.VIII. Verkehr wie †

Zeichenerklärung:

▮ vor der Abfahrtzeit = zuschlagpflichtiger Zug
〓 Intercity-Zug mit besonderem Komfort
(〓 Zuschlag erforderlich, Platzreservierung unentgeltlich)
D = **Schnellzug** (zu Fahrausweisen bis 50 km sowie zu Streckenzeitkarten ist Schnellzugzuschlag erforderlich).
E = **Eilzug**
ohne Buchstaben = Zug des Nahverkehrs
† = an Sonn- und allgemeinen Feiertagen
Als allgemeine Feiertage gelten: Neujahr, Karfreitag, Ostermontag, 1. Mai, Christi Himmelfahrt, Pfingstmontag, 17. Juni, Bußtag, 1. und 2. Weihnachtsfeiertag. Im Saarland auch: Fronleichnam, Maria Himmelfahrt, Allerheiligen.

☓ = an Werktagen	⑥ = Samstag
① = Montag	⑦ = Sonntag
② = Dienstag	☓ außer ⑥ = werktags außer samstags
③ = Mittwoch	täglich außer ⑥ = täglich außer samstags
④ = Donnerstag	☓ auß. vor † = werktags außer vor Sonn- und
⑤ = Freitag	Feiertagen
⸺ = durchlaufende Wagen (Kurswagen)	⤙ = Schlafwagen
☓ = Speisewagen	⤙ = Liegewagen 2. Klasse
▨ = Büffetwagen	(Liegewagen 1. oder 2.
♉ = Speisen und Getränke im Zug erhältlich	Klasse sind besonders gekennzeichnet)

Züge und Kurswagen ohne Angabe der Wagenklasse führen 1. und 2. Klasse.
Änderung der angegebenen Gleise aus betrieblichen Grunden vorbehalten.
Nachdruck mit Genehmigung der Bundesbahndirektion Saarbrucken gestattet.

		Saarlouis 16.59 · Merzig 17.10 · Trier 17.47 · Gerolstein 18.56	
▮ **16.46**	D 806	**Köln Hbf 20.31**	♉ 5
		☓ außer ⑥ = ▭	

Dieser Zug . . . . Er kommt . . . .

FÜNFTER TEIL Wann fahren Sie, bitte?
When are you travelling, please?

This section teaches you how to use travel information offices in German railway stations to find out the necessary details for a train journey.

1.

Sehr geehrte Kunden!
Wir bitten hier um diese Reihenfolge:

Wohin : Ziel, Ort ?
Wann : Wochentag, Datum?
Tageszeit: morgens, mittags ?

Vielen Dank, Ihre DB-Reiseauskunft

2.

der Beamte	official
sich erkundigen	to find out,
(erkundigt sich)	to obtain information
ob	whether
umsteigen	to change trains

Gudrun will am Samstag nach Mannheim fahren. Sie geht zur Reiseauskunft auf dem Bahnhof, und sie erkundigt sich. Sie möchte am Vormittag fahren. Der Beamte sagt ihr die Ankunfts- und Abfahrtszeiten, und sie nimmt einen Zettel vom Schalter und schreibt die Zeiten darauf.

„Ich möchte nach Mannheim fahren.“

  „Wann, bitte?“

„Am Samstagvormittag.“

  „Ein Zug fährt um 10.30 auf Gleis 4. Sie müssen in Kaiserslautern umsteigen.“

„Wann komme ich in Mannheim an, bitte?“

  „Um 11.53. Wollen Sie das aufschreiben?“

„Bitte.“

  „Also ... ab Homburg 10.30. Ankunft Kaiserslautern 10.50. Ab Kaiserslautern 11.02. Ankunft Mannheim 11.53.“

„Danke sehr.“

  „Bitte schön.“

DB

Reiseverbindungen Connections
Horaires des trains

Reisetag/Wochentag date/day date/jour	Uhr time heure	Uhr time heure	Uhr time heure	Uhr time heure	Bemerkungen notes observations
					Auskunft ohne Gewähr Information without guarantee renseignements non garantis
Station					
Homburg ab dep	10.30				
Kaiserslautern an arr	10.50				
ab dep	11.02				
Mannheim an arr	11.53				

3.

Konrad fährt morgen vormittag nach München. Er will fragen, ob er umsteigen muß.

„Entschuldigung. Ich fahre morgen um 06.00 nach München. Muß ich umsteigen, bitte?"

„Nein. Der Zug fährt durch."

„Danke."

„Bitte."

4.

Sabine fährt am Donnerstag nach Innsbruck. Sie will auch wissen, ob sie umsteigen muß.

„Guten Tag. Ich fahre am Donnerstagnachmittag um 15.00 nach Innsbruck. Muß ich umsteigen, bitte?"

„Ja. Sie steigen in Landeck um."

„Danke schön."

„Bitte sehr."

5.

Word order

Ich fahre	*When*	*Where*
	am Samstag am Samstagmorgen morgen morgen vormittag morgen nachmittag morgen abend jeden Tag ab und zu um 15.00	nach Bremen. in die Stadt.

*Notice that in such sentences the **time** you do something is put before the **place** you go to.*

Sieh dir Seite 128, Übung 3 an! ●

ABFAHRT	IN RICHTUNG	ANKUNFT	GLEIS
	Hamburg		
	Berlin		
22.30	Dortmund	23.18	6
04.50	Hameln	06.17	8

Jetzt seid ihr dran!

1 In vielen Bahnhöfen kann man kleine Fahrpläne bekommen. Sie sind für bestimmte Reiseziele in Deutschland oder im Ausland.

Der Fahrplan rechts ist für Fahrgäste, die nach Paris fahren wollen.

Du bist am Hamburger Hauptbahnhof (Hamburg Hbf).
Sieh dir den Fahrplan rechts an!
Beantworte folgende Fragen!

Es ist 07.00 Uhr.

a. Wann fährt der nächste Zug nach Paris?
b. Wann kommt er in Paris an?
c. Wo fährt er ab?
d. Wo steigt man um?
e. Kann man in Hamburg-Harburg einsteigen?
f. Kann man im Zug etwas zu essen bekommen?

Es ist 20.00 Uhr.

a. Wann fährt der nächste Zug?
b. Wo fährt er ab?
c. Kann man in Hamburg-Harburg einsteigen?
d. Wann kommt der Zug in Paris an?
e. Kann man unterwegs essen und schlafen?

Fahrplan gültig vom 31. Mai bis 26. September 1989

von Hamburg nach **Paris**   947 km

Fahrpreise (Tarifstand 1. Mai 1989)
1. Klasse einfache Fahrt 204,60 DM (196,60 DM), Rückfahrkarte 409,20 DM (393,20 DM)
2. Klasse einfache Fahrt 136,40 DM (131,40 DM), Rückfahrkarte 272,80 DM (262,80 DM)
Zuschlag für IC 10,— DM (1. Klasse) und 5,— DM (2. Klasse)
Der in Klammern gesetzte Fahrpreis gilt ab Hamburg-Harburg

Zug	Hamburg-Altona ab	Gleis	Hamburg Hbf ab	Gleis	Hamburg-Harburg ab	Gleis	Paris Nord an	Bemerkungen
D 232	—	—	3.19	13	—		14.34	Nordexpress ☕ ab Aachen
IC 515	6.19	11	6.35	13	6.48	2	17.00	Senator ✖; Ⓤ Köln und Brüssel Midi
IC 613	8.21	11	8.35	13	8.48	2	18.56	Gorch Fock ✖; Ⓤ Köln IC; über Brüssel ☕
IC 519	{10.19	9	{10.35	14	—		{21.06	Patrizier ✖; Ⓤ Köln u Brüssel Midi ☎; verk ① bis ⑤, nicht 29. VI. bis 4. IX.
IC 615	11.21	9	11.35	14	—		21.53	Theodor Storm ✖; Ⓤ Köln ✖
IC 632	17.19	9	17.35	14	—		6.25	Graf Luckner ✖; Ⓤ Köln 🛏—🛏
IC 634	{18.21	9	{18.35	13	{18.48	2	{6.25	Hanseat ✖; Ⓤ Köln 🛏—🛏; verk täglich außer ⑥/⑦, nicht 7./8. VI.
D 234	22.19	10	22.40	11	—		8.40	Schlaf- und Liegewagenzug
D 838	{23.23	10	{23.45	14	{0.01	2	{12.34	🛏—🛏¹); Ⓤ Köln ✖; verk ⑦/① bis ④/⑤, sowie täglich vom 21./22. VI. bis 10./11. IX.
D 838	23.23	10	23.45	14	0.01	2	13.52	🛏—, 🛏¹); Ⓤ Köln und Brüssel Midi

Zeichenerklärung siehe Rückseite

bestimmt	*specific*
der Fahrgast (¨e)	*passenger*
die Reise (-n)	*(long) journey*
unterwegs	*on the way*

2 Was würden diese Leute bei der Reiseauskunft sagen?

Name	heute 12–18	18–22	morgen 6–12	12–18	18–22	Dienstag 6–12	12–18	18–22	Mittwoch 6–12	12–18	18–22	nach
Gisela							√					Mannheim
Harald		√										Genf
Kurt			√									Passau
Barbara											√	Bingen
Sabine									√			Boppard

3 Kannst du die Fragen stellen?

a. „ . . . . . . ?"
   „Nein, der Zug fährt durch."

b. „ . . . . . . ?"
   „Er kommt um 13.40 in Düsseldorf an."

c. „ . . . . . . ?"
   „Ja. Sie müssen in Köln umsteigen."

d. „Ich will morgen nachmittag nach
   Bamberg fahren. . . . . . . ?"
   „Ein Zug fährt morgen um 15.00."

e. „ . . . . . . ?"
   „Auf Gleis 3."

f. „ . . . . . . ?"
   „Nein. Sie müssen umsteigen."

---

i

müssen *to have to*
ich muß
du mußt
er muß
wir müssen
ihr müßt
Sie müssen
sie müssen

This verb belongs in a group with:
können
‚möchten' (Sieh auch Seite 278.)
wollen.

*These verbs frequently require a second
verb, which always goes to the end of
the sentence.*

For example:

Sie müssen in Kaiserslautern
umsteigen.

Sie können entweder mit dem Bus oder
mit der Bahn fahren.

Ralf möchte in die Stadt gehen.

Anna will morgen vormittag nach Köln
fahren.

4 Bei der Reiseauskunft.

a. *(Say that you want to go to* Mannheim.*)*
   „Wann wollen Sie fahren, bitte?"
   *(Say that you want to travel tomorrow
   morning.)*
   „Sie haben einen Zug um 09.20."
   (Ask if you have to change.)
   „Augenblick mal. Ja, Sie müssen in
   Kaiserslautern umsteigen."
   (Ask when you arrive in Mannheim.*)*
   „Um 11.50."
   (Say thanks.)
   „Bitte sehr."

> Augenblick mal *just a moment*

b. *(Ask when the next train goes to Geneva.)*
   „Sie haben einen Zug um 15.30."
   (Ask if you have to change.)
   „Nein, er fährt durch."
   (Ask when it arrives.)
   „Um 18.51."
   (Say thanks.)
   „Bitte."

c. *(Ask when the next train goes to* Mainz.*)*
   „Um 10.26."
   (Ask which platform it goes from.)
   „Auf Gleis 3."
   (Ask for a single ticket.)
   „Acht Mark zwanzig."
   (Say thanks.)
   „Bitte sehr."

d. *(Say you want to go to* Bonn *on Thursday
   morning.)*
   „Sie haben einen Zug um 09.50."
   (Ask if you have to change.)
   „Ja. Sie müssen in Düren umsteigen."
   (Ask when you arrive in Bonn.*)*
   „Um 12.40."
   (Say thank you.)
   „Bitte sehr."

5 Hör zu! ●

Beantworte folgende Fragen auf Englisch!
The deutsche Bundesbahn *is conducting an inquiry into how satisfied travellers are with the journey they have just made.*

1. Gudrun
   a. *When did she travel?*
   b. *Where did she travel to?*
   c. *Did the train arrive on time?*
   d. *Did she have to change?*
   e. *What was the reason for the journey?*

2. Konrad
   a. *How was his journey?*
   b. *Where did he come from?*
   c. *What did he do on the train?*
   d. *Why did he make the journey?*

3. Sabine
   a. *Did she have a good journey?*
   b. *Did she change?*
   c. *What did she do on the journey?*
   d. *How late was the train?*
   e. *Why did she make the journey?*

D 258

Frankfurt (Main) - Mainz -
Bad Kreuznach -
Kaiserslautern - Saarbrücken -
Forbach - Metz - Paris

Die Deutsche Bundesbahn wünscht Ihnen eine angenehme Reise!

Trennbare Verben *Separable verbs*

Nächste Woche will Karin nach Zürich fahren. Sie geht zum Bahnhof und fragt bei der Reiseauskunft, wann sie am besten fahren kann. Es gibt zwei Züge. Der erste **fährt** sehr früh **ab**, und sie muß einmal **umsteigen**. Der zweite fährt um 15.00 und **fährt durch**. Wenn sie mit diesem Zug fährt, braucht sie nicht **umzusteigen**. Er **kommt** aber spät **an**, und sie will nicht spät in Zürich **ankommen**. Sie **schreibt** alles **auf**, und dann geht sie wieder nach Hause.

Here are some examples of separable verbs that you have already met:

<u>ab</u>fahren	Der nächste Zug fährt gleich ab.
<u>aus</u>steigen	Sie steigen am Rathaus aus.
<u>an</u>kommen	Der Zug kommt um 10.00 in Zürich an.
<u>auf</u>schreiben	Schreibt das auf, bitte.
<u>auf</u>machen	Macht die Bücher auf!
<u>durch</u>fahren	Der Zug fährt durch.
<u>ein</u>werfen	Sie wirft den Brief ein.
<u>fern</u>sehen	Siehst du gern fern?
<u>rad</u>fahren	Ich fahre sehr gern Rad.
<u>um</u>steigen	Sie steigen in Regensburg um.
<u>zu</u>hören	Hört mal zu!
<u>zu</u>machen	Macht die Hefte zu!

	Maskulinum	Femininum	Neutrum	Plural
Dativ	dem	der	dem	**den**

Note that in the Dative Plural an -n is always added to the noun:
der Berg   die Berge   in **den** Bergen

2 Jetzt kannst du einige Briefe schreiben. Vergiß nicht das Datum!

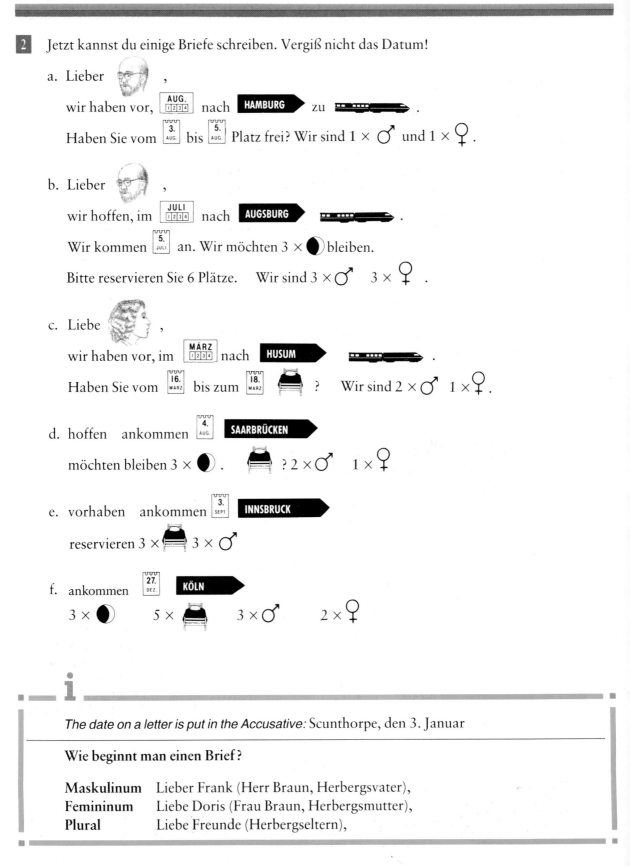

a. Lieber   **[face]**   ,

wir haben vor, **[AUG. 1 2 3 4]** nach **HAMBURG** zu **[train]** .

Haben Sie vom **[3. AUG]** bis **[5. AUG]** Platz frei? Wir sind 1 × ♂ und 1 × ♀ .

b. Lieber   **[face]**   ,

wir hoffen, im **[JULI 1 2 3 4]** nach **AUGSBURG** **[train]** .

Wir kommen **[5. JULI]** an. Wir möchten 3 × ◗ bleiben.

Bitte reservieren Sie 6 Plätze.   Wir sind 3 × ♂   3 × ♀ .

c. Liebe   **[face]**   ,

wir haben vor, im **[MÄRZ 1 2 3 4]** nach **HUSUM** **[train]** .

Haben Sie vom **[16. MÄRZ]** bis zum **[18. MÄRZ]** **[bed]** ?   Wir sind 2 × ♂   1 × ♀ .

d. hoffen   ankommen **[4. AUG]** **SAARBRÜCKEN**

möchten bleiben 3 × ◗ .   **[bed]** ? 2 × ♂   1 × ♀

e. vorhaben   ankommen **[3. SEPT]** **INNSBRUCK**

reservieren 3 × **[bed]**   3 × ♂

f. ankommen **[27. DEZ.]** **KÖLN**

3 × ◗   5 × **[bed]**   3 × ♂   2 × ♀

ⓘ

The date on a letter is put in the Accusative: Scunthorpe, den 3. Januar

Wie beginnt man einen Brief?

Maskulinum	Lieber Frank (Herr Braun, Herbergsvater),
Femininum	Liebe Doris (Frau Braun, Herbergsmutter),
Plural	Liebe Freunde (Herbergseltern),

i

Verbs with **zu**

hoffen zu	Wir **hoffen**, am Dienstag anzukommen.
<u>vorhaben</u> zu	Ich **habe vor**, eine Deutschlandreise **zu** machen.
beschließen zu	Inge **beschließt**, drei Nächte **zu** reservieren.
kosten zu	Es **kostet** nicht viel, in die Berge **zu** fahren.
brauchen zu	Sie **brauchen** nicht, in Nürnberg umzusteigen.

Note the position of **zu** *when the second verb is separable.*

mein	*my*
sein	*his*
ihr	*her*

These words all behave like **ein** *and* **kein**.

	Maskulinum	**Femininum**	**Neutrum**
Nominativ	mein	meine	mein
Akkusativ	meinen	meine	mein
Dativ	meinem	meiner	meinem

DRITTER TEIL

Was nimmt man mit?
What do you take with you?

This section is about packing for a holiday and checking that you have everything you need.

Klaus und Bettina sind gerade beim Packen.

Mit Schlafsack Dosenöffner und Löffel auf Tour

„Hast du die Landkarte?"

„Ja. Ich habe sie hier."

„Und den Dosenöffner?"

„Nein. Ich kann ihn nicht finden."

„Da ist er. Und das Messer?"

„Ich habe es nicht. Du . . . du hast es in der Hand!"

„Ach, ja. Wie blöd! Und die Adressen? Hast du die?"

„Ja. Ich habe sie in die Tasche gesteckt."

blöd	*stupid*
der Dosenöffner (-)	*tin opener*
gesteckt	*put, stuck*
die Landkarte (-n)	*map*
das Messer (-)	*knife*
Die Tasche (-n)	*bag, pocket*

i

	M	F	N	Pl.
Nominativ	er	sie	es	sie
Akkusativ	ihn	sie	es	sie

Jetzt seid ihr dran!

1 Kannst du beim Packen helfen?

Hast du den Stadtplan da?
Ja, ich habe ihn hier.

Hast du die Gabel?
Nein, ich kann sie nicht finden.

Hast du die Ausweise?
Ja, ...

Hast du den Apparat?
Ja, ...

Wo ist das Handtuch?
Ich habe . . . .

Hast du denn die Seife?
Ja, ...

Hast du die Schlafsäcke?
Ja, ...

Hast du meine Badehose?
Nein, ...

Ich suche meinen Paß.
Ich . . . .

Hast du den Löffel?
Nein, ...

Hast du die Taschenlampe?
Ja, ...

Hast du das Badetuch?
Nein, ...

VIERTER TEIL ## Haben Sie meinen Brief bekommen?
Did you get my letter?

This section is about arriving at a German youth hostel and checking on a reservation you have made there by post.

Die Menschen, die hier am Schalter stehen, haben im voraus an den Herbergsvater geschrieben. Sie sind am späten Nachmittag in der Jugendherberge angekommen, und sie fragen, ob der Herbergsvater die Briefe bekommen hat.

Mary wartet zehn Minuten am Schalter. Dann kommt der Herbergsvater und macht das Büro auf. Mary fragt, ob er ihren Brief bekommen hat.

„Guten Tag. Haben Sie meinen Brief bekommen? Ich habe Ihnen vor drei Wochen geschrieben."

„Wie heißen Sie?"

„Kent. Ich habe zwei Betten reserviert."

„Ja. Ich habe ihn hier. Sie haben Betten für zwei Mädchen reserviert. In Ordnung."

Der nächste am Schalter ist Roger Packer.

„Guten Abend. Mein Name ist Packer. Ich habe vor zwei Wochen geschrieben und eine Reservierung gemacht."

„Augenblick mal. Ja. Das ist der Brief. Ich habe Betten für einen Jungen und ein Mädchen reserviert."

Dann kommt John Reed. Er hat eine Reservierung für einen Jungen und zwei Mädchen gemacht.

„Guten Abend. Mein Name ist Reed. Ich habe eine Postkarte geschickt."

„Wie war der Name, bitte?"

„Reed. Vor vierzehn Tagen habe ich die Postkarte geschrieben."

„Reed . . . ja. Ich habe sie bekommen. Das ist für einen Jungen und zwei Mädchen, nicht wahr? In Ordnung. Ich habe die Betten reserviert."

der Mensch (-en)	*person, human being*
spät	*late*
im voraus	*in advance*

Ich habe	zwei Betten die Plätze	vor einer Woche vor acht Tagen	reserviert.
	den Brief die Postkarte	vor zwei Wochen vor vierzehn Tagen vor einem Monat vor zwei Monaten	bekommen.
	einen Brief eine Postkarte		geschrieben. geschickt.
	eine Reservierung		gemacht.

Jetzt seid ihr dran!

1 Hör zu! ●

Trage die Tabelle in dein Heft ein und füll sie aus!

	Was geschickt? ? ?	Wann?	Was reserviert?
1			
2			
3			
4			
5			
6			

2 Übe Dialoge mit einem Partner oder einer Partnerin!

Zum Beispiel:

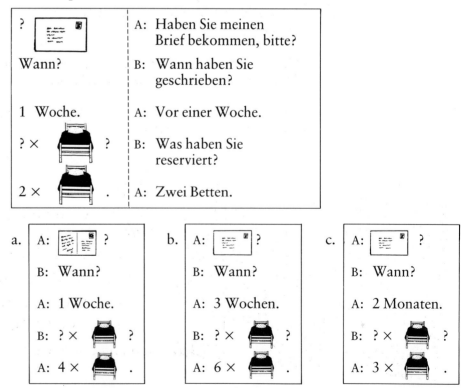

?
Wann?

1 Woche.

? × ?

2 × .

A: Haben Sie meinen Brief bekommen, bitte?

B: Wann haben Sie geschrieben?

A: Vor einer Woche.

B: Was haben Sie reserviert?

A: Zwei Betten.

a. A: ?
   B: Wann?
   A: 1 Woche.
   B: ? × ?
   A: 4 × .

b. A: ?
   B: Wann?
   A: 3 Wochen.
   B: ? × ?
   A: 6 × .

c. A: ?
   B: Wann?
   A: 2 Monaten.
   B: ? × ?
   A: 3 × .

d.
A: ?

B: Wann?

A: 1 Monat.

B: ? × 🛏 ?

A: 1 × 🛏 .

e.
A: ?

B: Wann?

A: 8 Tagen.

B: ? × 🛏 ?

A: 2 × 🛏 .

f.
A: ?

B: Wann?

A: 14 Tagen.

B: ? × 🛏 ?

A: 1 × 🛏 .

3 Sieh dir Seiten 142 und 143 an!
Lies die Briefe und ergänze die
folgenden Sätze!

a. (1) Julia hat am 17. Februar ....
   (2) Sie hat drei Betten ....
   (3) Sie hat Plätze für zwei
       Nächte ....

b. (1) Graham hat einen Brief ....
   (2) Er hat am 8. Mai ....

c. (1) Corinne hat am ....
   (2) Sie hat Betten für ....

> **i**
>
> **vor**
>
> *With expressions of time,*
> **vor** *takes the dative.*
>
> vor einem Monat
> vor einer Woche
> vor einem Jahr

FÜNFTER TEIL   Haben Sie noch Platz frei, bitte?
Have you any room left, please?

This section explains how to book into a German youth hostel if you arrive
without having made a reservation in advance.

Wenn man ohne Reservierung in der Jugendherberge ankommt, kann man
vielleicht Betten bekommen.

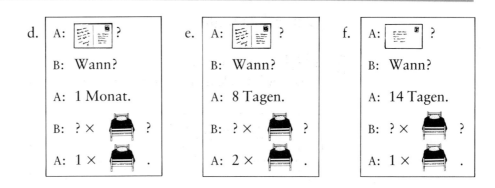

1. Drei Freunde kommen gerade an. Sie suchen
Unterkunft für eine Nacht.

„Guten Abend. Haben Sie noch Platz frei, bitte?"

  „Ja. Für wie viele Personen?"

„Für drei. Zwei Jungen und ein Mädchen."

  „Für wie viele Nächte?"

„Nur für eine Nacht."

2.

Die nächsten wollen drei Nächte bleiben.

„Guten Tag. Haben Sie noch Platz frei, bitte?"

„Ja. Für wie viele Personen?"

„Für zwei Jungen."

„Und wie lange wollen Sie bleiben?"

„Drei Nächte, bitte."

„In Ordnung."

„Kann man hier Bettwäsche leihen?"

„Ja. Für zwei Personen?"

„Ja, bitte."

3.

Gerd, Heidrun und Manfred haben eine Unterkunft bekommen. Jetzt möchte der Herbergsvater ihre Ausweise sehen. Er will auch wissen, welche Mahlzeiten sie einnehmen wollen.

„Eure Ausweise, bitte. . . . Danke."

„Wir möchten Bettwäsche leihen."

„Alle drei?"

„Bitte."

„OK. Und welche Mahlzeiten wollt ihr?"

„Frühstück und Abendessen, bitte."

„Also. Kein Mittagessen. Nun . . .
da sind die Schlafsäcke. Wenn ihr
mitkommen wollt, zeige ich euch
die Schlafräume."

das Abendessen	*evening meal*
die Bettwäsche	*sheets*
<u>einnehmen</u>	*to take (a meal)*
(nimmt ein)	
das Frühstück	*breakfast*
leihen (leiht)	*to hire*
die Mahlzeit (-en)	*meal*
das Mittagessen	*lunch*
die Person (-en)	*person*
der Schlafraum (¨-e)	*dormitory*
zeigen (zeigt)	*to show*

DEUTSCHES JUGENDHERBERGSWERK
Member of International Youth Hostel Federation
DJH
MITGLIEDSAUSWEIS
Membership Card
30.07.72 Geburtsdatum
JUN C Mitgliedsgruppe
LUETHY, NORBERT
Familienname, Vorname, Titel – Schule oder Organisation
NORDHAUSER STR. 35
Straße und Hausnummer
10 Postamt
1000 Postleitzahl
BERLIN Wohnort
Ich (wir) habe(n) mich (uns) zur Einhaltung der Hausordnung und Benutzungs-bedingungen für Jugendherbergen verpflichtet.
Norbert Luethy
Unterschrift
27.6.1989 Datum
Jahresmarke einkleben.
Stempel der Ausgabestelle.

Jetzt seid ihr dran!

1 🔲 Hör zu!

Wer kommt an, wie lange bleiben sie, was brauchen sie?

2 Füll die Lücken mit den passenden Wörtern aus!

a. Haben Sie noch.... frei?

b. Brauchen ... Schlafsäcke?

c. Kann man hier...leihen?

d. Nur..., bitte.

e. Ihre..., bitte.

f. Haben Sie noch für heute ... Platz frei?

g. Wir möchten drei Nächte....

h. Wie lange... Sie bleiben?

i. ...du eine Nacht oder zwei Nächte bleiben?

wollen

willst

Bettwäsche

abend

Platz

Frühstück

bleiben

Ausweise

Sie

3 Der Text steckt voller Unsinn: verbessere ihn!

Eleven words are in the wrong place in this conversation: change their position to make sense of what is said.

„Haben Sie noch Bettwäsche frei?"

„Ja. Wie viele sind Sie?"

„Vier. Zwei Schlafsäcke und zwei Mittagessen."

„Wie lange wollen Sie einnehmen?"

„Drei Mädchen, bitte."

„OK. Ihre Nächte, bitte. . . . Danke. Unterschreiben Sie, bitte."

„Kann man hier Platz leihen?"

„Ja. Das kostet zwei Mark."

„Zwei, bitte. Wir haben schon zwei Jungen."

„Welche Mahlzeiten bleiben Sie?"

„Frühstück und Abendessen – kein Mädchen, bitte."

„OK. In Ordnung. Die Schlafräume . . . 6 für die Jungen und 2 für die Ausweise."

4 Lies folgenden Dialog mit einem Partner oder einer Partnerin!

„Haben Sie noch Platz frei, bitte?"

„Ja. Für wie viele Personen?"

3 „Drei."

„Sind das Jungen oder Mädchen?"

„Ein Junge und zwei Mädchen."

„Wie lange wollen Sie bleiben?"

3 × „Drei Nächte."

„Brauchen Sie Bettwäsche?"

2 × „Zwei Schlafsäcke, bitte."

„Welche Mahlzeiten wollen Sie?"

√ × √ „Frühstück und Abendessen – kein Mittagessen."

5 Jetzt übt Dialoge!

	1	2	3	4
	?	?	?	?
„Ja. Für wie viele Personen?"	3	2	4	2
„Sind das Jungen oder Mädchen?"	♀♂♂	♀♀	♂♂♀♀	♂♀
„Wie lange wollen Sie bleiben?"	2 ×	3 ×	1 ×	1 ×
„Brauchen Sie Bettwäsche?"	1 ×	2 ×	2 ×	2 ×
„Welche Mahlzeiten nehmen Sie ein?"	F M A √ √ √	F M A √ × ×	F M A √ × √	F M A √ × ×

SECHSTER TEIL In der Jugendherberge
In the youth hostel

This section is an introduction to the various rooms and facilities to be found in a youth hostel.

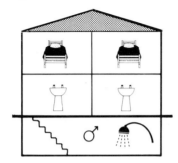

Die Schlafräume sind
im ersten Stock.

Die Waschräume sind
im Erdgeschoß.

Die Jungenduschen
sind im Keller.

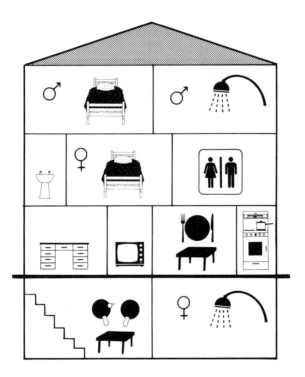

In welchem Stock sind:
die Duschen
die Mädchenduschen
die Jungenduschen
die Toiletten
die Mädchentoiletten
die Jungentoiletten
die Waschräume
die Mädchenschlafräume
die Jungenschlafräume?

Wo ist:
der Aufenthaltsraum
das Büro
der Fernsehraum
die Küche
der Speiseraum?

Jetzt seid ihr dran!

1   Mit einem Partner oder einer Partnerin
Design your own youth hostel. Each of you draws a diagram like the one above, putting the rooms wherever you please. The other person has to reproduce the drawing you have made by asking questions and using your answers.

Zum Beispiel:
A: Wo sind die Mädchentoiletten?
B: Sie sind im Erdgeschoß.

2 Stell einem Partner oder einer Partnerin Fragen und gib die Antworten!
Imagine that you are standing at the entrance of this youth hostel:
answer your partner's questions about where the rooms are.
Take it in turns to ask the questions.

Zum Beispiel:
A: Wo sind die Jungenduschen, bitte?
B: Sie sind oben im zweiten Stock.

er sie es	ist	oben ↑ unten ↓	im ....
sie	sind	hier ←	

3 Sieh dir die Saarlandkarte an und beantworte folgende Fragen!

a. Welcher Staat liegt im Süden?
b. Welcher Staat liegt im Westen?
c. Welches Land liegt im Norden?
d. Liegt die westliche Grenze an der Saar oder an der Mosel?
e. Wo liegt Weiskirchen?
f. Wie viele Jugendherbergen hat das Land?

Die Landkarte
des Saarlandes
mit Jugendherbergen

4 *Answer the following questions.*

Jugendherberge und Schullandheim Weiskirchen
6619 Weiskirchen, Jugendherbergsstraße 12
Tel. 06876/231
Herbergseltern Ernst und Wilma Sauer

120 Betten, 19 Schlafräume
5 Doppelzimmer, 2 Einzelzimmer für Gruppenleiter
1 Tagesraum (Speiseraum) mit 77 Plätzen
1 Tagesraum (Schul- oder Tagungsraum) mit 52 Plätzen
1 Tagesraum (Schul- oder Tagungsraum) mit 32 Plätzen
1 separater Tagesraum mit 36 Plätzen
1 Leseraum, große Eingangshalle
1 Hobbyraum für Bastler

Herbergseigener Spielplatz

Beheiztes Hallenbad 5 Minuten entfernt

Freibad, Sportplatz, Turnhalle und Minigolfanlage in
unmittelbarer Nähe der Jugendherberge

Waldlehrpfad   Trimm-Dich-Pfad   Kneipp-Anlage

a. Has the youth hostel on the left got room for seven, eight or twelve group leaders?
b. How many rooms has the youth hostel got for lessons: two, three or four?
c. What do you think Schullandheim means?
d. Can everyone eat together at one sitting?
e. How many swimming baths has the village got? Describe them.

5 Zum Lesen

Ulrike und Wolfgang kommen zu Fuß in Weiskirchen an. Sie suchen die Jugendherberge. Vor einem Monat haben sie schon geschrieben und Betten reserviert. Sie kennen aber Weiskirchen nicht und wissen nicht, wo die Jugendherberge ist. In einem Café fragen sie nach dem Weg. Fünf Minuten später sprechen sie schon mit dem Herbergsvater.

Der Herbergsvater hat Ulrikes Brief bekommen und hat die Betten reserviert. Sie wollen drei Nächte bleiben. Er nimmt die zwei Ausweise, und die jungen Leute unterschreiben. Da sie schon Bettwäsche haben, brauchen sie keine Schlafsäcke zu leihen. Der Herbergsvater sagt, welche Schlafräume sie haben, und sie gehen nach oben. Ulrike ist in einem Vierbettzimmer mit zwei Mädchen aus Belgien und einem aus der Schweiz. Wolfgang ist in einem großen Zimmer mit vielen anderen Jungen zusammen. Vor dem Abendessen duschen sie sich, und sie essen um 19.00 Uhr.

i

nach
Er fährt nach Dresden.
Er fährt nach Deutschland.
Er geht nach oben (nach unten).

Nach *is always followed by the Dative.*

Zum Beispiel:
nach dem Schwimmen
nach dem Weg fragen

kennen (kennt)	*to be acquainted with, to know*
sie duschen sich	*they have a shower*
später	*later*

Das Nibelungenlied

Brunhilde war wütend. Sie war sehr schlechter Laune. Sie hat beschlossen, Günther in der Nacht gut zu prügeln. Also, am Abend.....

1 Komm, mein Liebchen. Du hast einen sehr anstrengenden Tag gehabt. Es ist schon neun Uhr dreißig. Gehen wir ins Bett.

Neun Uhr dreißig!

2 Sie haben „gute Nacht" gesagt, Günther hat sich ein warmes Milchgetränk bestellt, und zehn Minuten später waren sie oben im Schlafzimmer. Günther hat sich die Zähne geputzt. Er war guter Laune. Brunhilde aber war, wie immer, schlechter Laune. Sie hat Günther im Spiegel gut angesehen. Er war nicht so stark.

3 Plötzlich hat sie sich auf Günther geworfen. Sie hat ihn geprügelt und gebunden.

Du warst es nicht! Du hast mich nicht besiegt! Sieh, du hast keine Muskeln!

4 Brunhilde hat Günther an die Wand gehängt. Und der arme Günther hat die ganze Nacht an der Wand verbracht, wie ein Bild oder ein Foto. Brunhilde ist schnell eingeschlafen und hat die ganze Nacht hindurch geschnarcht. Günther konnte nicht schlafen.

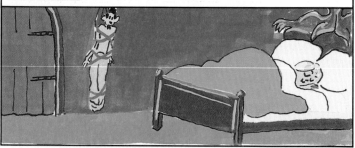

5 Am nächsten Morgen hat Günther, der sehr müde war, alles Siegfried erzählt.

Das war ganz schlimm. Kannst du mir helfen?

OK. Ich verstecke mich unter dem Bett. Und dann – BAFF!!!

6   Siegfried hat sich unter dem Bett versteckt. Er hatte die Zaubermütze auf dem Kopf. Brunhilde hat versucht, Günther an die Wand zu hängen, aber Siegfried hat Günther geholfen und hat Brunhilde besiegt. Brunhilde war wütend und hat heftig geweint.

7   Siegfried ist leise aus Brunhildes Schlafzimmer gegangen. Er hat Brunhildes Gürtel und Ring weggenommen – was recht dumm war. (Aber Sigi war recht dumm – wie ich euch schon gesagt habe.)

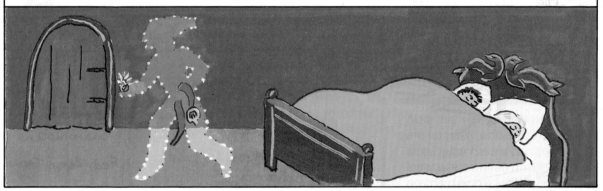

8   Am nächsten Tag haben sie Isenland verlassen. Zwölf Tage später (und etwas seekrank) sind sie in Worms angekommen. Brunhilde war wie immer schlechter Laune. Siegfried war aber guter Laune. Jetzt konnte er die schöne Kriemhild heiraten.

beschlossen *decided* prügeln *beat up*   1   anstrengenden *strenuous*   2   sich die Zähne geputzt
cleaned teeth Spiegel *mirror*   3   geworfen *threw* gebunden *tied up*   4   Wand *wall* verbracht
spent geschnarcht *snored*   5   müde *tired* verstecke *hide*   6   versucht *tried* geweint *cried*
7   Gürtel *belt*

ZWEITER TEIL Man stellt sich vor
Introducing yourself

This section is about meeting a German family for the first time and being introduced to the various members in it.

1.

Auf dem Bahnhof

Hilary Saunders hat die Reise jetzt hinter sich. Ihre deutschen Freunde sind am Bahnhof und warten auf sie. Als Hilary aus dem Zug aussteigt, steht die Familie Schildt schon auf dem Bahnsteig. Sie begrüßen sich und stellen sich vor.

Frau Schildt: Guten Tag. Sind Sie vielleicht Hilary Saunders?
Hilary: Ja.
Frau Schildt: Ich bin Frau Schildt. Herzlich willkommen! Das ist mein Mann.
Herr Schildt: Guten Tag, Hilary.
Hilary: Guten Tag, Herr Schildt.
Herr Schildt: Das ist die Sabine, unsere Tochter. Die anderen sind noch zu Hause. Es war natürlich kein Platz für alle im Wagen.
Sabine: Hallo, Hilary.
Hilary: Hallo.

2.

Zu Hause

Sie fahren nach Hause, wo Hilary die anderen Familienmitglieder, Sabines Brüder und die Oma, kennenlernt.

Frau Schildt: Hilary. Da sind wir. Das ist der Robert.
Robert: Hallo.
Hilary: Hallo.
Frau Schildt: Und das ist Karl, unser zweiter Sohn.
Karl: Tag, Hilary.
Hilary: Hallo.
Frau Schildt: Kommen Sie bitte herein, Hilary . . . . Das ist die Oma, meine Mutter, Frau Bauer.
Hilary: Guten Tag, Frau Bauer.
Frau Bauer: Grüß Gott, Hilary.

3.

Die Freunde
Später lernt Hilary einige Freunde kennen.

Sabine: Also, Hilary, das ist meine Schwester, Inge.
Inge: Hallo.
Hilary: Hallo.
Sabine: Und das ist Inges Freundin, Ingrid.
Ingrid: Tag, Hilary.
Hilary: Tag, Ingrid.

sie begrüßen sich	*they greet each other*
hinter	*behind*
kennenlernen (lernt kennen)	*to get to know*
das Mitglied (-er)	*member*
sich vorstellen (stellt sich vor)	*to introduce oneself*
warten auf + *acc.* (wartet)	*to wait for*

Das ist	mein	Mann
		Sohn
		Vater
		Großvater
		Opa
	meine	Frau
		Tochter
		Mutter
		Großmutter
		Oma
	unser Sohn	
	unsere Tochter	

Das sind	meine	Eltern
		Brüder
		Schwestern
	unsere	Kinder
		Söhne
		Töchter

Jetzt seid ihr dran!

1 Einige Familienfotos

a.

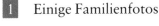

(4)   (5)   (2)   (1)   (6)   (3)

(1) „Wer ist das?"
      „Das ist meine Schwester Sirgit."
(2) „Und wer ist das?"
      „Das ist ihre Freundin Shilla."
(3) „Und das?"
      „Mein Bruder Kaldip."
(4) „Und das?"
      „Das ist unsere Hündin Tess."
(5) „Und das?"
      „Das ist unsere Katze Flo."
(6) „Und das bist du?"
      „Ja. Das bin ich."

How would these people answer the questions about their photos?

b.

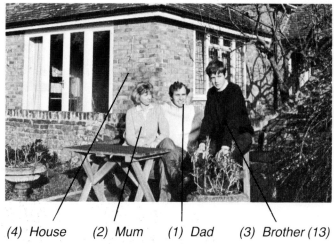

(1) Wer ist das?
(2) Wer ist das?
(3) Ist das dein Bruder?
    Wie alt ist er?
(4) Und das hier?

(4) House   (2) Mum   (1) Dad   (3) Brother (13)

c.

(1) Das ist?
(2) Und das?

(1) Tilly   (2) Ebby

What could you say about these photos if they were yours?

d.

Mother   Cocoa Sister (13)   Father

e.

Gran (86)   Mum   Suki   House

Brother (6)   Friend   Dad

2 Stell einem Partner oder einer Partnerin Fragen und gib Antworten!

Ist das dein . . . ?	Ja. Das ist mein . . . .
Ist das deine . . . ?	Ja. Das ist meine . . . .
Sind das deine . . . ?	Ja. Das sind meine . . . .

The feminines and the plurals are underlined.

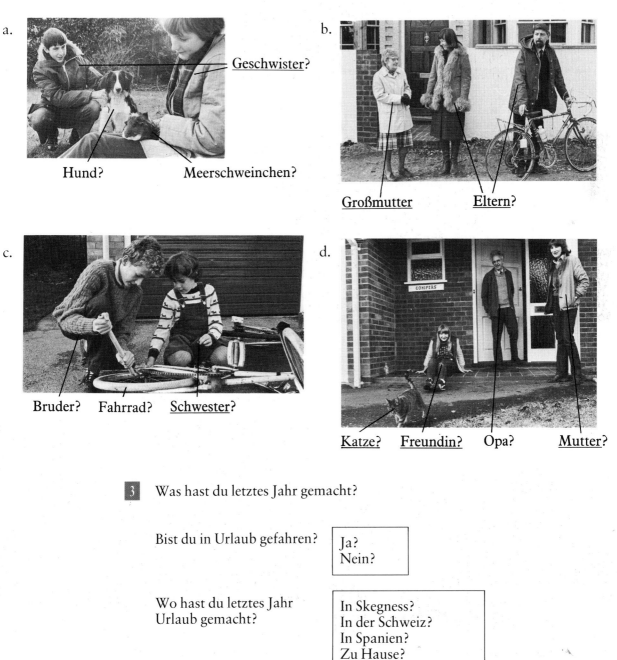

a. <u>Geschwister</u>?

Hund? Meerschweinchen?

b. <u>Großmutter</u> <u>Eltern</u>?

c. Bruder? Fahrrad? <u>Schwester</u>?

d. <u>Katze</u>? <u>Freundin</u>? Opa? <u>Mutter</u>?

3 Was hast du letztes Jahr gemacht?

Bist du in Urlaub gefahren?

> Ja?
> Nein?

Wo hast du letztes Jahr
Urlaub gemacht?

> In Skegness?
> In der Schweiz?
> In Spanien?
> Zu Hause?

Wann war das?

> Letzten Mai?
> Im Juli letztes Jahr?
> Letzten Sommer?

Mit wem bist du gefahren?

> Allein?
> Mit deiner Familie?
> Mit deinem Freund?
> Mit deinen Freunden?

Wie war das Wetter?

> ? ? ?

	Maskulinum	Femininum	Neutrum	Plural
Nominativ	mein	meine	mein	meine
Akkusativ	meinen	meine	mein	meine
Dativ	meinem	meiner	meinem	meinen

The following behave in the same way as mein:

dein	*your*	unser	*our*
sein	*his*	euer	*your (familiar form)*
ihr	*her*	Ihr	*your (polite form)*
		ihr	*their*

Note that **euer** *loses an* e *when it has an ending added to it:*

Wir haben eure Telefonnummer.

The Accusative with 'last' and 'every' in expressions of time in German.

Maskulinum	Femininum	Neutrum
letzten Sommer	letzte Woche	letztes Jahr
letzten Winter		
letzten Frühling		
letzten Herbst		
letzten Monat		
letzten Mai		
jeden Tag	jede Woche	jedes Jahr
jeden Vormittag, usw.		
jeden Monat		
jeden Mai		
jeden Sommer, usw.		

DRITTER TEIL Was möchtest du machen?
What would you like to do?

This section explains how to say what you would like to do when you arrive at someone's home after a long journey.

Wenn man in einer Familie ankommt, fragen die Gastgeber, was man machen möchte.

der Gastgeber (-) *host*
die Gastgeberin (-nen) *hostess*

Jetzt seid ihr dran!

1 Hör zu!
Kannst du das passende Symbol auswählen?
Can you choose the right symbol?

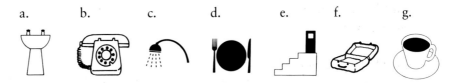

a.   b.   c.   d.   e.   f.   g.

2 Kannst du die richtigen Fragen und Antworten auswählen?

Die Fragen:
a. Möchten Sie sich frisch machen oder zuerst etwas essen?
b. Möchtest du zuerst auf dein Zimmer gehen oder lieber eine Tasse Tee trinken?
c. Möchten Sie eine Limonade oder möchten Sie gleich auf Ihr Zimmer gehen?
d. Möchtest du eine Tasse Kaffee oder möchtest du lieber gleich essen?
e. Möchten Sie sich duschen oder lieber gleich etwas zu trinken haben?
f. Möchtest du dich frisch machen oder lieber gleich zu Hause anrufen?

Die Antworten:
(1) Ich möchte gern eine Tasse Tee, bitte.
(2) Ich möchte mich gern duschen.
(3) Danke schön. Ich hätte gern eine Tasse Kaffee.
(4) Ich möchte gern auf mein Zimmer gehen.
(5) Ja. Danke schön. Wo ist das Telefon, bitte?
(6) Ich möchte mich gern waschen, bitte.

3 Ergänze die folgenden Sätze!
a. Ich möchte gern etwas . . . .   e. Ich möchte gern . . . .

b. Ich möchte mich gern . . . .   f. Ich möchte gern . . . .

c. Ich möchte mich gern . . . .   g. Ich möchte gern . . . .

d. Ich möchte gern . . . .

4 Was möchtest du machen?
Welche Antwort geben diese Leute?

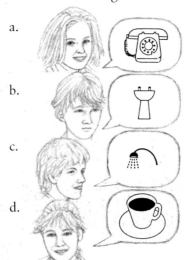

a.
b.
c.
d.

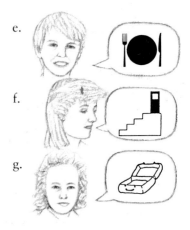

e.
f.
g.

5 Ein Spiel für zwei Personen

a. *Each player copies the symbols and the ticks and crosses as shown here.*

b. *Under **each** symbol each player puts a 1 **and** a 2 in any order, so that each cross and each tick has a 1 or 2 under it, for example:*

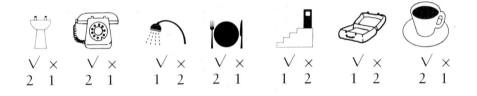

c. *Each player alters **one** of his/her 2s to a 3.*

d. *How to play the game:*
   A: *asks a question:* Möchtest du dich duschen?
   B: *answers either* **Ja** *or* **Nein**. *If the answer is* **Ja**, *he/she is given the score which is under the tick on* A*'s sheet; if the answer is* **Nein**, *he/she is given the score which is under the cross.*

Zum Beispiel:
B: Nein.
A: Das sind zwei Punkte.
B *records the score he/she has won and then, in turn, asks* A *a question.*
When each player has asked a question for each of his/her symbols then they both add the totals to see who has won.

Fränzi, möchtest du dich frisch machen?

Ja. Sicher!

Jetzt geht's mir besser!!

169

6 Zum Lesen

Tim hat vor drei Wochen an die Familie Norheimer geschrieben und seine Ankunftszeit gegeben. Sie haben ihn am Bahnhof abgeholt, und jetzt ist er bei der Familie zu Hause.

„Tim, was möchtest du machen? Wir essen gleich. Möchtest du auf dein Zimmer gehen oder möchtest du dich vielleicht duschen?"

„Ja. Danke. Ich möchte mich gern waschen."

„OK. Du gehst unter die Dusche, und dann essen wir. Ulrich, gehst du mit und zeigst Tim sein Zimmer?"

Tim geht auf sein Zimmer, wo er seine Sachen auspackt. Dann wäscht er sich. Nach der langen Reise ist er müde, und er hat auch Hunger.

Nach dem Essen fragt Herr Norheimer, ob Tim zu Hause anrufen möchte.

„Möchtest du zu Hause anrufen?"

„Bitte."

„Kennst du die Vorwahl für England?"

„Nein."

geben (gibt, gegeben)	*to give*
die Sache (-n)	*thing*
müde	*tired*
unter die Dusche gehen	*to have a shower*
die Vorwahl	*code*

„Also, du wählst zuerst 00 und dann die Vorwahl für England. Das ist 44. Und du wohnst in Birmingham, nicht wahr? Das ist ... Augenblick mal ... 021. Man wählt aber die Null nicht."

„Die Nummer ist also 00 44 21, und dann kommt meine Telefonnummer."

„Richtig."

„Danke. Ich rufe gleich an."

Ortsnetz

Großbritannien

Weitere Kennzahlen sind bei der Auslands-fernsprechauskunft unter **0 01 18** zu erfragen

Die Sprechdauer für eine Gebühreneinheit beträgt einheitlich für alle Ortsnetze durchgehend während der Tages- und Nachtzeit 7 385 Sekunden

	0044 224
Aberdeen	0044 232
Belfast	0044 21
Birmingham	0044 20
Bournemouth	0044 34
Bracknell	0044 27
Bristol	0
Cambridge	
Edinburgh	
Glasgow	
Gravesend	
Great Yarmouth	

Reflexivverben *Reflexive verbs*

sich duschen	Ich freue mich sehr auf meinen Besuch.	ich . . . mich
sich freuen	Möchtest du dich waschen?	du . . . dich
sich waschen	Er wäscht sich.	er/sie/es . . . sich
sich frisch machen	Wir freuen uns auf unseren Besuch.	wir . . . uns
sich vorstellen	Möchten Sie sich duschen?	Sie . . . sich
	Möchtet ihr euch frisch machen?	ihr . . . euch
	Sie stellen sich vor.	sie . . . sich

i

Points about the accusative:

schreiben an + acc:
  Er hat an die Familie geschrieben.
  Sie schreibt an den Herbergsvater.

sich freuen auf + acc:
  Ich freue mich sehr auf meinen Besuch.

VIERTER TEIL   Und wie war die Reise?
And what was the journey like?

This section teaches you how to describe what kind of journey you had.

Es gibt verschiedene Reisemöglichkeiten, wenn man nach Deutschland fährt. Man kann die Überfahrt mit der Fähre oder mit dem Luftkissenboot machen und dann mit der Bahn weiterfahren. Man kann auch fliegen.

1.

Lucy hat die Fähre genommen.

„Wie war die Reise?"

  „Ein bißchen lang."

„Bist du über Calais gekommen?"

  „Nein. Über Zeebrugge. Mit der Fähre von Harwich aus."

„Wie war sie denn, die Überfahrt?"

  „Sie war ziemlich stürmisch. Ich habe aber gut geschlafen."

die Fähre (-n)	*ferry*
fliegen (fliegt)	*to fly*
das Luftkissenboot (-e)	*hovercraft*
die Reisemöglichkeiten	*ways and means of travelling*
die Überfahrt (-en)	*crossing*
stürmisch	*stormy*

Was hat Lucy gemacht?	***What did Lucy do?***
Sie hat die Fähre genommen.	*She took the ferry.*
Sie ist über Zeebrugge gefahren.	*She travelled via Zeebrugge.*
Sie hat gut geschlafen.	*She slept well.*

2.

Kevin hat die Überfahrt mit dem Luftkissenboot gemacht.

„Hast du eine gute Reise gehabt?"

„Ja, danke. Sie war sehr gut."

„Du bist aber sicher müde. Bist du über Hoek van Holland gefahren?"

„Nein, über Calais. Ich bin mit dem Luftkissenboot gefahren."

„Aha, mit dem Luftkissenboot. Und dann?"

„Dann bin ich mit der Bahn über Paris gefahren."

Was hat Kevin gemacht?	*What did Kevin do?*
Er hat eine gute Reise gehabt.	*He had a good journey.*
Er ist über Calais gefahren.	*He travelled via Calais.*
Er ist mit dem Luftkissenboot gefahren.	*He travelled by hovercraft.*
Er ist mit der Bahn weitergefahren.	*He continued by train.*

3.

Jill hat das Flugzeug genommen.

„So, wie war die Reise?"

„Sehr angenehm, danke."

„Du bist nach Luxemburg geflogen?"

„Nein, nach Frankfurt, und dann bin ich umgestiegen und mit der Bahn weitergefahren."

„Wann hast du denn London verlassen?"

„So um zehn Uhr."

angenehm *pleasant*

Was hat Jill gemacht?	*What did Jill do?*
Sie hat das Flugzeug genommen.	*She took the plane.*
Sie ist nach Frankfurt geflogen.	*She flew to Frankfurt.*
Sie ist umgestiegen.	*She changed.*
Sie ist mit der Bahn weitergefahren.	*She continued by train.*

4.

Und Andy, wie hat er die Reise gemacht?

„Wie war sie denn, diese lange Reise?"

„Nicht so schlimm, danke. Ich habe gelesen und geschlafen."

„Wann bist du abgefahren?"

„Gestern abend."

„Du hast also auf dem Schiff übernachtet?"

„Ja. Wir sind mit der Fähre von Harwich nach Zeebrugge gefahren. Busfahrer möchten auch schlafen!"

„Und wie bist du dann weitergefahren?"

„Über Brüssel und Namur."

| gestern | *yesterday* |
| schlimm | *bad* |

Was hat Andy gemacht?	**What did Andy do?**
Unterwegs hat er gelesen und geschlafen.	*He read and slept on the way.*
Er ist mit der Fähre gefahren.	*He travelled by ferry.*
Er hat auf dem Schiff übernachtet.	*He spent the night on the boat.*

Ich bin	mit dem Bus	gefahren. gekommen.	*fahren *kommen *abfahren *umsteigen *fliegen	*Note.* The verbs shown on the left all take ‚sein' in the Perfect Tense – see page 177. These verbs are marked with a * in the vocabulary lists from now on.
	um 10.00 Uhr	abgefahren.		
	in Venlo	umgestiegen.		
	nach Luxemburg	geflogen.		

Ich habe	die Fähre	genommen.	nehmen haben verlassen lesen schlafen übernachten
	eine gute Reise	gehabt.	
	London um 10 Uhr	verlassen.	
	auf dem Schiff	gelesen. geschlafen. übernachtet.	

...DER KLUGE
LIEST IM ZUGE

Presse und Buch
im Bahnhof

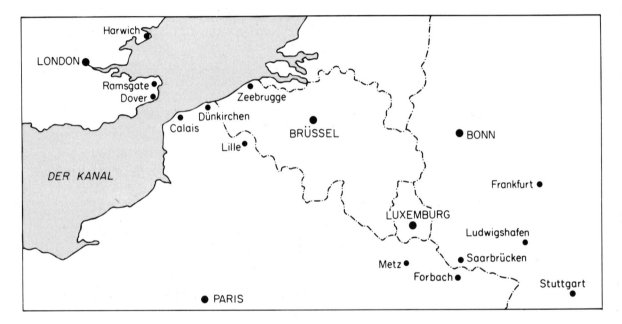

Jetzt seid ihr dran!

1 Hör zu!
Welche Reise haben diese Leute gemacht und wie sind sie gefahren?

2 Hör zu! ●
Mach eine Kopie der Landkarte oben und trage die Reiserouten ein!

3 Kannst du die folgenden Wörter in den Dialog einsetzen!

Fähre	stürmisch	gekommen	geschlafen
gefahren	über	Überfahrt	

„Bist du mit dem Luftkissenboot . . . ?"

„Nein. Mit der . . . . Ich bin von Dover nach Dünkirchen . . . ."

„Und wie war die . . . ?"

„Sie war . . ., aber ich habe . . . ."

„Und dann bist du über Paris oder über Brüssel weitergekommen?"

„Über Brüssel und dann . . . Luxemburg."

4 Kannst du den Text ergänzen?

Brian ist nach Deutschland gefahren. Er ist mit der  von Dover

nach Calais gefahren und hat dann den genommen.

Unterwegs hat er und . Er ist um in

Saarbrücken angekommen.

5 Kannst du die Fragen deines Freundes beantworten?
Du hast die folgende Reise gemacht.

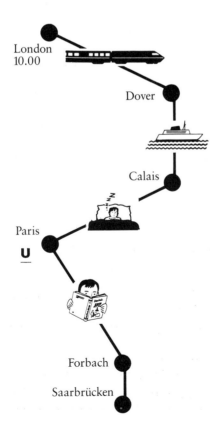

London
10.00

Dover

Calais

Paris

U

Forbach

Saarbrücken

„Also, wie hast du die Überfahrt gemacht?"

„ . . . ."

„Und bist du dann über Luxemburg gekommen?"

„Nein, ich . . . ."

„Wo bist du umgestiegen?"

„In . . . ."

„Das ist eine lange Reise. Was hast du unterwegs gemacht?"

„ . . . ."

„Und wann bist du abgefahren?"

„ . . . ."

„Und was möchtest du jetzt machen?"

„ . ."

„OK."

Und diese Reise?

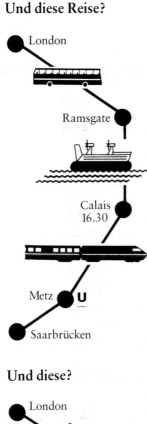

„Bist du über Paris gekommen?"

„Nein, ..."

„Und hast du die ganze Reise mit der Bahn gemacht?"

„. . . . . . ."

„Und wie hast du die Überfahrt gemacht?"

„. . . . . . ."

„Wann bist du in Calais angekommen?"

„. . . . . . ."

„Und bist du umgestiegen?"

„. . . . . . ."

„Das ist eine lange Reise, nicht wahr? Möchtest du etwas essen?"

„Nein, danke, aber ⌣ ."

Und diese?

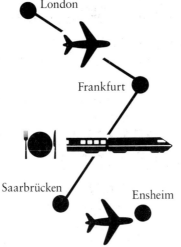

„Wie war denn die Reise?"

„Sehr angenehm, danke."

„Bist du nach Luxemburg geflogen?"

„. . . . . . ."

„Ah ja, und dann weiter nach Ensheim geflogen?"

„. . . . . . ."

„Hast du Hunger?"

„Nein, danke. Ich . . . ."

6 Mach eine Kopie der Landkarte auf Seite 174 mit einem Partner oder einer Partnerin!

Each of you draws the route of a journey on the map, showing where you ate, changed, left, arrived, slept, read, and also how you travelled.

Now discuss the journey with your partner, as though you had just arrived in Germany, or as though you were receiving a German guest at home. Ask each other what the journey was like, when you left, what you did on the way, etc.

Das Perfekt *The Perfect Tense*

In German the perfect tense of verbs is composed of two parts: the present tense of either
sein *or* **haben,** *and the past participle:*

Er **ist geflogen.** Ich **bin gefahren.**
Sie **hat übernachtet.** Wir **haben geschlafen.**

In most cases verbs which indicate **movement** *take* **sein:**

Du **bist gegangen.**
Der Zug **ist abgefahren.**
Die Gäste **sind angekommen.**

The past participles of **weak verbs** *end in* -t:

Er hat 10 Mark **verdient.**
Ich habe in der Jugendherberge **übernachtet.**
Sie sind nach Deutschland **gereist.**

The past participles of **strong verbs** *end in* -en:

Ihr seid mit dem Zug **gefahren.**
Du hast einen Kuchen **genommen.**

There is also a small group of verbs which are called **mixed verbs,** *because their past participle*
ends in -t *(like the weak verbs), but they also have a vowel change (like a strong verb):*

bringen Er hat ein Buch **gebracht.**
verbringen Wir haben drei Tage in der Schweiz **verbracht.**

Most verbs add **ge-** *to make the past participle:*

Ich habe **getanzt.**
Sie ist **gegangen.**

This remains the case when a verb is separable:

Wir sind in Paris **umgestiegen.**
Er hat sein Heft **zugemacht.**

There are some verbs which do not add ge-. These are:

a. *verbs which end in* -ieren.

studieren Er hat in Deutschland **studiert.**

b. *verbs which have a prefix which is* **not** *separable.*

Er hat seine Großmutter **besucht.**
Sie hat ihre Fahrkarte **entwertet.**
Ich habe London um 8.00 Uhr **verlassen.**

*These prefixes (*be-, ent-, ver-*) are the most common in this group.*

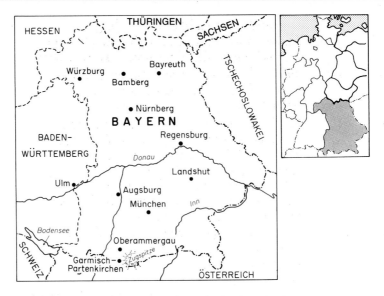

MATTHIAS BERGER

Grüß Gott! Mein Name ist Matthias Berger.
Ich bin 14 Jahre alt und komme aus München
– der Hauptstadt von Bayern. München ist
eine ganz tolle Stadt. Ich wohne sehr gern
shortly hier. <u>Kurz</u> bevor ich <u>geboren</u> wurde, haben *born*
took place die Olympischen Spiele hier <u>stattgefunden</u>.
Damals sind Tausende hierhergekommen.
Wir sind an Touristen <u>gewöhnt</u>, weil viele *used*
Besucher zum Oktober- oder Bierfest
kommen. Dann und wann gehen wir zum
wonderful Olympiabad. Das ist ganz <u>herrlich</u>. Wir haben
eine Wohnung direkt in der Stadtmitte, und
meine Schule ist mit der U-Bahn in zehn
Minuten zu <u>erreichen</u>. *to reach*

Meine Eltern haben ein Geschäft und
verkaufen <u>Lodenmäntel</u> und typisch *green felt coats*
hats bayerische Kleidung, <u>Hüte</u> mit <u>Federn</u> und *feathers*
Dirndlkleider zum Beispiel. Das ist typisch für
Süddeutschland. Ich war einmal in
Norddeutschland bei meinem Onkel in
Lübeck. Das war zu Weihnachten. Es war
different alles ganz <u>anders</u> als bei uns. Die <u>Aussprache</u> *accent*
ist anders – ich mußte Hochdeutsch
sprechen! Die Kleidung war auch anders. Die
costume typisch bayerische <u>Tracht</u> sieht man dort fast
nie. Es ist dort ganz anders als bei uns in
Süddeutschland. Den <u>Unterschied</u> zwischen *difference*
notice Norden und Süden <u>merkt</u> man aber am
stärksten an der Landschaft.

In Südbayern gibt es eine richtige Alpenlandschaft mit dem <u>höchsten</u> Berg in Deutschland – der Zugspitze. Bayern grenzt an zwei Länder. Unsere <u>Nachbarn</u> sind Österreich und die Tschechoslowakei. *highest*

neighbours

Ich liebe die <u>Berge</u>. Meine ganze Familie ist in einem Wanderverein, und im Sommer wandern wir gern. Im Winter fahre ich viel Ski. Wenn Schnee liegt, sind wir in einer Stunde in den Bergen. *mountains*

<u>Ansonsten</u> gehe ich einmal in der Woche zur Jugendgruppe an der katholischen Kirche. Das macht viel <u>Spaß</u>, weil ich in einer Rockgruppe <u>Schlagzeug</u> spiele. Mit unserem Jugendleiter zusammen haben wir Diskussionen, <u>zelten</u> und helfen in der <u>Gemeinde</u>. *Apart from that* *fun* *percussion* *camp* *parish*

Meine Schule ist auch katholisch. Sie ist ein <u>Gymnasium</u>. Meine Schwester besucht die <u>gleiche</u> Schule wie ich, und <u>da</u> sie älter ist, kann sie leichter einen Ferienjob finden und viel Geld verdienen. Im Sommer gibt es <u>wegen</u> des Tourismus hier in Bayern immer viele Ferienjobs in Cafés und Restaurants. *grammar school* *same* *since* *because of*

Bayern ist – wie die Schweiz und Österreich – ein sehr schönes Ferienland. Eines Tages <u>werdet</u> ihr vielleicht die <u>Gelegenheit</u> haben, uns zu besuchen. *will* *opportunity*

Das Nibelungenlied

Kriemhild und Siegfried haben geheiratet. Nach der <u>Hochzeit</u> sind sie nach Xanten geritten. Sie waren glücklich. Sie haben einen Sohn gehabt. Aber in Worms an dem Rhein war Brunhilde jahrelang schlechter Laune.

1 *Günther! Warum bekommst du jedes Jahr kein Gold von Siegfried? In Isenland hast du mir gesagt, daß er in deinem <u>Dienst</u> wäre. Warum schickt er dir nichts?*

2 *Schätzchen, er wohnt weit weg.*

Das ist doch kein <u>Grund</u>! Es gibt doch gute Straßen und Flüsse! Ich lade ihn mit seiner Frau, dieser Kriemhild, ein! Dann sehen wir mal!

Dann wird es <u>Krach</u> geben!

3 An einem Samstagmorgen war Kriemhild am Fenster und.....

Sigi! Da kommt der Briefträger! Wer hat Geburtstag?

4 Keine Geburtstagskarte, sondern die <u>Einladung</u>. Die Kriemhild hat sich sehr über die Einladung gefreut. Sie konnte ihre Mutter und Geschwister <u>besuchen</u>.

Sigi! Eine Einladung aus Worms! Machen wir Ferien? Das wäre schön. <u>Nachteil</u> ist diese furchtbare Brunhilde. Und das Essen ist nicht so wunderbar. Trotzdem...

5 Sigi hat näturlich an Krieg und Kämpfen <u>gedacht</u>.

OK. Ja. Und vielleicht gibt es auch dort Krieg. Wir fahren mit 600 Mann.

6 Kriemhild hat sofort begonnen, alles <u>vorzubereiten</u>.

7 Und da das Essen in Worms so schlecht war...

8 Acht Wochen später sind sie in Worms als Gäste von Günther und Brunhilde angekommen. Brunhilde war wie immer schlechter Laune. Sie hat aber „guten Tag" gesagt.

Hochzeit *marriage*   1   Dienst *service*   2   Grund *reason*   lade...ein *invite*   Krach *trouble*
4   Einladung *invitation*   besuchen *visit*   Nachteil *disadvantage*   5   gedacht *thought*
6   vorzubereiten *to prepare*

16 Guten Appetit!

Die drei Mahlzeiten
The three meals

This unit concerns eating in a German family; this section explains what is commonly eaten at each meal in Germany and gives the German for individual items of food.

Die erste Mahlzeit ist das Frühstück. Zum Frühstück trinkt man Kaffee, Tee, Kakao oder Milch, und man ißt Brot oder Brötchen mit Butter und Marmelade oder mit Käse oder Wurst. Vielleicht ißt man auch Obst, Joghurt oder ein Ei dazu.

Das 'zweite' Frühstück nimmt man mit in die Schule oder zum Arbeitsplatz: ein Stück Brot mit Käse, Wurst, usw. Dann, wenn man um 10 Uhr Hunger hat, hat man etwas zu essen.

Die zweite Mahlzeit ist das Mittagessen. Zu Mittag ißt man meistens warm: entweder in der Kantine oder zu Hause. Man ißt, zum Beispiel, Kartoffeln, Gemüse und Fleisch mit Soße, und vielleicht auch Suppe und einen Nachtisch. Die Deutschen essen viel Fleisch — mehr als die Briten — aber nur in Norddeutschland ißt man viel Fisch.

Die dritte Mahlzeit heißt das Abendessen oder Abendbrot. Zu Abend ißt man meistens kalt. Wenn man kalt ißt, ißt man Brot mit Aufschnitt, Käse oder Wurst und so weiter, und vielleicht auch einen Salat.

In Deutschland ißt man viele verschiedene Salate; die Salate werden mit Mayonnaise, Öl, Essig, Zucker, Joghurt oder Sahne gemacht. Einige Salatsorten sind:

Nudelsalat

Kartoffelsalat

Bohnensalat

grüner Salat

Tomatensalat

Und was trinkt man? Oft trinkt man Tee und dann und wann Bier, Limonade oder Wein. Viele trinken auch Mineralwasser oder ‚Sprudel'. Das ist Wasser aus der Flasche: es ‚sprudelt' wie Limonade.

Jetzt seid ihr dran!

1 Was ist das?
Kannst du die passenden Nummern neben den betreffenden Buchstaben schreiben?

1 Kartoffeln
2 grüner Salat
3 Soße
4 Fleisch
5 Milch
6 Brot
7 Bohnen
8 Spiegelei
9 Birne
10 Flakes
11 Fisch
12 Salami
13 Apfel
14 Kaffee
15 Butter
16 Marmelade
17 Erbsen
18 Tomaten
19 Bananen
20 ein gekochtes Ei
21 Käse
22 Karotten
23 Apfelsine
24 Aufschnitt

a.

b.

c.

d.

e.

f.

g.

h.

i.

j.

k.

l.

m.

n.

o.

p.

q.

r.

s.

t.

u.

v.

w.

x.

3 *Now you are offered one thing, but you would prefer another.*

Zum Beispiel:

A: Käse?   A: Noch Käse?
B: ×. Salami?   B: Nein, danke. Darf ich aber noch Salami haben?
A: √.   A: Aber natürlich!

a.   A: Nudelsalat?   e.   A: Sprudel?
    B: ×. Tomatensalat?   B: ×. Suppe?
    A: √.   A: √.

b.   A: Salami?   f.   A: Erbsen?
    B: ×. Käse?   B: ×. Bohnen?
    A: √.   A: √.

c.   A: Pommes Frites?   g.   A: Brot?
    B: ×. Karotten?   B: ×. Kuchen?
    A: √.   A: √.

d.   A: Fisch?   h.   A: Bohnen?
    B: ×. Pommes Frites?   B: ×. Kartoffeln?
    A: √.   A: √.

4 *Interpretation exercise.*
Ein Deutscher oder eine Deutsche in Großbritannien.

Erkläre die Speisekarte!
Explain the menu.

a. Du bist in einem Café mit einem deutschen Freund oder einer deutschen Freundin. Er (Sie) stellt Fragen zur Speisekarte.

Egg, chips and peas	£1.50
Sausage, egg and chips	£1.65
Egg and chips	£1.35
Fish and chips	£1.85
Baked beans on toast	£1.35
Tea	35p
Coffee	50p

Kannst du mir die Speisekarte klar machen? 'Toast' haben wir in Deutschland, aber was ist das hier, bitte?

b. Heute abend hat die Familie folgendes zu essen. Dein Freund (Deine Freundin) fragt, was es heute zu Abend gibt. Deine Mutter sagt:

"Well, there's tomato soup, and then we've got lamb with sauce and potatoes."
    "No vegetables?"
"Oh yes, beans."
    "Any pudding?"
"No, I think we'll have fruit today."
Sag das deinem Freund (deiner Freundin)!

c. Deine Mutter möchte wissen, was dein Freund (deine Freundin) gern und nicht gern ißt. Kannst du fragen?

„Was magst du?"
„Was magst du nicht?"
„Was magst du sehr?"

Mach das mit einem Partner oder einer Partnerin und schreib eine Liste auf!

5 Was hast du probiert?
What have you tried?
Stell einem Partner oder einer Partnerin Fragen und gib Antworten!

Zum Beispiel:

A: Hast du die Erbsen probiert?
B: Ja. Ich habe sie probiert. Sie schmecken sehr gut.
A: Hast du den Käse probiert?
B: Ja. Ich habe ihn probiert. Er schmeckt sehr gut.

a. Hast du die Wurst probiert?
b. Hast du das Fleisch probiert?
c. Hast du die Salami probiert?
d. Hast du die Kartoffeln probiert?
e. Hast du den Tomatensalat probiert?

f. Hast du den Fisch probiert?
g. Hast du die Bohnen probiert?
h. Hast du die Marmelade probiert?
i. Hast du den Bohnensalat probiert?
j. Hast du die Soße probiert?

DRITTER TEIL
Man kauft Lebensmittel ein.
Buying food.

This section is about buying food in shops and about the various measurements and quantities used to describe items of food.

Brot
Aufschnitt
Äpfel
Champignons
Milch
Streichhölzer
Kirschen
Chips
Bockwürste
2 St. Käsekuchen

Heute geht Irene einkaufen.
Hier siehst du ihre Liste.
Wohin geht sie, um diese
Sachen zu kaufen?

Um das Brot zu kaufen,
geht sie zur Bäckerei.
Um den Aufschnitt zu kaufen,
geht sie zur Metzgerei.
Um die Äpfel zu kaufen, geht
sie zum Gemüsehändler.
Um die Milch zu kaufen, geht
sie zum Lebensmittelgeschäft.

Irene ist beim Bäcker. „Was möchten Sie?"

„Ein Graubrot, bitte."

„Ein großes oder ein kleines?"

„Ein kleines. Ich nehme ein Pfundbrot."

Jetzt ist sie beim Metzger. „Guten Tag. Was darf es sein?"

„Aufschnitt, bitte. So ungefähr 150 Gramm."

„Geht es so?"

„Nein. Etwas mehr, bitte . . . . Ja, das geht."

„Danke."

Beim Gemüsehändler. „Tag. Ich möchte ein Kilo Äpfel, bitte."

„Ja. Welche Äpfel möchten Sie?"

„Die grünen da, bitte."

„Sonst noch etwas?"

„Ja. Geben Sie mir noch ein halbes Pfund Champignons."

Im Lebensmittelgeschäft. „Wer ist der nächste, bitte?"

„Ich bin dran. Ich möchte einen Liter Milch, eine Dose Bockwürste und zwei Schachteln Streichhölzer."

„Wäre das alles?"

„Nein. Ich möchte zwei Gläser Kirschen und drei Pakete Chips."

Auf ihrer Liste hat Irene zwei Stück Käsekuchen. Wohin geht sie, um sie zu kaufen, und was sagt sie dort?

500 Gramm	Äpfel
ein halbes Pfund	Aufschnitt
ein Pfund (*Neutrum*)	Brot
zwei Pfund	Tomaten
ein halbes Kilo	Wurst
ein Kilo (*Neutrum*)	
zwei Kilo	
ein halbes Liter	Öl
ein Liter (*Neutrum*)	Milch
zwei Liter	
eine Dose	Würste
zwei Dosen	Sardinen
ein Glas	Marmelade
zwei Gläser	Kirschen
ein Paket	Chips
zwei Pakete	Kaffee

(In Deutschland entsprechen 500 Gramm einem Pfund.)

der Bäcker (-)	*baker*
der Champignon (-s)	*mushroom*
die Chips	*crisps*
die Dose (-n)	*tin, can*
die Kirsche (-n)	*cherry*
das Lebensmittel- geschäft (-e)	*grocery shop*
der Metzger (-)	*butcher*
das Paket (-e)	*packet*
das Streichholz (¨er)	*match*
etwas mehr	*a little more*
etwas weniger	*a little less*

Jetzt seid ihr dran!

1 Verbessere diesen Unsinn!
Put this list right by giving the appropriate measurements, etc. to the items to be bought.

eine Flasche Käse
ein Pfund Milch
ein halbes Pfund Wein
ein Liter Käsekuchen
eine Flasche Frankfurter
250 Gramm Chips

eine Tube Brot
ein Kilo Sprudel
eine Dose Zahnpasta
zwei Stück Kartoffeln
drei Pakete Aufschnitt

2 Hör zu! ●
In welchen Geschäften befinden sich diese Leute und was kaufen sie?

a. Helga
b. Bernd
c. Gabi
d. Heidrun
e. Richard

3 Sieh dir diese Einkaufsliste an!
Wohin geht Christoph, um diese Sachen zu kaufen?

Zum Beispiel:
Um . . . zu kaufen, geht er . . . .

Was sagt er in den verschiedenen Geschäften?

> das Kotelett (-s) *chop*

Weißbrot (500 gr.)
Apfelsinen (g)
Kaffee - 250 gr
Zahnpasta
Briefmarken 2 × 80 Pfg.
2 Koteletts
1 Apfeltorte
2 Eintrittskarten
für Fußballspiel (Sam)

4 Auf diesem Bild gibt es zweierlei von einigen Sachen. Welche Sachen sind das?

There are two of certain items in this picture. Which items are they?

Zum Beispiel:
Es gibt zwei . . . .

Sieh dir das Bild genau an und dann mach das Buch zu! Sag mit deinem Partner oder deiner Partnerin, wie viele Pakete, Flaschen, usw, es von jeder Sache gibt!

Look at the picture carefully, then close your book. Discuss with your partner how many packets, bottles etc. of each item there are.

Zum Beispiel:
Es gibt drei . . . .

5 Mit einem Partner oder einer Partnerin.
Zuerst – Jeder/Jede schreibt sich eine Einkaufsliste auf, ohne sie dem
Partner oder der Partnerin zu zeigen.
Dann – Jeder/Jede sagt dem Partner oder der Partnerin, was auf der Liste
steht. Der oder die andere muß das aufschreiben.
Dann – Übt Einkaufsdialoge mit jeder Liste!

*Together with a partner, each of you writes out a shopping list without showing it
to the other. Then take it in turns to say what is on the list, while the other writes
it down. Then use your lists to make up dialogues you would hear in a shop.*

6 Heute macht ihr eine Radtour mit drei Freunden. Ihr müßt für alle vier
Leute einkaufen. Ihr wollt folgendes essen und trinken:

*Today you are going on a cycling trip with three friends. You have to do all the
shopping. You want the following to eat and drink.*

Wurstbrote	Apfelsaft
Käsebrote	Schokolade
Chips	Tomaten.
Obst	

a. In welchen Geschäften könntest du das einkaufen?

b. Was würdest du in den Geschäften sagen? Übe Dialoge mit einem
   Partner oder einer Partnerin!

---

das Käsebrot (-e) *cheese sandwich*
das Wurstbrot (-e) *sausage sandwich*

Artur Ufer
Die Bäckerei für besondere Ansprüche
St. Ingberter Straße 73 · 66 Saarbrücken · Tel. 06 81 / 6 47 67
Reichhaltige Auswahl an Brot-Spezialitäten und Feinbackwaren.
Wir backen die tägliche Frische

Ihr **aktiv markt**
Familie Heintz · St.-Ingberter Str. 52 · 6600 Saarbrücken
Metzgerei-Abteilung
Obst und Gemüse täglich frisch
große Auswahl an schmackhaften Kuchen-,
Brot- und Backwaren
● Qualität zum günstigen Preis
● täglich „Frei Haus"-Lieferungen
Rufen Sie uns an: (06 81) 6 76 27   *... typisch aktiv*

OBST + GEMÜSE SCHWEDLER
Großhandel + Anbau
Telefon 0681/87 18 24
Saarbrücken-Güdingen
Saargemünder Str. 329

**Moni's
Obst- und
Gemüsegärten**

täglich
marktfrische Waren
zu günstigen
Preisen!

Kanalstraße 1
6604 GÜDINGEN
☎ 06 81 / 87 18 24

17 Was ist los? Bist du krank?
What's the matter? Are you ill?

ERSTER TEIL **Was hast du?**
What's the matter?

This unit is about being ill, and in this section you can learn how to say what is wrong with you and other people.

1.

„Was hast du? Bist du krank?"

„Ja. Ich habe Kopfschmerzen, und mir ist auch übel."

2.

„Was ist los? Ist dir schlecht?"

„Ja. Ich habe Halsschmerzen und Schnupfen. Ich gehe zur Apotheke was kaufen."

3.

„Du siehst nicht gut aus. Ist was?"

„Ja. Ich habe Bauchschmerzen, weißt du."

4.

„Hast du eine Schmerztablette?"

„Ja. Warum? Was hast du?"

„Ich habe starke Zahnschmerzen."

5.

„Was ist mit Dieter los?"

„Wir wissen nicht. Vielleicht hat er etwas Schlechtes gegessen. Er hat Bauchschmerzen und Durchfall."

„Das war vielleicht der Fisch von gestern."

„Kann sein."

In der Apotheke

„Guten Tag. Haben Sie ein Mittel gegen Halsschmerzen?"

„Ja. Dies hier. Es ist sehr gut."

„Was kostet es, bitte?"

„Drei Mark achtzig."

„Ich nehme es. Danke schön."

„Bitte sehr."

Diese Apotheke ist durchgehend von 8 - 18 Uhr geöffnet

die Bauchschmerzen *(pl.)*	*stomach ache*
der Durchfall	*diarrhoea*
die Halsschmerzen *(pl.)*	*sore throat*
die Kopfschmerzen *(pl.)*	*headache*
der Schnupfen	*head cold, runny nose*
mir ist übel	*I feel sick*
die Zahnschmerzen *(pl.)*	*tooth ache*

Otriven
Stark gegen den Schnupfen. Mild für die Nase.

Jetzt seid ihr dran!

Übe Dialoge mit einem Partner oder einer Partnerin!

Haben Sie ein Mittel gegen

, bitte?

ZWEITER TEIL ## Seit wann?
Since when?

This section explains what to do if you are ill and how to explain for how long you have been ill.

**Wenn man krank ist,
kann man . . .**

. . . ein Mittel dagegen nehmen, oder

. . . zur Apotheke gehen.

. . . zum Arzt oder zur Ärztin gehen.

. . . zum Zahnarzt oder zur Zahnärztin gehen.

. . . im Bett bleiben.

. . . den Arzt oder die Ärztin anrufen.

. . . den Zahnarzt oder die Zahnärztin anrufen.

Claudia ist seit zwei Tagen nicht mehr in die Schule gegangen. Ihre Freundin ruft sie an und fragt, was mit ihr los ist.

„Wie geht's?"

„Nicht so gut. Mir ist kalt, und gestern hatte ich Fieber."

„Was hast du?"

„Ich weiß nicht. Ich habe Kopf- und Halsschmerzen."

„Hast du ein Mittel dagegen?"

„Ja. Meine Mutter ist zur Apotheke gegangen. Tabletten hab' ich."

„Seit wann bist du denn krank?"

„Seit zwei, drei Tagen."

Adrian liegt schon seit zwei Tagen im Bett. Sein Freund kommt vorbei und will wissen, was mit ihm los ist.

„Was ist los? Geht's dir nicht gut?"

„Nein. Mir ist schlecht."

„Wieso?"

„Ich habe seit gestern Bauch- und Halsschmerzen."

„Hast du den Arzt angerufen?"

„Nein, noch nicht. Ich bin im Bett geblieben."

Horst kann heute nicht mehr arbeiten. Ihm ist schlecht. Warum? Weil er sehr starke Zahnschmerzen hat.

„Ach, es tut weh."

„Was?"

„Hier. Ich habe seit drei Tagen Zahnweh."

„Willst du nicht zum Zahnarzt gehen"

„Ich kenne keinen hier."

„Du kannst aber zu meinem Zahnarzt gehen. Er ist sehr nett. Ich rufe ihn gleich an."

Mir ist	seit drei Tagen	kalt.
Ihm ist	seit einem Tag	warm.
Ihr ist	seit einer Woche	schlecht.
Ich habe	seit gestern abend	Kopfschmerzen. Halsschmerzen.

der Arzt (¨e)	doctor (man)
die Ärztin (-nen)	doctor (woman)
es tut weh	it hurts
die Erkältung (-en)	cold
das Fieber (-)	temperature
die Grippe (-)	influenza
husten (-)	to cough
das Mittel (-)	remedy, medicine
nett	nice
der Zahnarzt (¨e)	dentist (man)
die Zahnärztin (-nen)	dentist (woman)
*bleiben (bleibt, geblieben)	to stay, remain

Jetzt seid ihr dran!

1   🔊   Hör zu!

Was haben diese Leute? Und was haben sie gemacht?

2 Kannst du sagen, was du hast?

Zum Beispiel:

1 T + warm

Du: Ich habe seit einem Tag Bauchschmerzen. Mir ist auch warm.

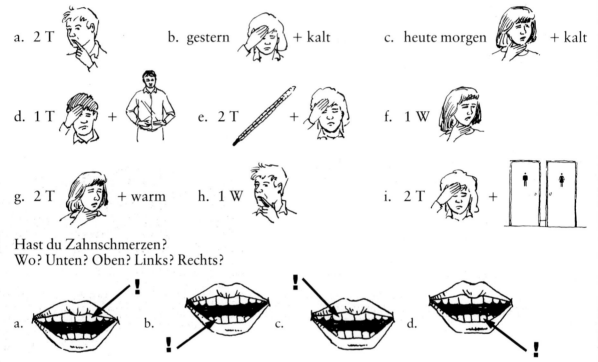

a. 2 T   b. gestern + kalt   c. heute morgen + kalt

d. 1 T +   e. 2 T +   f. 1 W

g. 2 T + warm   h. 1 W   i. 2 T +

3 Hast du Zahnschmerzen?
Wo? Unten? Oben? Links? Rechts?

a.   b.   c.   d.

4 Stell einem Partner oder einer Partnerin Fragen und beantworte sie!
Schreibt die Antworten auf!
Work with a partner. One of you asks the three questions on this page and the other gives the answers (which are on page 227): an example of how to use the answers is given below. Take it in turns to ask the questions (which remain the same in each instance).

Zum Beispiel:

1. Wie geht's dir?

2. Was ist los? (Was ist mit dir?)

3. Seit wann hast du . . .
(z.B. Kopfschmerzen)?

1.   Schlecht. (Nicht gut.)

2.   Ich habe Kopfschmerzen,

!!!   starke Kopfschmerzen!

3. 2T.   Seit 2 Tagen.

Für die Antworten seht euch Seite 227 an!

i

Nominativ	ich	du	er	sie
Dativ	**mir**	**dir**	**ihm**	**ihr**

Gib es mir, bitte.

Mir ist kalt/übel.

Ihm ist warm.

Es geht mir schlecht.

Es geht mir gut, danke.

Wie geht's dir?

Wie geht's der Sabine? Ihr geht's schlecht.

Ihm ist kalt.

Ihr ist warm.

Seit + *dative*

Mir ist seit einem Tag kalt.

Ich habe seit einer Woche Zahnweh.

---

5 Zum Lesen

Andreas ist seit zwei Tagen krank. Er ist zu Hause geblieben und hat Kopf- und Halsschmerzen. Sein Freund ruft an.

„Was ist los?"

  „Ich weiß nicht. Eine Erkältung oder so was."

„Hast du den Arzt angerufen?"

  „Ja. Ich bin zu ihm gegangen. Er hat mir Tabletten gegeben."

„Du kommst dann heute abend nicht?"

  „Nein. Unmöglich."

„Schade."

Andreas kann nicht mit seinen Freunden in die Disco gehen. Er bleibt zu Hause, schluckt Tabletten und sitzt vor dem Fernseher. Er kann nicht lesen. Ihm tut der Kopf weh.

Karl ruft bei Inge an. Inge war letzte Woche krank.

„Wie geht's dir? Ich habe gehört, daß du eine Erkältung gehabt hast."

  „Nein. Ich habe eine Grippe gehabt. Und habe fürchterlich gehustet dabei."

„Hast du auch Fieber gehabt?"

  „Ja sicher. 37 Grad! Bin drei Tage lang im Bett geblieben. Habe nur Tee getrunken."

„Geht's dir jetzt besser?"

  „Klar. Ich bin gestern schon wieder in die Schule gegangen."

unmöglich	*impossible*
Schade	*(What a) shame, pity*
schlucken (schluckt, geschluckt)	*to swallow*

18 Wann und wo treffen wir uns?
When and where shall we meet?

Ruf doch mal an!
Why not give someone a ring?

*This section teaches you how
to use the telephone in Germany.*

Sandra ist vor zwei Tagen in Saarbrücken angekommen.
Es ist schon ihr dritter Besuch, und sie will sich mit einigen
Freunden treffen. Vor ihrem Besuch hat sie einige Briefe
und Postkarten geschickt, und ihre Freunde erwarten
sicher ihren Anruf.

Zuerst ruft sie Martin an. Mit ihm ist sie besonders gut
befreundet. Sie kennt ihn schon seit drei Jahren, und sie
schreiben sich regelmäßig.

Jetzt ruft sie ihn an. Wann treffen sich die beiden Freunde?

der Anruf (-e)	*telephone call*
erwarten (erwartet, erwartet)	*to expect*
der Hörer (-)	*receiver*
regelmäßig	*regularly*
sich treffen (trifft sich, sich getroffen)	*to meet*

Sandra steht in einer Telefonzelle. Sie sucht die Nummer im Telefonbuch und ruft an.

„Müller."

„Hier Sandra. Ist Martin da, bitte?"

„Wer, bitte?"

„Martin."

„Hier ist kein Martin. Sie sind sicher falsch verbunden."

„O. Entschuldigung. Auf Wiederhören."

Das war der falsche Müller. Sie hängt den Hörer ein und sucht noch einmal nach der Nummer.

0 . . . 3 . . . 4 . . 8 . . . 9 . . . 3 . . . 4.

„ . . . unter dieser Nummer . . . kein Anschluß unter dieser Nummer . . . kein Anschluß unter dieser Nu . . ."

„Ach. Nochmal falsch gewählt. Was ist mit mir?"

Sie wählt zum dritten Mal.

0 . . . 3 . . . 5 . . . 8 . . . 9 . . . 3 . . . 4.

„Müller."

„Hallo. Hier Sandra."

„Sandra! Wie geht's? Schon wieder im Lande?"

„Ja. Mir geht's ganz gut. Und euch?"

„Prima!"

„Ist der Martin da, bitte?"

„Ja, sicher. Ich hole ihn . . . MARTIN!! Sandra am Telefon. Er kommt gleich, Sandra . . . . Da ist er."

falsch verbunden sein	*to have the wrong number*
falsch wählen	*to dial the wrong number*
suchen (sucht, gesucht) nach + *dat.*	*to look for*
versuchen (versucht, versucht)	*to try*

ZWEITER TEIL Wann treffen wir uns?
When shall we meet?

*This section explains how to arrange
what time and place to meet someone.*

1.

Sandra telefoniert mit Martin. Von der
ersten Telefonzelle ruft sie ihn an. Sie
beschließen, sich um zwei Uhr zu treffen.

„Wie wäre es mit drei Uhr?"

  „Nein. Das geht nicht."

„Etwas früher? So um zwei?"

  „Ja. Das geht."

„OK. Dann sehen wir uns morgen um zwei."

  „Ja. Fein. Bis dann. Tschüs."

„Tschüs."

2.

In der zweiten Telefonzelle ruft Manfred seine Freundin Heidrun an.

„Wann treffen wir uns denn?"

  „Wie wäre es mit morgen um zehn?"

„Nein. Leider geht das nicht. Kannst du etwas früher kommen?"

  „Ja. Sicher. Um neun Uhr?"

„Ja. Das geht prima."

  „Gut. Bis neun bei dir. Tschüs."

„Tschüs."

3.

Ralf Schneider ist in der dritten Telefonzelle.
Er telefoniert mit Frau Auler. Sie wollen einen
Termin ausmachen.

„Wann können wir uns sehen? Haben Sie
morgen Zeit?"

„Ja. Ab drei."

„Gut. Dann treffen wir uns um halb vier
bei Ihnen im Büro?"

„Ja. In Ordnung. Bis morgen."

„Prima. Bis morgen, Frau Auler.
Auf Wiederhören."

„Auf Wiederhören."

leider	*unfortunately*
einen Termin <u>aus</u>machen	*to fix a time*

4.

In der vierten Telefonzelle ruft Bettina ihren
Freund Dieter an.

„Sehen wir uns morgen um zehn?"

„Nein, das ist mir zu früh."

„Wann hast du denn Zeit?"

„Zwischen elf und eins."

„Dann sehen wir uns um halb zwölf?"

„Ja. Schön. Wo denn?"

„Beim Café Ruth?"

„OK. In Ordnung. Bis dann. Tschüs."

„Tschüs."

Questions	Wann sehen wir uns? Wann treffen wir uns? Wann hast du Zeit? Hast du morgen Zeit?		*Agreements*	Ab drei Uhr. Zwischen elf und zwölf.
Suggestions	Wie wäre es mit drei Uhr? Wie wäre es etwas später? Wie wäre es etwas früher?		*Goodbyes*	Bis dann. Bis Dienstag. Bis morgen. Tschüs. Auf Wiederhören.
Refusals/ Acceptances	Das geht nicht. Das geht.			

Jetzt seid ihr dran!

1 Wieviel Uhr ist es? Frag mal deinen
Partner oder deine Partnerin!

7.30 am

10.15 pm

4.21 pm

6.05 am

3.50 pm

2.35 pm

11.25 pm

13.30

18.15

22.36

2 Hör zu! ●
Mach dir eine Kopie dieser Tabelle!
Wann haben die Leute in den Dialogen Zeit? Und an welchem Tag?

Uhr	Montag	Dienstag	Mittwoch	Donnerstag	Freitag
9					
10					
11					
12					
1					
2					
3					
4					
5					
6					
7					
8					

3 Erfinde Dialoge mit einem Partner oder einer Partnerin!

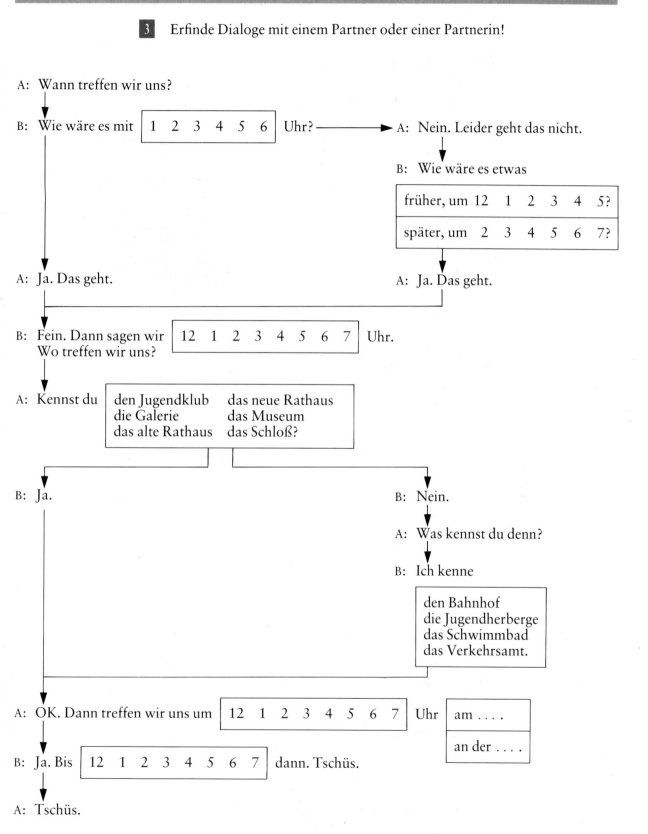

A: Wann treffen wir uns?

B: Wie wäre es mit | 1 2 3 4 5 6 | Uhr? ──────▶ A: Nein. Leider geht das nicht.

B: Wie wäre es etwas

| früher, um 12 1 2 3 4 5? |
| später, um 2 3 4 5 6 7? |

A: Ja. Das geht.

A: Ja. Das geht.

B: Fein. Dann sagen wir | 12 1 2 3 4 5 6 7 | Uhr.
Wo treffen wir uns?

A: Kennst du | den Jugendklub   das neue Rathaus
die Galerie   das Museum
das alte Rathaus   das Schloß?

B: Ja.

B: Nein.

A: Was kennst du denn?

B: Ich kenne

| den Bahnhof
die Jugendherberge
das Schwimmbad
das Verkehrsamt.

A: OK. Dann treffen wir uns um | 12 1 2 3 4 5 6 7 | Uhr | am . . . .
| an der . . . .

B: Ja. Bis | 12 1 2 3 4 5 6 7 | dann. Tschüs.

A: Tschüs.

Schreib zwei Dialoge aus!

4 Erfindet Dialoge!

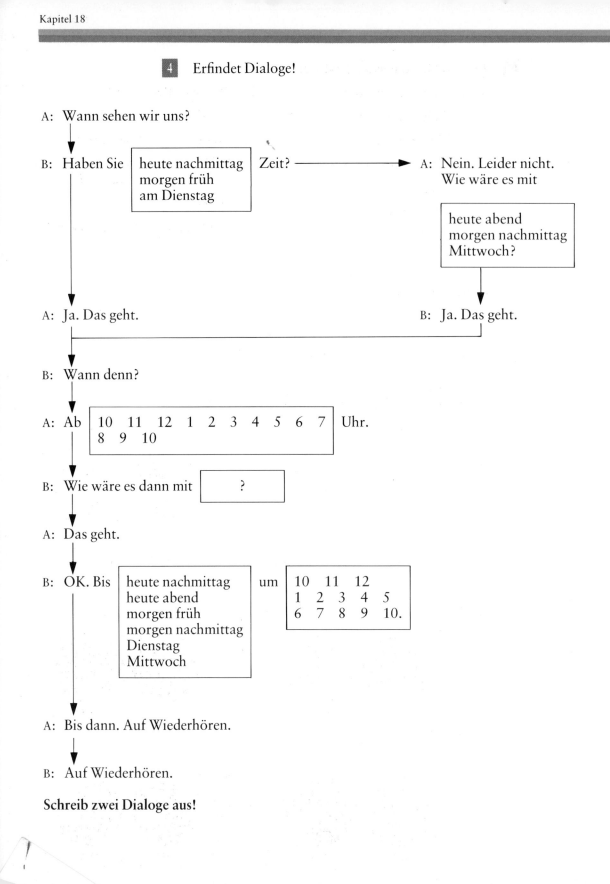

A: Wann sehen wir uns?

B: Haben Sie | heute nachmittag / morgen früh / am Dienstag | Zeit? ⟶ A: Nein. Leider nicht. Wie wäre es mit

| heute abend / morgen nachmittag / Mittwoch? |

A: Ja. Das geht.   B: Ja. Das geht.

B: Wann denn?

A: Ab | 10 11 12 1 2 3 4 5 6 7 8 9 10 | Uhr.

B: Wie wäre es dann mit | ? |

A: Das geht.

B: OK. Bis | heute nachmittag / heute abend / morgen früh / morgen nachmittag / Dienstag / Mittwoch | um | 10 11 12 1 2 3 4 5 6 7 8 9 10. |

A: Bis dann. Auf Wiederhören.

B: Auf Wiederhören.

Schreib zwei Dialoge aus!

5 Ergänze die folgenden Dialoge!

a. „Wann . . . wir uns?"

„Wie . . . es mit zwei Uhr?"

„Nein. Das . . . nicht."

„Wann hast du denn . . . ?"

„. . . drei."

„Dann sehen wir . . . um vier Uhr?"

„Ja, . . . geht."

b. „Wann treffen . . . ?"

„Wie . . . vier Uhr?"

„Nein . . . . Wie wäre es etwas . . . ?"

„Ja. Wann hast du . . . ?"

„Ab eins."

„Fein. Dann sehen . . . zwei."

uns	geht	sehen	das
ab	wäre	Zeit	

6 Wann können sie sich mit Sandra treffen?

Zum Beispiel:
Wann hat Peter Zeit, sich mit Sandra zu treffen?

Er hat zwischen vier und fünf Uhr Zeit und dann ab halb sieben.

Und Erich, Monika, Lutz und Bettina?

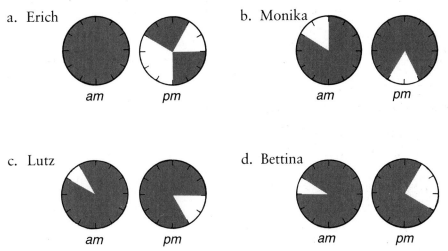

a. Erich   am   pm

b. Monika   am   pm

c. Lutz   am   pm

d. Bettina   am   pm

7 Mit einem Partner oder einer Partnerin ●

One of you makes a copy of Claudia's activities as they are shown in the chart below, and the other one makes a copy of the activities set out in the chart on page 227. Do not look at each other's copy.

*When you have copied the charts down, each of you will have only half the things which Claudia does, because on each day she does **four** things. Without looking at each other's charts you now have to provide the information which your partner does not have, by telling him/her what Claudia does.*

*Take turns to tell your partner what you have in front of you. When you are given information, you must fill it in on your chart. You should each end up with **four** things on each day.*

For example, had Friday been included on the chart, the following could have been said:

A: Was macht sie am Freitag?
B: Zwischen acht und zwölf Uhr hat sie Schule. Und zwischen acht und zehn Uhr am Abend geht sie ins Theater.

A *would then write this information on his/her chart.*

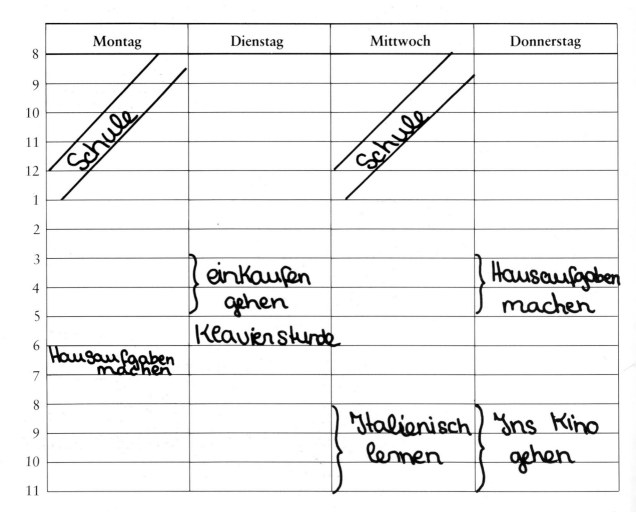

8 Zum Lesen

Patrick ist vor zwei Tagen in Saarbrücken angekommen und jetzt ruft er seinen Freund Stefan an. Die beiden Freunde wollen sich wiedersehen und müssen also einen Termin ausmachen.

Stefan hat erst um zwei Uhr frei, weil er noch Schule hat. Sie beschließen, sich am nächsten Tag um drei Uhr im Café Becker zu treffen.

eben	*just*
erst	*not until*
weil	*because*

Sally ruft ihre Freundin Beate an. Sally ist eben in Saarbrücken angekommen und hat vor, noch drei Tage zu bleiben. Während sie in Saarbrücken ist, möchte sie sich mit Beate treffen.

Sie versuchen, einen Termin auszumachen. Sally schlägt den nächsten Tag vor, aber am nächsten Tag hat Beate leider keine Zeit. Endlich beschließen sie, sich am Donnerstag zu treffen, und zwar um elf Uhr am Brunnen auf dem St. Johanner Markt.

<u>vor</u>schlagen (schlägt vor, vorgeschlagen)	*to suggest*
der Brunnen	*spring, fountain*

Café BECKER
am St. Johanner Markt

Konditorei · Bäckerei · Café

Obertorstraße 7
6600 Saarbrücken
Tel. (06 81) 3 44 52

Filiale Brebach
Saarbrücker Str. 100
Tel. (06 81) 87 30 46

Altstadtbäckerei
Lauer
Seit 1983

Altstadt-Bäckerei u. Konditorei
Spitze in Qualität und Auswahl
Unsere Spezialität:
Hochwälder Bauernbrot
Vorstadtstraße 43 · Tel. 5 25 58
6600 Saarbrücken

Das Nibelungenlied

1   Am nächsten Morgen war Siegfried um 6 Uhr schon fertig. Er hat an Günthers Tür geklopft.

2   Siegfried war sehr <u>unzufrieden</u>. Er hatte Kriege gern.

3   Das war Hagens Plan. Auf der Jagd würde Siegfried allein sein, und Hagen könnte ihn dann töten.

4   Siegfried hat viele Tiere getötet, und am Abend haben sie alle gut gegessen.

Hagen, gibt es denn keinen Wein?

Wein? Donnerwetter! Wir haben den Wein vergessen.

Das war auch meine Idee. Sehr schlau!

5   Ich kenne einen Brunnen hier in der Nähe. Gehen wir frisches Wasser trinken.

Wasser?! Igit! OK. Wenn's sein muß.

6   Und die drei Männer sind zum Brunnen gegangen. Günther hat getrunken, und dann hat Siegfried getrunken. Ach! Es war furchtbar. Der grausame Hagen hat den Speer von Siegfried genommen und....

Aaaaaahhhh!

Ach weh! Was haben wir gemacht?

1 geklopft *knocked* Feinde *enemies*   2 unzufrieden *dissatisfied* Jagd *hunt*   5 Brunnen *spring*

19 Was machen wir?
What shall we do?

ERSTER TEIL ### Hast du Lust, schwimmen zu gehen?
Would you like to go swimming?

This section is about deciding with someone else what to do, and saying what you feel about various activities suggested.

1.

Heidrun und Manfred haben sich getroffen und überlegen, was sie heute abend machen können.

„Was machen wir heute abend?"

„Möchtest du ins Kino gehen?"

„Nein. Das Wetter ist so schön. Ich habe keine Lust, ins Kino zu gehen."

„Dann gehen wir in die Stadt und in den Jugendklub. Heute abend gibt es eine Disco."

„Schön. Gehen wir in die Disco, na? Möchtest du?"

„Ja. Sicher."

2.

Frau Hannen und Frau Thiel sind beim Kaffee. Sie beschließen, in die Stadt zu fahren.

„Was machen wir heute?"

„Hast du Lust, in die Stadt zu fahren?"

„Ja. Das wäre schön. Ich würde gern einen Einkaufsbummel machen."

3.

Horst und seine Schwester sind zu Hause. Es regnet. Sie sitzen im Wohnzimmer und überlegen, was sie machen können.

„Hast du Lust, einen Spaziergang zu machen?"

„Nein. Bei diesem Wetter nicht. Ich würde lieber zu Hause bleiben."

„OK. Was machen wir denn? Möchtest du Karten spielen?"

„Ja. Gute Idee. Ich hole die Karten."

der Einkaufsbummel (-)	*shopping trip*
Lust haben	*to like to*
überlegen	*to consider,*
(überlegt, überlegt)	*reflect*
das Wohnzimmer	*living room*
ich würde lieber	*I'd rather*

Hast du Lust,	schwimmen zu gehen (?)
Ich habe keine Lust,	einen Stadtbummel zu machen (?)
	in die Stadt zu fahren (?)

Ich würde lieber	einkaufen gehen.
	eine Fahrradtour machen.
	ins Museum gehen.

Jetzt seid ihr dran!

1   Hör zu! ●

Was machen Sandra und Martin?

A.

a. Sie treffen sich
  (1) im Café.
  (2) im Kino.
  (3) im Schwimmbad.

b. Sandra möchte
  (1) in die Ausstellung gehen.
  (2) nicht in die Ausstellung gehen.
  (3) in die Moderne Galerie gehen.

c. Sandra möchte
  (1) ins Kino gehen.
  (2) zwei Filme kaufen.
  (3) Geschenke kaufen.

d. Sie beschließen,
  (1) nicht schwimmen zu gehen.
  (2) nach dem Einkaufen schwimmen zu gehen.
  (3) vor dem Einkaufen schwimmen zu gehen.

B.

a. Im Kino läuft
  (1) kein guter Film.
  (2) ein guter Film.
  (3) der Film ‚Schade'.

b. Die Gruppe spielt
  (1) im Jugendklub.
  (2) im Sportzentrum.
  (3) im Jugendzentrum.

c. Die Gruppe ist
  (1) aus den Niederlanden.
  (2) aus Dänemark.
  (3) aus Deutschland.

d. Das Konzert beginnt
  (1) um acht Uhr.
  (2) um neun Uhr.
  (3) um halb acht.

e. Sie
  (1) haben die Karten.
  (2) haben keine Karten.
  (3) brauchen keine Karten.

f. Sie essen
  (1) vor dem Konzert.
  (2) nach dem Konzert.
  (3) nicht.

2 Erfinde Dialoge mit einem Partner oder einer Partnerin!

A: Hast du Lust,

| einen Spaziergang |
| einen Ausflug |
| einen Stadtbummel |
| eine Fahrradtour |
| eine Wanderung | zu machen?

der Ausflug (¨e) *excursion*

B: Ich würde lieber

| Tennis spielen. |
| segeln gehen. |
| eine Schiffahrt machen. |
| Fotos machen. |

A: Na, gut. Was machen wir, wenn

| es regnet? |
| das Wetter schlecht ist? |
| es kalt ist? |

B: Dann

gehen wir	ins Kino.
	ins Museum.
	ins Schwimmbad.
bleiben wir zu Hause.	

Schreib zwei Dialoge aus!

3 Hier kannst du Dialoge erfinden und dann drei ausschreiben.

A: Hast du Lust,

| in den Jugendklub zu gehen? |
| in die Disco zu gehen? |
| ins Kino zu gehen? |
| kegeln zu gehen? |
| ins Museum zu gehen? |

kegeln gehen *to go bowling*

B: Nein. Ich würde lieber

| Tennis spielen. |
| in die Stadt fahren. |
| in die Campingausstellung gehen. |
| ins Theater gehen. |
| ins Sportzentrum gehen. |

A: OK. Um wieviel Uhr gehen wir?

B: Um | drei Uhr? | halb fünf? | acht Uhr? | Viertel vor neun? | halb zehn?

A: Alles klar. Um . . .

| gehen wir . . . . |
| fahren wir . . . . |

4 Ergänze folgende Fragen!

a. „Hast du Lust,  ?" „Nein. Ich würde lieber in die Stadt fahren."

b. „Hast du Lust, ?" „Ja, gerne."

c. „Hast du Lust, ?" „Nein. Ich würde lieber in die Campingausstellung gehen."

d. „Habt ihr Lust, ?" „Ja, gerne. Wir kommen mit."

e. „Hast du Lust, ?" „Nein. Ich würde lieber in den Jugendklub gehen."

5 Übe Dialoge mit einem Partner oder einer Partnerin!

„**Hast du Lust,** ? ? ?" „Nein. Ich wurde lieber . . . ."

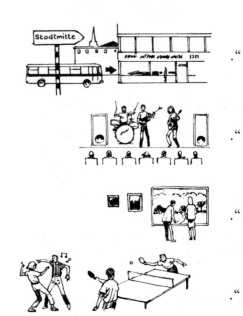

6 Zum Lesen

Martin schlägt einen Ausflug vor.

„Was machen wir am Sonntag?"

„Hast du Lust, einen Ausflug zu machen?"

„Gerne. Wohin?"

„Zum Bostalsee? Warst du schon da?"

„Nein, noch nie."

„Na, gut. Fahren wir hin."

„Und was machen wir, wenn es regnet?"

„Also, wenn es regnet . . ., fahren wir in die Stadt und gehen in die Campingausstellung."

Am Sonntag ist das Wetter schön, und die beiden Freunde machen einen Ausflug zum Stausee bei Bosen: zum Bostalsee. Sie haben vor, schwimmen zu gehen und den langen Spaziergang um den See zu machen. Martin steht früh auf, bereitet die Butterbrote vor, und um neun Uhr trifft er sich mit Sandra an der Bushaltestelle.

*<u>auf</u>stehen (steht auf, aufgestanden)	*to get up*
der Stausee	*artificial lake*
<u>vor</u>bereiten (bereitet vor, vorbereitet)	*to prepare*

Wetter

Freundlich

Wolken, trocken. Um 21, nachts bei 13 Grad. Schwacher Wind. Morgen: Freundlich und warm.

$$\text{in} \rightarrow = \textbf{Akkusativ}$$

	Maskulinum	**Femininum**	**Neutrum**	**Plural**
	$\rightarrow$	$\rightarrow$	$\rightarrow$	$\rightarrow$
Wir gehen	in den Jugendklub	in die Disco	ins Jugendzentrum	in die Berge
		$\rightarrow$	$\rightarrow$	
		in die Stadt	ins Theater	
		$\rightarrow$	$\rightarrow$	
		in die Ausstellung	ins Kino	
			$\rightarrow$	
			ins Konzert	
			$\rightarrow$	
			ins Sportzentrum	
			$\rightarrow$	
			ins Museum	
	$\rightarrow$	$\rightarrow$	$\rightarrow$	
Wir fahren	in den Schwarzwald	in die Schweiz	ins Blaue	

$$\text{an} \rightarrow = \textbf{Akkusativ} \text{ (Sieh dir Seite 171 an!)}$$

	Maskulinum	**Femininum**	**Neutrum**	**Plural**
	$\rightarrow$	$\rightarrow$	$\rightarrow$	$\rightarrow$
Wir schreiben	an den Herbergsvater	an die Herbergs-mutter	an das Rathaus	an die Herbergs-eltern
	$\rightarrow$	$\rightarrow$	$\rightarrow$	$\rightarrow$
Er schreibt	an seinen Freund	an seine Freundin	an das Mädchen	an seine Freunde

$$\text{über} \rightarrow = \textbf{Akkusativ}$$

	$\rightarrow$
Gehen Sie	über die Kreuzung

ZWEITER TEIL ## Was ist in der Stadt zu machen?
What is there to do in town?

This section teaches you how to use the information given in leaflets to find out what there is to do in a town.

Jetzt seid ihr dran!

1 Lies den Text und beantworte die ersten vier Fragen auf Englisch und die anderen Fragen auf Deutsch!

a. How many swimming baths are there, and how many of these are open air?

b. If you were going swimming, and you were on the number 5 bus, which baths would you most likely be going to?

c. If you wanted to go bowling as well as swimming, which baths could you go to?

d. Imagine you have only time to go swimming in the morning. Which baths would you be unable to go to?

SPORT
Städtische Bäder
Hallenbäder

Stadtbad St. Johann, Saarbrücken, Richard-Wagner-Straße, Tel. 35492.

Hallenbad Saarbrücken-Dudweiler, St. Avolder Straße, (Sportzentrum) mit 50-Meter-Becken, Sprung- und Klein-kinderbecken, Sauna, Solarium, Restaurant mit 4 Kegel-bahnen, Sporthalle bis 500 Personen an Tischen. Tel. 06897/797-306. Erreichbar mit den Bussen der Linien 36, 38, 39 und 40.

Hallenbad Saarbrücken-Brebach-Fechingen, Bliesransbacher Straße, mit Sauna, Festsaal mit 450 Sitzplätzen, Restaurant 80 Plätze, Kegelbahnen, Vereinszimmer. Tel. 06893/3339. Erreichbar mit dem Bus Linie 1.

Hallenbad Saarbrücken-Schafbrücke, Hirschbergstraße, mit Solarium, Cafeteria, Tel. 813300. Erreichbar mit dem Bus Linie 5.

Alsbachbad Saarbrücken-Altenkessel, Am Schwimmbad, (Kombibad), moderne Anlage mit Sauna, Kneippanlage und Fitneßraum, Solarium, Außenbecken und Gaststätte. Tel. 06898/83411. Erreichbar mit dem Bus Linie 2.

Hallenbad Saarbrücken-Gersweiler, Krughütter Straße, (Sport-halle-Mehrzweckhalle), Tel. 70123. Erreichbar mit dem Bus Linie 29.

Schwimmhalle Saarbrücken-Güdingen, Saargemünder Str., (nur nachmittags geöffnet), mit Sauna. Tel. 871132. Erreich-bar mit dem Bus Linie 2.

Schwimmhalle Folsterhöhe, Saarbrücken, Am Heidenhübel, nahe der französischen Grenze, (nur nachmittags geöffnet), Tel. 57870. Erreichbar mit den Bussen der Linien 27 und 31.

Freibäder

Schwarzenbergbad, Saarbrücken, beheizt, 5 Becken, Mini-golfanlage und Gaststätte. Am Hang des Schwarzenberges gelegen; gilt als eines der schönsten Freibäder Deutschlands. Tel. 36441. Erreichbar mit den Bussen der Linien 12, 13, 17 und 18.

Deutschmühlenbad am Deutsch-Französischen Garten, Saarbrücken, beheizt, mit Gaststätte und großem Parkplatz. Tel. 54301. Erreichbar mit dem Bus Linie 11.

a. Ich möchte mit meinen kleinen Kindern schwimmen gehen. Können Sie mir ein Bad empfehlen, bitte?

empfehlen (empfiehlt, *to recommend* empfohlen)

b. Ich möchte schwimmen und dann kegeln gehen. Welches Schwimmbad wäre am besten?

c. Sind alle Schwimmbäder den ganzen Tag geöffnet, bitte?

d. Kann man hier am Schwimmbad Minigolf spielen, bitte?

2 Lies die Texte und beantworte die Fragen!

Museen und Galerien

Saarland-Museum, Saarbrücken, St. Johanner Markt,
Tel. 66361
Öffnungszeiten: täglich von 10 bis 14 Uhr,
Sonntag von 10 bis 18 Uhr,
Montag geschlossen.
Eintritt frei.
Moderne Galerie, Saarbrücken, Bismarckstraße 13–15,
Tel. 66361 – eines der bedeutendsten Museen moderner
Kunst.
Öffnungszeiten: täglich von 10 bis 18 Uhr,
auch Sonntag,
Montag geschlossen.
Eintritt frei.
Landesmuseum für Vor- und Frühgeschichte, Saarbrücken,
Am Ludwigsplatz 15, Tel. 5947.
Öffnungszeiten: täglich von 10 bis 16 Uhr,
Samstag von 10 bis 13 Uhr,
Sonntag von 10 bis 18 Uhr,
Montag geschlossen.
Eintritt frei.

a. *How many museums are there in* Saarbrücken?

b. *Where is the* Landesmuseum *and what sort of museum is it?*

c. *How much does it cost to go into the* Landesmuseum?

d. *Where would you go to see some modern art and when would you be able to do so?*

Entschuldigung. Wo ist das Saarland-Museum, bitte?

Sehenswürdigkeiten

Deutschherrnkapelle, erbaut nach 1227.
Stiftskirche St. Arnual, dreischiffige Basilika aus dem 13. und
14. Jahrhundert.
Schloßkirche, spätgotisch aus dem 15. Jahrhundert.
„Alte kath. Kirche" St. Johann, Barockkirche von Friedr.
Joachim Stengel (1754–1758) erbaut.
Ludwigskirche, erbaut von 1762 bis 1775. Krönung der
Arbeit des Barockbaumeisters Stengel. Eine der schönsten
Barockkirchen im südwestdeutschen Raum.
Schloß Saarbrücken, ehemalige mittelalterliche Burg, später
Renaissanceschloß. In den Reunionskriegen 1677 zerstört.
An gleicher Stelle erbaute Stengel das 1793 während der
Franz. Revolution abgebrannte Barockschloß.
Altes Rathaus am Schloßplatz. Stengelbau aus dem
Jahre 1750.
Alte Brücke von 1546–1549 auf Anregung Kaiser Karls V
durch den Grafen Philipp II erbaut.

e. *How many churches and chapels are there to visit in* Saarbrücken?

f. *Which of these is the oldest?*

g. *One person built a lot of these churches and chapels: what was his name?*

3 Kannst du diesen Leuten helfen?

a.

Entschuldigen Sie. Wo ist das alte Rathaus, bitte?

Kunst-Ausstellung

**bis
10. Nov.**

Renate Mager zeigt im Rahmen einer Ausstellung
ihre Siebdrucke
Ausstellungsraum der Uni-Bibliothek, Standort Tar-
forst; montags-freitags 8.30-21.30, samstags 9.30-
13.00 Uhr.

b.

Bis wann ist die kunstausstellung geöffnet, bitte?

Wann meinen Sie?

An Werktagen.

Theater der Stadt Trier

Am Augustinerhof

Öffnungszeiten der Kasse täglich außer Montag von 11-13 Uhr und ab 17 Uhr, Samstag und Sonntag von 11 bis 12.30 Uhr und eine Stunde vor Vorstellungsbeginn. Vorverkauf ab Freitag für die nachfolgende Woche. Telefonische Kartenbestellung (06 51) 7 57 77. Dienstag bis Freitag von 9 bis 11 Uhr und von 17 bis 19 Uhr, Samstag 10 bis 11 Uhr, Sonntag von 11 bis 13.20 Uhr. — fr. V. = freier Verkauf

Do., 2.
15.30
MINNA VON BARNHELM
Schauspiel, Nachmittagsring 2, ältere Generation (1), freier Verkauf

Sa., 4.
20.00
DON GIOVANNI
Oper, LKR Trier, (3), freier Verkauf

Sa., 4.
14.30
Erstaufführung
WILLI SCHLAPPOHR
Musical für Kinder, Schulen und freier Verkauf. Wiederholungen am 6., 7., 9., 10., 11., 14., 16., 17., 20. und 25. 11. Und am 6., 9. u. 16. 11. um 11.00 Uhr.

So., 5.
20.00
MY FAIR LADY
Musical, Lkr. Trier, (6), freier Verkauf

Di., 7.
20.00
MY FAIR LADY
Musical, Anrecht grün, freier Verkauf

Mi., 8.
19.30
EIN WINTERMÄRCHEN
Schauspiel, Theatergemeinde, fr. Verk.

Do., 9.
19.30
DON GIOVANNI
Oper, Anrecht rot, Hermeskeil, freier Verkauf

KINO

18. Juli, Freitag
Camera 1: 16.30, 20.45 LENA RAIS, 18.45 ROCKERS, 23.00 MONTANA SACRA
Camera 2: 16.00, 18.00, 20.00 MIDI - EINE REISE OHNE ABSCHIED

19. Juli, Samstag
Camera 1: 16.30, 20.45 LENA RAIS, 18.45 ROCKERS, 23.00 MONTANA SACRA
Camera 2: 16.00, 18.00, 20.00 MIDI - EINE REISE OHNE ABSCHIED

20. Juli, Sonntag
Camera 1: 16.30, 20.45 LENA RAIS, 18.45 ROCKERS, 23.00 RATATAPLAN
Camera 2: 16.00, 18.00, 20.00 MIDI - EINE REISE OHNE ABSCHIED

24. Juli, Donnerstag
Camera 1: 16.30, 18.45 FM - DIE SUPERWELLE, 21.00 LIEBE UND ABENTEUER
Camera 2: 16.00, 18.00, 20.00 MIDI - EINE REISE OHNE ABSCHIED

25. Juli, Freitag
Camera 1: 16.30, 20.45 BLACKOUT, 18.45, 23.00 THE ROCKY HORROR PICTURE SHOW
Camera 2: 16.0, 20.00 DIE VERFÜHRUNG DES JOE TYNAN, 18.00, 22.15 DER GLÖCKNER VON NOTRE DAME

26. Juli, Samstag
Camera 1: 16.30, 20.45 BLACKOUT, 18.45, 23.00 THE ROCKY HORROR PICTURE SHOW
Camera 2: 16.00, 20.00 DIE VERFÜHRUNG DES JOE TYNAN, 18.00, 22.15 DER GLÖCKNER VON NOTRE DAME

c.

d.

e.

f.

Sonstiges

Sa., 11.
20.00
Fest der Polizei
mit Show-Orchester, Hochradakrobatik und den „Fahrenden Musikanten"
Europahalle, Viehmarktplatz

So., 12.
20.00
Konzert mit Hanns Dieter Hüsch
zugunsten der amnesty international
Europahalle, Viehmarktplatz

Mo., 13.
20.00
Heidi Brühl
mit der Las Vegas-Show
Europahalle, Viehmarktplatz

Do., 16.
20.00
Costa Cordalis
mit Ricky King und den Hitkids
Europahalle, Viehmarktplatz

Sa., 18.
14.30
Fußballspiel
Eintr. Trier 05 – Stuttgarter Kickers
Moselstadion, Zeughausstraße

g.

4 Könntest du ihnen helfen?
(Sieh dir Seiten 220 – 222 an!)

Viele Touristen bitten um Auskunft beim Verkehrsamt, beim Kino, usw.

Beim Verkehrsamt, Trier.
a. „Können Sie mir die Telefonnummer des Theaters geben?"

Beim Verkehrsamt, Saarbrücken.
b. „Haben Sie ein Museum für Moderne Kunst in Saarbrücken, bitte?
Wann ist es am Dienstag geöffnet?"

c. „Gibt es ein Schwimmbad mit Kegelbahn hier, und wie kommt man am besten dahin, bitte?"

Beim Kino.
d. „Um wieviel Uhr beginnt ‚Lena Rais', bitte?"

Beim Theater.
e. „Wann fängt das Stück am Mittwoch an, bitte?"

Bei der Europahalle.
f. „Wann fängt das Konzert am 12. an, bitte?"

DRITTER TEIL ## Was habt ihr gemacht?
What did you do?

This section teaches you how to describe what you have done in your holidays and on various outings, and how to ask others for the same information.

Herrliches Wetter! Gestern sind wir nach Losheim gefahren – wir sind gewandert und geschwommen! Kennst Du die JH in Weiskirchen? Am Wochenende haben wir dort übernachtet. Tschüs Dein Ingo

Sally Brown
18 New End
Newcastle
England

HAMBURG
Jungfernstieg

---

*wandern (wandert, gewandert) *to go walking*
*schwimmen (schwimmt, geschwommen) *to go swimming*

223

Lieber Richard,

Wie geht's? Hier hat die Schule schon begonnen und das heißt ARBEIT! Wann fängt sie bei Dir an?

Nach Deinem Besuch sind wir nach Frankreich gefahren. Wir haben überall im Süden gezeltet und haben auch unsere Freunde in Montpellier besucht. Kennst Du Montpellier? Wir sind drei Tage bei ihnen geblieben und haben die ganze Zeit diskutiert. Immer bis spät in die Nacht hinein, und über... ich weiß nicht

— 2 —

mehr was! Alles mögliche. Wir sind durch die Schweiz zurückgefahren und haben drei sehr schöne Tage in Luzern verbracht.

Dietrich hat angerufen und läßt sich grüßen. Nächstes Jahr kommt er auch vielleicht nach England.

Ich habe Deinen Brief erst vor zwei Tagen bekommen.– Wann hast Du ihn geschickt? Vor drei Wochen, nicht wahr? Mit meinem nächsten Brief schicke ich die Kassette.

Schöne Grüße an alle,

Deine Sabine

besuchen (besucht, besucht)	to visit
*bleiben (bleibt, geblieben)	to stay
diskutieren (diskutiert, diskutiert)	to discuss
zelten (zeltet, gezeltet)	to camp
beginnen (beginnt, begonnen)	to begin

Jetzt seid ihr dran!

1 Hör zu! ●

Copy the verbs listed below.
Listen to the tape. Each time there is a tone at the end of a sentence or phrase, suggest which verb should be used to fill it. You are given a choice of two verbs in each case.
When you have done that, listen again to the tape and pick out the verbs which take **sein** *in the past. Make a list of them.*

a. (1) gefahren gegangen
   (2) angekommen angerufen
   (3) begonnen besichtigt
   (4) gefunden gesehen
   (5) gemacht gegangen
   (6) gekostet gekauft

b. (1) besichtigt besucht
   (2) gemacht verbracht
   (3) geblieben gegangen
   (4) gegessen getrunken
   (5) gefahren gekommen
   (6) übernachtet überwacht

c. (1) gewohnt verbracht
   (2) gekommen geblieben
   (3) geduscht geschwommen
   (4) geblieben zurückgeflogen
   (5) bestellt besucht
   (6) gefunden gegeben

2   Ergänze folgende Sätze!

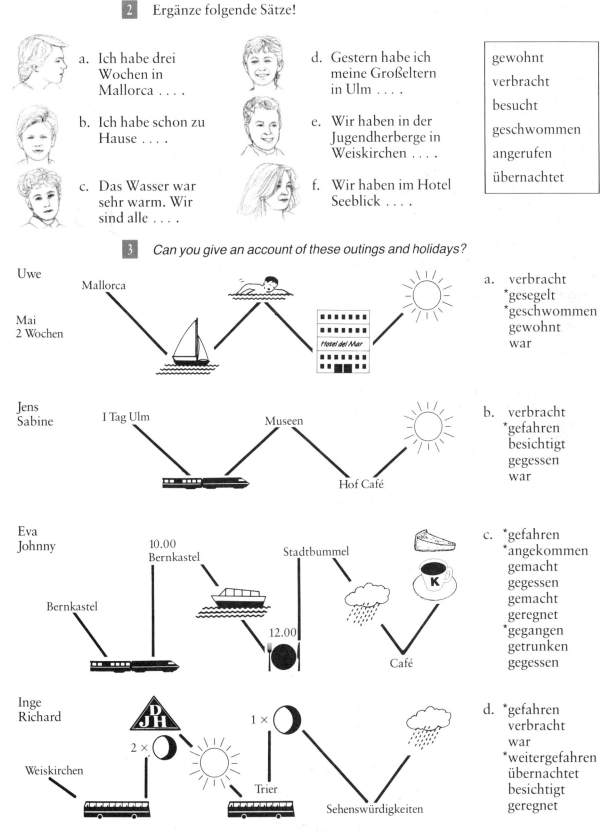

a. Ich habe drei Wochen in Mallorca . . . .

b. Ich habe schon zu Hause . . . .

c. Das Wasser war sehr warm. Wir sind alle . . . .

d. Gestern habe ich meine Großeltern in Ulm . . . .

e. Wir haben in der Jugendherberge in Weiskirchen . . . .

f. Wir haben im Hotel Seeblick . . . .

gewohnt
verbracht
besucht
geschwommen
angerufen
übernachtet

3   *Can you give an account of these outings and holidays?*

Uwe

Mai
2 Wochen

Mallorca   Hotel del Mar

a.   verbracht
    *gesegelt
    *geschwommen
    gewohnt
    war

Jens
Sabine

I Tag Ulm   Museen   Hof Café

b.   verbracht
    *gefahren
    besichtigt
    gegessen
    war

Eva
Johnny

10.00 Bernkastel   Stadtbummel   Bernkastel   12.00   Café

c.   *gefahren
    *angekommen
    gemacht
    gegessen
    gemacht
    geregnet
    *gegangen
    getrunken
    gegessen

Inge
Richard

Weiskirchen   2 ×   1 ×   Trier   Sehenswürdigkeiten

d.   *gefahren
    verbracht
    war
    *weitergefahren
    übernachtet
    besichtigt
    geregnet

225

4 Stell einem Partner oder einer Partnerin Fragen und beantworte sie!

One of you should write down the questions given below and then ask them (without looking at the book) while the other uses the book to give an answer. The one who puts the questions should make notes of the answers and later check with the book that the right information has been given. Take it in turns to ask the questions.

Die Fragen:
Wohin bist du gefahren?
Wie?
Wie war das Wetter?
Was hast du gemacht?
Wie war der Tag?

die Antworten.

a. Bernkastel

schön

c. Schwarzwald

kalt aber

herrlich

b. Trier

Museen
Sehenswürdigkeiten
interessant

d. Stadt

Café
Kino
Film
spannend

5 Schreib Postkarten!

Using the information given in some of the examples of holidays in Exercises 3 and 4 above, write postcards to German friends.
Vorsicht! Wortfolge!

Zum Beispiel:

Sieh dir Seite 198, Übung 4 an!

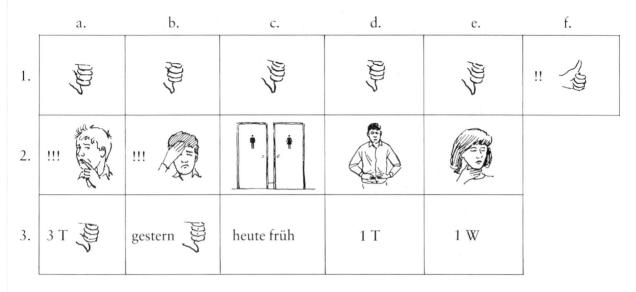

This is the second timetable for the exercise on page 210.

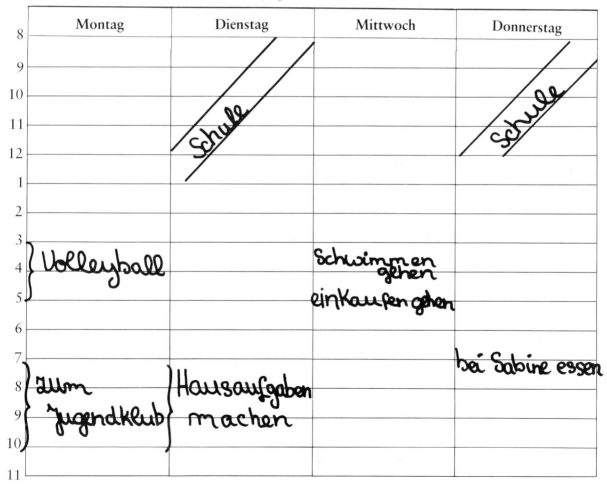

8. Beantworte folgende Fragen!

Jonas (7)   Tobias (10)   Verena (5)   Christoph (3)

a. Wie alt ist Christoph? Er . . . .
b. Und Jonas? . . . .
c. Und Verena? . . . .
d. Und Tobias? . . . .

VIERTER TEIL (Seite 13)

9. Sieh dir die Landkarte von Mitteleuropa auf Seite 6 an!
Look at the map of Central Europe on page 6.

Beantworte folgende Fragen!

Zum Beispiel:
Wo liegt Mannheim?
Mannheim liegt in der Bundesrepublik.

a. Wo liegt Bonn?   e. Wo liegt Salzburg?
b. Wo liegt Luzern?   f. Wo liegt Genf?
c. Wo liegt Linz?   g. Wo liegt Wien?
d. Wo liegt Dresden?

FÜNFTER TEIL (Seite 14)

10. *What can you write about these people by way of a description?*

a. Gabi
   14   Sie heißt Gabi. . . . .
   Österreich
   Wien

b. Dieter   Er . . . .
   19
   BRD
   Dresden

c. Uwe
   16
   BRD
   Marburg

d. Rolf
   13
   Schweiz
   Zürich

e. Ulrike
   18
   BRD
   Essen

f. Birgit
   21
   BRD
   Braunschweig

Kapitel 2

ERSTER TEIL (Seite 19)

1. Ergänze die Antworten!
Complete the answers to the following question.

Hast du Geschwister?

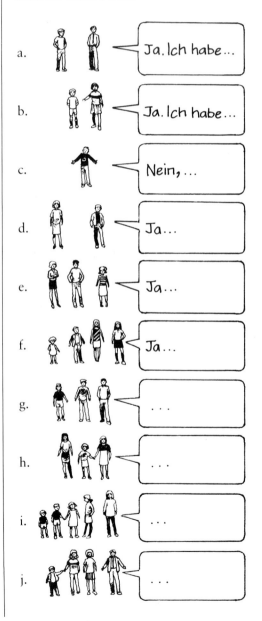

a. Ja. Ich habe...

b. Ja. Ich habe...

c. Nein, ...

d. Ja...

e. Ja...

f. Ja...

g. ...

h. ...

i. ...

j. ...

2. Sieh dir das Beispiel an!

Look at the example below and then write out similar introductions for the other people.

Zum Beispiel:
Ich bin Peter. Ich bin 14. Ich wohne in Krefeld und habe einen Bruder.

a. Georg
   14
   Kassel
   2 Schwestern.

b. Detlev
   16
   Bochum
   1 Bruder.

c. Thomas
   17
   Erfurt
   2 Schwestern
   1 Bruder.

d. Hildegard
   15
   Bamberg
   2 Brüder.

e. Hannelore
   18
   Darmstadt
   keine Geschwister.

ZWEITER TEIL (Seite 22)

A

3. *Practise saying what pets the following people have.*

Zum Beispiel:
Hannelore hat ein Kaninchen.

	Kaninchen	Hund	Katze
Hannelore	1	0	0
Kirsten	0	0	1
Lutz	1	1	0
Karl	0	2	2

4. Schreib aus!

6   8   10   12   14   16   18   20

5. Ergänze!

a. **sein**
   ich . . . .
   du . . . .
   er/sie . . . .
   wir . . . .
   ihr . . . .

b. **haben**
   ich . . . .
   du . . . .
   er/sie . . . .
   wir . . . .
   ihr . . . .

B

6. Was hast du in der Tasche!
What have you got in your bag?

Beantworte folgende Fragen! Schreib eine Liste aus!
Answer the following questions. Write out a list.

Hast du . . .
   . . . einen Bleistift?
   . . . einen Kuli?
   . . . einen Radiergummi?
   . . . einen Filzstift?
   . . . ein Heft?
   . . . ein Lineal?
   . . . ein Buch?

Und was sonst noch?

7. Was hat Michael in der Tasche?

8. Und Martin? Was hat er?

Hat er . . .
   . . . drei Bücher oder drei Hefte?
   . . . zwei Bleistifte oder zwei Kugelschreiber?
   . . . zwei Filzstifte oder zwei Kulis?
   . . . zwei Taschen?

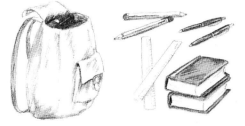

9. Sieh dir Seiten 23 und 24 an und beantworte die Fragen!

10. Sieh dir Seiten 23 und 24 an und beantworte folgende Fragen!

a. Was hat Frau Simmer für Tiere?
b. Hat Ingo zwei Tiere?
c. Hat er Geschwister?
d. Was hat Heidrun für ein Haustier?
e. Wo liegt Bremerhaven?
f. Hat Sigi einen Hund?

231

Kapitel 3

ERSTER TEIL (Seite 30)

1. Was machst du gern?

Zum Beispiel:

Ich spiele
gern Fußball.

Ich schwimme
nicht gern.

a. Ich . . . gern . . . .

b. Ich . . . gern
   ins Kino.

c. Ich . . . .

d. Ich . . . .

e. Ich . . . .

2. Setz die fehlenden Wörter ein!
Fill in the missing words.

a. Tobias ist 14 Jahre alt und . . . in . . . . Er hat
   eine . . . – sie heißt Gabi und ist 13. Sie . . . gern
   Ski. Sein . . . ist . . . als Gabi - er ist 12. Er
   fotografiert gern und fährt gern . . . .

Zur Auswahl:
Choose from:

Bruder	älter	Schwester
Brüder	rad	Schwestern
kommt	Österreich	wohnt
fährt	Schweiz	jünger

b. Ulrike kommt aus der . . . . Sie wohnt in . . . . Sie
   ist 17 . . . alt und sie segelt . . . gern. Ihr . . . ,
   Manfred, ist . . . – er ist 18. Er . . . gern Musik
   und er . . . besonders gern englische Bücher.

Zur Auswahl:

sieht	jünger
älter	hört
Bonn	Österreich
Magdeburg	sehr
BRD	Brüder
besonders	liest
Bruder	Jahre

3. Beantworte die Fragen!

Zum Beispiel:

Schwimmst du gern?   Ja. Ich schwimme gern.

∨ = gern
× = nicht gern
○ = nicht besonders gern

a.

b.

c.

d.

e.

ZWEITER TEIL (Seite 35)

4. Sieh dir Seite 35 an!

Wie findest du folgende Gruppen?
What do you think of the following groups?

Zum Beispiel:
Wie findest du die Hammers?
Gut!

a. Wie findest du Vox Populi?

b. Wie findest du Die Hot Wheels?

c. Wie findest du Uhrwerk?

d. Wie findest du Kaleidoskop?

e. Wie findest du Panoptikum?

5. Sieh dir Seite 36 und Seite 37 an und beantworte die Fragen!

a. Hat Silke Geschwister?

b. Was für Haustiere hat Lisa?

c. Hat sie auch Geschwister?

d. Was macht Dirk gern in seiner Freizeit?

e. Ist Gabi jünger als Dirk?

f. Wo wohnt ihr Bruder und wo wohnt ihre Schwester?

g. Wie alt ist Heidrun?

h. Was machen Bernd und Heidrun gern zusammen?

6. *What are their likes and dislikes?*

Zum Beispiel:
Karl spielt nicht gern Tennis, hört gern Musik und schwimmt nicht besonders gern.

$\vee$ = gern
$\times$ = nicht gern
$\circ$ = nicht besonders gern

	Karl	Ute	Manfred	Klaus-Peter
Tennis	$\times$	$\circ$	$\times$	$\times$
Karten				
kochen				
fernsehen		$\vee$	$\vee$	$\circ$
segeln			$\circ$	$\vee$
tanzen				
Musik hören	$\vee$	$\times$		
schwimmen	$\circ$			

7. Setz die fehlenden Wörter ein!

a. Jochen . . . gern Karten und geht gern . . . . Er . . . nicht besonders gern . . . .
b. Gerd . . . gern englische Bücher.
c. Dorit . . . gern Musik und . . . Gitarre.
d. Beate . . . gern fern und . . . gern Tennis. Sie . . . aber nicht besonders gern . . . .
e. Ruth . . . gern Gitarre, . . . gern aber sie . . . nicht besonders gern . . . .
f. Rolf und Marianne . . . gern und . . . gern Rad. Sie . . . gern Musik aber sie . . . nicht besonders gern Tennis.

Zur Auswahl:

schwimmen	lesen	spielen
spazieren	hören	radfahren
fernsehen		

8. Was macht ihr in der Freizeit?

Zum Beispiel:

233

9. Sieh dir Seite 36 an!

Ask a friend all the questions on page 36 about music and then, working from the basis of his/her answers to these questions, write a paragraph on his/her musical tastes.

Zum Beispiel:

Peter hört gern Musik. Er hört besonders gern Popmusik. Seine Lieblingsgruppe ist Die Hammers . . . .

Kapitel 4

A (Seiten 42–43)

1. Richtig oder falsch?

Say whether the following statements are true or false and correct them if they are false.

a. Die Nummer eins ist das Krankenhaus.
b. Die Nummer zwei ist der Bahnhof.
c. Die Nummer vier ist das Jugendzentrum.
d. Die Nummer drei ist die Fußgängerzone.
e. Die Nummer fünfzehn ist die Bahnhofstraße.
f. Die Nummer zwölf ist Karstadt.
g. Die Nummer achtzehn ist das Theater.
h. Die Nummer elf ist die Jugendherberge.
i. Die Nummer sechzehn ist der Landtag.
j. Die Nummer sieben ist der Fluß.

Kapitel 5

A

ERSTER TEIL (Seite 47)

1. Ergänze folgende Dialoge!

Complete the following dialogues.

a.

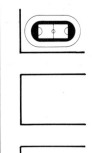

„Guten Tag. Wie . . . ich am besten zum Stadion?"
„Zum Stadion? . . . Sie geradeaus und . . . Sie die zweite Straße rechts, und das Stadion . . . auf der linken Seite."
„Danke schön."
„Gern geschehen."

b.

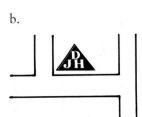

„Guten Tag. Wie komme ich am besten zur Jugendherberge?"
„Zur Jugendherberge? Moment mal. Gehen Sie hier . . . , und dann nehmen Sie die erste Straße . . . , und die Jugendherberge ist auf der . . . Seite."
„. . . . . . ."
„Bitte sehr."

c.

„Entschuldigung. Wie komme ich am besten . . . Post?"

„Das ist ganz einfach. Gehen Sie hier geradeaus, und . . . Post ist auf der rechten Seite. Das ist nicht weit von hier."

„Danke schön. Und wie kommt man . . . Rathaus?"

„. . . alten oder . . . neuen Rathaus?"

„. . . alten Rathaus."

„Also. Gehen Sie an der Post vorbei, und dann nehmen Sie die erste Straße rechts. . . . alte Rathaus ist auf der linken Seite."

2. Schreib Dialoge!
Write suitable dialogues for each of the following.

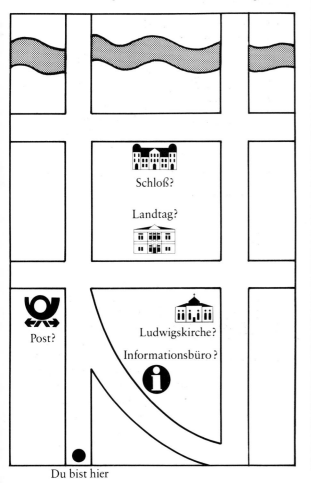

Schloß?

Landtag?

Post?

Ludwigskirche?

Informationsbüro?

Du bist hier

ZWEITER TEIL (Seite 51)

3. *Match up the following pairs of phrases.*

a.	um die Ecke	(1)	over the crossroads
b.	bis zur Kreuzung	(2)	at the lights
c.	ein bißchen weiter	(3)	on the left hand side
d.	auf der rechten Seite	(4)	round the corner
e.	bis zur Ampel	(5)	as far as the lights
f.	über die Kreuzung	(6)	a little further
g.	an der Ampel	(7)	as far as the crossroads
h.	auf der linken Seite	(8)	on the right hand side

DRITTER TEIL (Seite 51)

B

4. Zum oder **zur**?

Ergänze folgende Sätze!

a. Paul geht . . . Verkehrsamt.
b. Verena fährt . . . Bahnhof.
c. Tobias geht . . . Wurstbude.
d. Annette geht . . . Post.
e. Die Schüler fahren . . . Schwimmbad.
f. Frau Simmer geht . . . Bank.
g. Herr Simmer und die Kinder fahren . . . Museum.
h. Ich fahre . . . Rathaus.
i. Kommst du mit . . . Jugendzentrum?
j. Fährst du heute . . . Krankenhaus?

Kapitel 6 — Wiederholung

1. *This is Heidi. How would you ask her:*
what she was called
where she lived
where that was
whether she had brothers and sisters
what she liked doing?
What would **she** *say to tell you about herself?*

14
Bonstetten/Zürich
Schweiz
1 Bruder (12)
1 Katze
Hobbys –
Tischtennis,
Lesen,
Schwimmen,
Vox Populi
3 Schallplatten

2. Wo wohnst du? Wo liegt das?

3. Was für Tiere haben sie?

Max

Eva

Monika

Jürgen

Mark

4. Was machen sie gern? Oder besonders gern?

	gern	besonders gern
Bernd		
Andrea		
Barbara		
Georg		
Susanna		

5. Was machen sie?

Jochem

Kirsten

Lutz

Inge

Karl

B

(*Use pages 58 and 59 of the Students' Book to help you.*)

6. Was suchen diese Leute?

Beantworte die Fragen!
Zum Beispiel:

Wie komme ich am besten zum Bahnhof, bitte?

Was sucht er?
  Er sucht **den** Bahnhof.

a. Was sucht er?

Wie komme ich am besten zur Jugendherberge?

b. Was sucht er?

Wie komme ich am besten zum Stadion?

236

c. Was sucht sie?

d. Was sucht sie?

e. Was sucht er?

Kapitel 7 — Wiederholung

1. Wie finden diese Jungen und Mädchen die Gruppen?

	Vox Populi	Die Hammers
Karl	👍👍	👎👎
Bettina		👎
Heike		👍

2. Welches Instrument spielen sie?

Reinhardt

Hildegard

Hans-Peter

3. Welches Gebäude ist das?

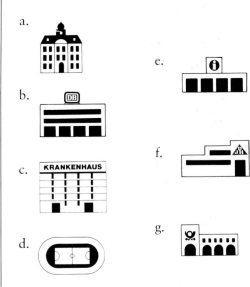

a.

b.

c.

d.

e.

f.

g.

ERSTER TEIL (Seite 62)

[A]

4. Was ist das?

Das ist ein Zehnmarkschein.

Say what the following notes are, writing your answers out in full.

Das ist . . . .   a.

b.

c.

5. Was ist das?

Das ist ein Zehnpfennigstück.

a.

b.

c.

d.

e.

6. Schreib aus!

a. 7   f. 55
b. 71   g. 17
c. 66   h. 22
d. 34   i. 98
e. 175   j. 83

7. Ergänze!

a. Ein Franken entspricht hundert . . . .
b. Eine Deutsche Mark entspricht hundert . . . .
c. Ein Schilling entspricht . . . .
d. Franken kommen aus . . . .
e. D-Mark kommen aus . . . .

ZWEITER TEIL (Seite 63)

8. Was bekommen sie? (Was verdienen sie?) Wofür brauchen sie das Geld? Wofür sparen sie?
With all these people, write how much money they get, whether it is pocket money or earned,
what they need it for and what they are saving for.

Name	Taschengeld	Arbeit	Bonbons	Kino	Bücher	Schallplatten	Reiten	Schwimmen	Schreibwaren	Getränke	Zeitschriften	Ferien	Kleidung	nichts Besonderes
						Wofür?							Sparen	
Erich	25	—			√	√		√						
Gerd	—	50	√					√		√		√		
Gabi	6	—	√											
Heidrun	15	—					√		√		√			√
Lutz	—	80	√			√	√	√				√		
Peter	0	—												
Eva	—	60		√			√	√		√	√		√	

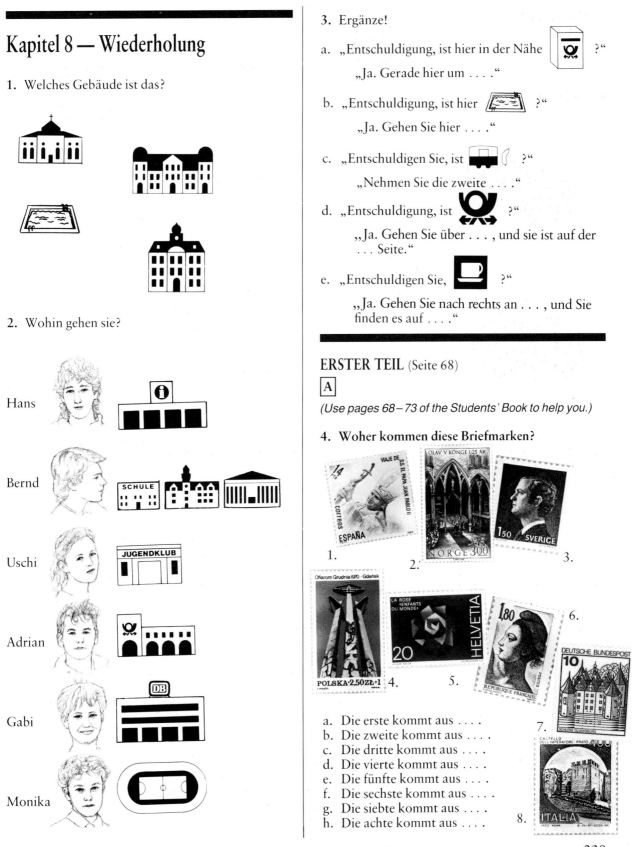

Kapitel 8 — Wiederholung

1. Welches Gebäude ist das?

2. Wohin gehen sie?

Hans

Bernd

Uschi

Adrian

Gabi

Monika

3. Ergänze!

a. „Entschuldigung, ist hier in der Nähe ☐ ?"

„Ja. Gerade hier um . . . ."

b. „Entschuldigung, ist hier ☐ ?"

„Ja. Gehen Sie hier . . . ."

c. „Entschuldigen Sie, ist ☐ ?"

„Nehmen Sie die zweite . . . ."

d. „Entschuldigung, ist ☐ ?"

„Ja. Gehen Sie über . . . , und sie ist auf der . . . Seite."

e. „Entschuldigen Sie, ☐ ?"

„Ja. Gehen Sie nach rechts an . . . , und Sie finden es auf . . . ."

ERSTER TEIL (Seite 68)

A

(Use pages 68 – 73 of the Students' Book to help you.)

4. Woher kommen diese Briefmarken?

1.
2.
3.
4.
5.
6.
7.
8.

a. Die erste kommt aus . . . .
b. Die zweite kommt aus . . . .
c. Die dritte kommt aus . . . .
d. Die vierte kommt aus . . . .
e. Die fünfte kommt aus . . . .
f. Die sechste kommt aus . . . .
g. Die siebte kommt aus . . . .
h. Die achte kommt aus . . . .

5. Ergänze folgende Sätze!

a. Er schickt 3 ×

b. Sie schickt 2 ×

c. Er kauft 8 ×

ZWEITER TEIL (Seite 72)

6. Schreib folgende Uhrzeiten aus!

13.30   18.45   14.20   19.20   20.15   22.35

Kapitel 9 — Wiederholung

1. Kannst du Florian beschreiben?

Florian
16
Ansbach
(St. Johanniskirche,
Schloß),
BRD
Süddeutschland
1 Schwester (jünger).

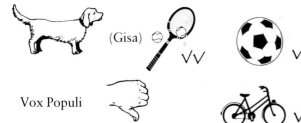

(Gisa)

Vox Populi

Epoche

Arbeit – in einem Café – 60.- DM (Woche)

braucht für   spart für

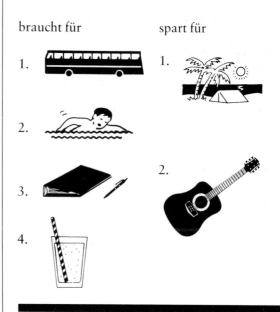

1.   1.

2.

2.

3.

4.

A

ERSTER TEIL (Seite 76)

2. Sieh dir Seite 76 an!
Zum Beispiel:
Was kostet **der** Farbfilm?
Er kostet 18.- DM.

a. Was kostet das T-Shirt?
b. Was kostet der Bierkrug?
c. Was kostet die Landkarte?
d. Was kostet das Abzeichen?
e. Was kostet der Sticker?
f. Was kostet der Schwarzweißfilm?
g. Was kostet das Schreibpapier?
h. Was kosten die Umschläge?
i. Was kosten die drei Postkarten?
j. Was kostet der Kaugummi?

3. Sieh dir Seite 76 an!

Beantworte die Fragen!

a. Was kostet 21.- DM?
b. Was kostet 3.40 DM?
c. Was kostet 32.- DM?
d. Was kostet 2.15 DM?
e. Was kostet 2.10 DM?
f. Was kostet 2.20 DM?
g. Was kostet 1.99 DM?
h. Was kostet 6.50 DM?
i. Was kostet 3.80 DM?
j. Was kosten auch 2.10 DM?

ZWEITER TEIL (Seite 78)

4. Richtig oder falsch?

Can you correct these sentences where necessary?

a. Inge sucht einen Stadtplan.
b. Sie kauft eine Landkarte.
c. Sie kostet 8.- DM.
d. Karl möchte Seife und einen Film kaufen.
e. Seife und Film kosten 2.70 DM.
f. Annette sucht ein Geschenk für ihren Bruder.
g. Sie kauft den Bierkrug nicht.

DRITTER TEIL (Seite 83)

5. Rewrite this dialogue, using the words given below to replace those underlined.

„Was machst du?"

„Ich gehe in die Stadt. Ich will einen Kuli kaufen."

„Kannst du mir einen Film kaufen, bitte?"

„Sicher."

a. Post
Brief schicken
Briefmarke zu 80 Pfg

b. Post
Postkarten schicken
Umschläge

c. Kaufhaus
Kassetten kaufen
Zahnpasta

d. Kaufhaus
Hefte kaufen
1 × Filzstift

e. Verkehrsamt
Stadtplan kaufen
1 × Postkarte

6. Was wollen sie machen?

Zum Beispiel:

Er will Tennis spielen.

a.
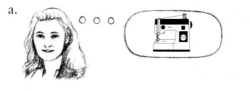

b.

c.

d.

e.

7. Was brauchen sie?

Schreib Sätze!
Write out sentences.

Zum Beispiel:
Dieter braucht einen Stadtplan, ...

a. Dieter:
1 Stadtplan
1 Briefmarke (80 Pfg)

b. Regine:
1 Postkarte
1 Farbfilm
6 Briefumschläge

c. Barbara:
1 Filzstift
1 Paket Briefumschläge

d. Christoph:
1 Kuli
1 Landkarte
1 Tafel Schokolade

e. Hartmut und Sylvia:
Zahnpasta
10 Postkarten
10 Briefmarken (5 × 50 Pfg 5 × 80 Pfg)
Schreibpapier
Briefumschläge

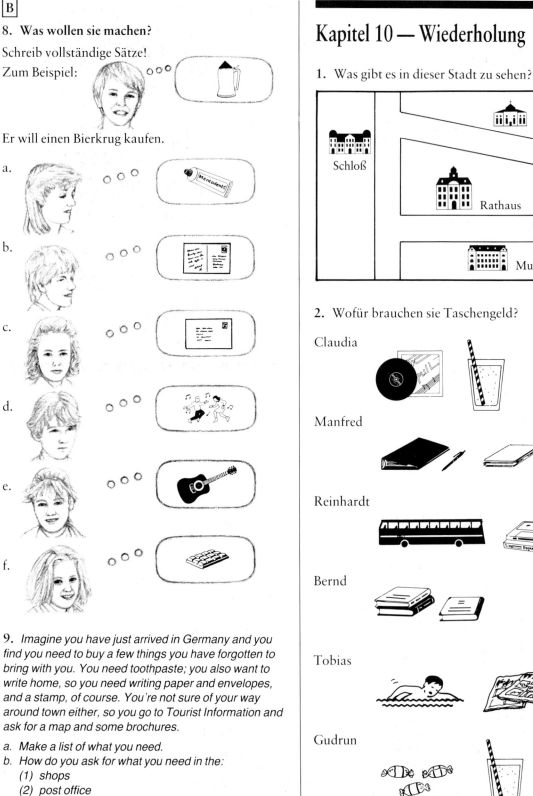

B

8. Was wollen sie machen?

Schreib vollständige Sätze!

Zum Beispiel:

Er will einen Bierkrug kaufen.

a.

b.

c.

d.

e.

f.

9. *Imagine you have just arrived in Germany and you find you need to buy a few things you have forgotten to bring with you. You need toothpaste; you also want to write home, so you need writing paper and envelopes, and a stamp, of course. You're not sure of your way around town either, so you go to Tourist Information and ask for a map and some brochures.*

a. Make a list of what you need.
b. How do you ask for what you need in the:
    (1) shops
    (2) post office
    (3) tourist office?

Kapitel 10 — Wiederholung

1. Was gibt es in dieser Stadt zu sehen?

Schloß · Stiftskirche · Rathaus · Museum

2. Wofür brauchen sie Taschengeld?

Claudia

Manfred

Reinhardt

Bernd

Tobias

Gudrun

Wofür sparen sie?

Ulrich

Hannelore

Christof **?**

Peter

Inge

Susanna

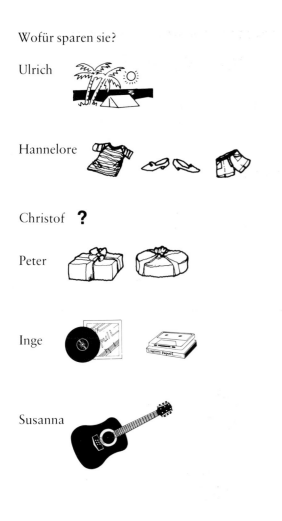

3. Heute kommt der Bundeskanzler: die Polizei überwacht die Gebäude. Was machen die Polizisten:

Zum Beispiel:
Herr Vogelmann überwacht das Theater.

Herr Jung

Herr Norheimer

Herr Klein

Herr Barth

Herr Ahrens

A

ERSTER TEIL (Seite 86)

4. Sieh dir Seite 86 an!
Ergänze!

a. . . . ohne kosten 1.60.
b. . . . kostet 2.90.
c. . . . kostet 1.90.
d. . . . kostet 2.90.
e. . . . mit kosten 1.80.
f. . . . kostet 1.70.

5. Sieh dir den Text auf Seite 89 an!
Beantworte!

a. Wer hat Hunger?
b. Wo gibt es eine Wurstbude?
c. Was kaufen sie?
d. Kaufen sie eine große oder eine kleine Portion Pommes Frites?
e. Was nimmt Dieter dazu?
f. Wer bezahlt?

6. *How would you ask if the following are nearby?*

a. eine Wurstbude
b. ein Schnellimbiß
c. eine Trinkhalle
d. ein Café

7. Ergänze die Dialoge!

Complete the dialogues, following the instructions in the brackets.

a. Was darf es sein?
   (Ask for two sausages.)
   Und etwas dazu?
   (Ask for some mustard.)
   Sonst noch etwas?
   (Say no, thank you.)

b. Was darf es sein?
   (Ask for a curry sausage with chips.)
   Und etwas dazu?
   (Ask for some mayonnaise.)
   Sonst noch etwas?
   (Say no, thank you.)

c. Was darf es sein?
   (Ask for a Schaschlik and chips.)
   Und etwas dazu?
   (Say no, thank you.)
   Sonst noch etwas?
   (Say no, thank you.)

d. Was darf es sein?
   (Ask for two portions of chips.)
   Und etwas dazu?
   (Ask for some mayonnaise and ketchup.)
   Sonst noch etwas?
   (Say no, thank you.)

ZWEITER TEIL (Seite 90)

8. Sieh dir den Dialog auf Seite 90 an und beantworte folgende Fragen!

a. Wo sind die jungen Leute?
b. Was möchte Ingrid?
c. Wer hat Durst?
d. Was trinkt er?
e. Wer trinkt Kaffee?

DRITTER TEIL (Seite 92)

(Use pages 92 and 93 of the Students' Book to help you.)

9. Sieh dir die Preisliste an und beantworte die Fragen!

Preisliste	
Apfelkuchen	2,50
Käsekuchen	3,00
Schwarzwälder Kirschtorte	4,20
Pflaumenkuchen	2,80
Vanilleeis	1,50
Erdbeereis	2,60

a. Was kostet 4.20?
b. Was kostet 3.00?
c. Was kostet 2.50?
d. Was kostet 2.60?
e. Was kostet 1.50?

10. What would you say if you wanted to order the following?

a. Two apple rolls
b. Two Black Forest gâteaux, with cream
c. Four plum tarts
d. One piece of cheesecake, without cream
e. Two chocolate cakes without cream, and two strawberry ices with cream
f. One mixed ice with cream, and one piece of cheesecake without cream

VIERTER TEIL (Seite 95)

11. Erfinde Dialoge!

Make up dialogues between yourself and the waiter/waitress. Call him/her, ask for the bill and make sure he/she charges you for the correct things.

You ordered:

a. two coffees and two apple cakes with cream; you want to pay the bill separately.
b. one tea, one coffee, one pistachio ice, one cheesecake; you want to pay all together.
c. two Fantas, two Cokes; you want to pay all together.
d. one pot of coffee, one hot chocolate; you want to pay the bill separately.

12. Sieh dir den Text auf Seite 96 an und beantworte die Fragen!

a. Wie alt ist Martin?
b. Wie heißt seine Schwester?
c. Wer will ein T-Shirt kaufen?
d. Was will Ingrid machen?
e. Wer kauft nichts?
f. Was kostet 8 DM?
g. Wo bestellen sie Kaffee und Kuchen?

13. Sieh dir den Text auf Seite 97 an und beantworte folgende Fragen!

a. Wo sind die jungen Leute?
b. Was will Stefan in der Stadt machen?
c. Wohin will Karla gehen, um einen Tennisschläger zu kaufen?
d. Was macht Stefan auf der Post?
e. Was machen sie im Café?

14. Schreib folgende Uhrzeiten aus!

1.20 pm	6.30 pm	2.30 am	9.40 pm
3.15 pm	4.45 am	5.50 pm	8.26 am

B

15. Schreib vollständige Sätze!

Sie haben  bestellt.

Er hat bestellt.

Du hast bestellt.

Ich habe bestellt.

Wir haben bestellt.

16. Sieh dir den Text auf Seite 95 an und beantworte die Fragen!

(Your answers do not need to be complete sentences.)

a. Was haben Frau Melchior, Hannelore und Lutz gegessen?
b. Was haben sie getrunken?
c. Wieviel haben sie bezahlt?

Kapitel 11 — Wiederholung

1. Was kosten sie?

21.–

56.–

375.–

18.–

52.–

7.50

2.10

2. Was ist das?

3. Was sind das?

4. Woher kommen diese Briefmarken?

245

5. *What questions do you need to ask to find out how much it costs to send the following?*

6. In den Geschäften. Was möchten Sie, bitte?

A

ZWEITER TEIL (Seite 103)

7. *Look at the table below and then write mini-dialogues in which someone asks how to get somewhere. He/she is told which means of transport are available and which number bus, tram or tube goes in that direction.*

Sometimes there will be an alternative way of getting there. If this is the case, use entweder . . . oder *(either . . . or) in your answer.*

Zum Beispiel:
A: Wie fährt man am besten nach Dudweiler?
B: Entweder mit dem Bus, Linie 2 oder 12, oder mit der Straßenbahn, Linie 3.

	U-Bahn	Straßenbahn	Bus
Dudweiler		3	2, 12
Losheim			26
Hauptbahnhof	17		4
Emsweiler		26, 18	
Universität			13
Jugendherberge		18	
Krankenhaus	3		7

8. Fahr oder **fahren Sie!**

A group of people want to find out the best way to certain places in and about town: their names and destinations are given in the table at the bottom of this page. You have a plan of the public transport system, which is given below. Use the plan and the table to:

a. work out what questions these people would ask you;
b. answer their questions.

(You are on **Du** *terms with Klaus and Petra but on* **Sie** *terms with the others.)*

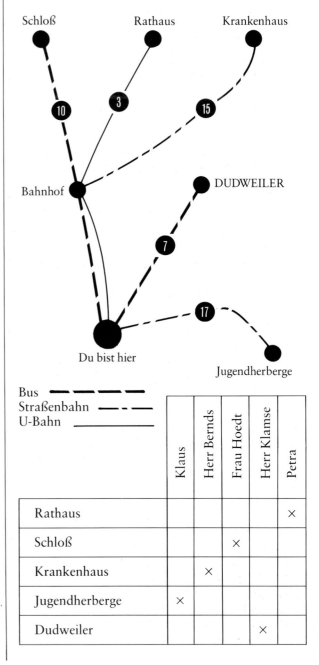

Bus ▬ ▬ ▬
Straßenbahn ▬ · ▬ · ▬
U-Bahn ▬▬▬▬▬

	Klaus	Herr Bernds	Frau Hoedt	Herr Klamse	Petra
Rathaus					×
Schloß			×		
Krankenhaus		×			
Jugendherberge	×				
Dudweiler				×	

246

9. **Zum** oder **zur**?
Ergänze!

a. Wie fährt man am besten . . . Universität?
b. Wie komme ich am besten . . . Flughafen?
c. Wann fährt der nächste Bus . . . Berliner Platz?
d. Wie komme ich am besten . . . Jugendherberge?
e. Wie fährt man . . . Hauptbahnhof?
f. Wann fährt der nächste Bus . . . Stadtmitte?
g. Und der nächste Bus . . . Dom?
h. Wie fährst du . . . Schule?
i. Und . . . Jugendklub?
j. Fährst du mit . . . Schwimmbad?

DRITTER TEIL (Seite 106)

10. Ergänze folgenden Text!
Choose the missing words from the box underneath the text.

Angela und Silke . . . heute in die Stadt . . . . Sie
nehmen die Linie 5. . . . Brücke. Im Bus entwerten
sie ihre Fahrkarten.
. . . Tilsiterplatz steigen sie . . . und laufen dann zu
Fuß zum Kaufhof, wo Angela einige Sachen
kaufen . . . .

will	am	an der	wollen	fahren	aus

VIERTER TEIL (Seite 108)

**11. Ergänze folgenden Dialog! Such dir passende
Wörter aus der Liste aus!**
Choose suitable words from the box.

A: . . . fahren Sie, bitte?
B: Nach Westend.
A: Ich möchte . . . Sporthalle. Kann ich dort . . . ?
B: Ja. Steigen Sie an . . . Baumgärtnerstraße aus.
   Dort haben Sie eine . . . . Dann sind's nur noch
   zwei Minuten zu Fuß. Ich sage . . . Bescheid.
A: Vielen Dank.

dem	wann	Ihnen	zur	aussteigen	der
zum	wohin	Haltestelle	sie	einsteigen	

B

12. Ergänze!
*Complete the following sentences using **am** or **an der**.*

a. Die Haltestelle ist . . . Bahnhof.
b. Die U-Bahnstation ist . . . Kennedyplatz.
c. Die Wurstbude ist . . . Ecke.
d. Die Trinkhalle ist . . . Post.
e. Die Post ist . . . Brücke.
f. Die Toiletten sind . . . Bahnhof.
g. Der Verkehrsamt ist . . . Rathaus.
h. Die Haltestelle ist . . . Domplatz.

13. Sieh dir Seiten 110 und 111 an!

Richtig oder falsch? Verbessere die folgenden Sätze!
Correct the following sentences.

a. Gerd ist mit seiner Schwester.
b. Er möchte eine Kassette kaufen.
c. Sein Bruder braucht Tennisbälle.
d. Er braucht sie für den Jugendklub.
e. Er braucht eine Schachtel.
f. Gerd nimmt zwei Zwanzigmarkscheine.
g. Die Baustelle ist am Rathaus.
h. Er kauft im Kaufhof ein.
i. Er findet Barbara im Café Denne.
j. Er bestellt einen Kaffee.
k. Barbara geht zum Jugendklub.

14. Präpositionen: in, auf oder **an**?

Zum Beispiel:

Lutz ist an der Haltestelle.

a. Wo ist die Verkäuferin?

b. Wo ist der Busfahrer?

c. Wo ist die Haltestelle?

d. Wo ist Paula?

e. Wo ist Karl?

f. Wo ist Manfred?

g. Wo ist Frau Friederichs?

h. Wo ist Bettina?

i. Wo ist Herr Heine?

15. **Zum** oder **zur?**

Wie fährt man am besten . . . ?

a. . . . Universität?
b. . . . Jugendherberge?
c. . . . Hauptfriedhof?
d. . . . Staatstheater?
e. . . . Flughafen?
f. . . . Hallenbad Schafbrücke?
g. . . . Stadion Kieselhumes?
h. . . . Fachhochschule?
i. . . . Modernen Galerie?
j. . . . Haus der Gesundheit?

Wir informieren Sie:

Hin zurück.

Schnell und pünktlich fahren Sie mit unseren Omnibussen

Schwimmbad Dudweiler — 36 38 39

Universität / Sporthochschule / Jugendherberge — 15 16 26

Schwarzenbergbad Stadion Kieselhumes — 17 18

Zoo — 10

Hallenbad Schafbrücke — 5

Saarländ. Rundfunk — 41

Stadion Ludwigspark / Saarlandhalle — 5 10 24

Linien ab City

Flughafen — 43

Hauptbahnhof und Wilh.-Heinrich Brücke

Haus der Gesundheit / Fachhochschule — 11 12 13 36 38 39

Stadtwerke Saarbrücken AG / Straßenbahn-Betriebshof — 11

Deutsch-Mühlenbad / Deutsch-Französischer Garten

Messegelände

Schwimmbad Fechingen — 1

Staatstheater / Moderne Galerie / Musikhochschule — 4 8 24

Hauptfriedhof — 16 15

Gesellschaft für Straßenbahnen im Saartal AG·Saarbrücken

Kannst du die Fragen auch beantworten?

---

1. Was wollen sie kaufen?

Bodo

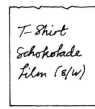

Kuli
Umschläge
Schallplatte

Angelika

3 Postkarten
Stadtplan
Briefmarke (4)

Gabi

T-Shirt
Schokolade
Film (s/w)

2. *These people can't agree where to go. Where does each one want to go? What is each one saying?*

3. Vollende die Dialoge!

a. „Was kostet ⬚ nach England, bitte?"

   „Sechzig . . . ."

   „Drei . . ., bitte."

b. „Drei . . . zu fünfzig Pfennig, bitte . . . .

   Danke. Was kostet ⬚SCHWEIZ ?"

   „Achtzig Pfennig."

   „Drei . . ., bitte."

   „Danke."

   „. . . ."

4. Wieviel Uhr ist es?

2.30 am   4.13 pm   19.50   5.45 pm   9.15 am

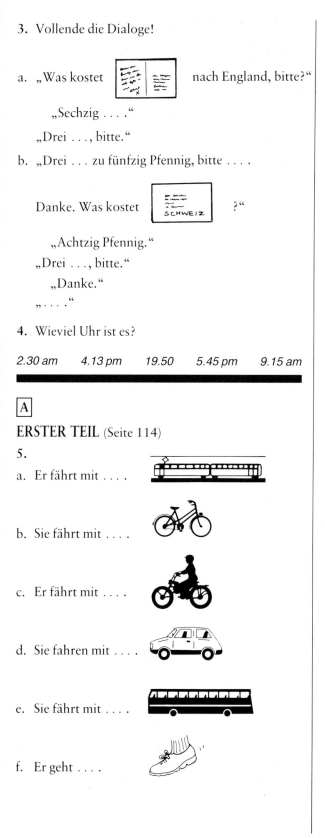

A

ERSTER TEIL (Seite 114)

5.

a. Er fährt mit . . . .

b. Sie fährt mit . . . .

c. Er fährt mit . . . .

d. Sie fahren mit . . . .

e. Sie fährt mit . . . .

f. Er geht . . . .

6. Wie kommen diese Leute zur Schule? Bilde Sätze!

Make up sentences.

Zum Beispiel:
Heike fährt ab und zu mit der Straßenbahn und nie mit dem Fahrrad.

Name	jeden Tag	ab und zu	nie
Dirk	🚗		
Heike		🚋	🚲
Jens		🚗	🚋
Lutz	🚲		
Maria		🚗	🚌
Tobias		👟	🚗

ZWEITER TEIL (Seite 116)

7. Wie kommen diese Leute zur Schule?

Zum Beispiel:
Fred

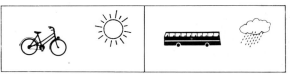

Wenn des Wetter schön ist, fährt er mit dem Fahrrad, aber wenn es regnet, fährt er mit dem Bus.

a. Theo

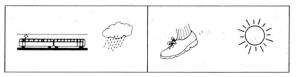

b. Monika

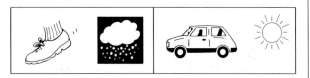

c. Franz

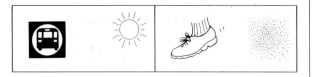

d. Norbert

e. Anne

DRITTER TEIL (Seite 119)

8. *What is the weather forecast?*

a.   b.   c.

d.   e.

f.   g.

B

9. Sieh dir Seiten 120 und 121 an! Beantworte!

a. (1) Was macht Werner?
   (2) Wo arbeitet er?
   (3) Wie fährt er in die Stadt?
   (4) Wie kommt er vom Rathaus zum Kaufhof?
   (5) Fährt er immer mit dem Bus?

b. (1) Was macht Dorothea?
   (2) Wo arbeitet sie?
   (3) Fährt sie immer mit dem Mofa?
   (4) Muß sie weit vom Stahlwerk aussteigen?

c. (1) Wohin fährt Dieter jeden Tag?
   (2) Wie fährt er zur Arbeit?
   (3) Fährt er immer alleine?
   (4) Warum hat er seine Arbeit gern?

d. (1) Wo spielt FC Saarbrücken heute?
   (2) Wie kommen sie zum Stadion?
   (3) Wie ist das Spiel?
   (4) Und das Wetter?
   (5) Wo diskutieren sie über das Spiel?

10. Ergänze folgende Sätze!

Zum Beispiel:
Wenn man Briefmarken kaufen will, ...
Wenn man Briefmarken kaufen will, geht man zur Post.

a. Wenn man in der Stadt etwas essen will, ...
b. Wenn man in der Stadt etwas trinken will, ...
c. Wenn man mit der Bahn fahren will, ...
d. Wenn man Geld wechseln (*to change*) will, ...
e. Wenn man eine Information haben will, ...
f. Wenn man schwimmen gehen will, ...
g. Wenn man Pommes Frites essen will, ...
h. Wenn man Reiseschecks wechseln will, ...
i. Wenn man eine Tasse Kaffee trinken will, ...
j. Wenn man einen Film sehen will, ...

11. Sieh dir den Stadtplan auf Seite 107 an und bilde Sätze!

Zum Beispiel:
Wenn man zum Schloß will, steigt man an der Post aus.

a. Wenn man zum Hallenbad will, ...
b. Wenn man zum Stadion will, ...
c. Wenn man zum Informationsbüro will, ...
d. Wenn man zur Jugendherberge will, ...
e. Wenn man zum Landtag will, ...
f. Wenn man zum Café Denne will, ...

12. Vervollständige folgende Sätze!
Complete the following sentences.

a. Wenn man 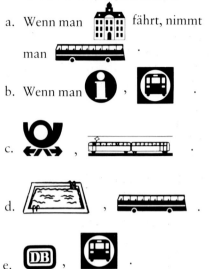 fährt, nimmt man ____ .

b. Wenn man ____ , ____ .

c. ____ , ____ .

d. ____ , ____ .

e. ____ , ____ .

13. Bilde Sätze!

Rearrange these words to make sentences.

a. Ich möchte / trinken / eine Tasse Kaffee.
b. entweder / mit der Bahn / Du kannst / fahren / oder / mit dem Bus.
c. willst du / Wie / fahren?
d. aussteigen / können / Wir / entweder / hier / oder am Informationsbüro.
e. Was / zum Trinken / möchtest du / bestellen?

14. Wortstellung
Word order

Stell die Satzteile zusammen!

*Join up phrases from the two columns to make sentences, starting each sentence with a phrase from the **second** column.*

Zum Beispiel:
Am Bahnhof kauft er eine Fahrkarte.

a. Sie haben Hunger.	an der Kasse
b. Sie essen eine Wurst.	im Café
c. Er bestellt zwei Tassen Kaffee.	am Bahnhof
d. Sie bezahlt 18 DM.	nach dem Schwimmen
e. Er kauft eine Fahrkarte.	jetzt
f. Er steigt aus dem Bus aus.	am Samstagvormittag
g. Sie gehen alle zusammen ins Café.	jeden Tag
h. Sie geht zum Volleyballverein.	nach der Schule
i. Sie bekommt einen neuen Plattenspieler.	an der Haltestelle
j. Sie kaufen ein.	zum Geburtstag

15. *Choose the most appropriate ending and write each sentence out in full.*

Karl will eine Kassette kaufen.

a. Er fährt
   (1) in die Stadt.
   (2) nach England.

b. Im Bus kauft er
   (1) einen Bleistift.
   (2) einen Fahrschein.
   (3) einen Entwerter.

c. Er steigt
   (1) im Bahnhof aus.
   (2) am Rathaus aus.
   (3) am Fluß aus.
   (4) nicht aus.

d. Er geht
   (1) zum Café.
   (2) zum Kaufhaus.
   (3) zum Stadion.
   (4) zur Post.

e. Er bezahlt
   (1) hundert Mark.
   (2) acht Mark.
   (3) neunundzwanzig Mark.

Dann hat er Durst.

f. Er geht
   (1) zum Schloß.
   (2) zum Café.
   (3) zur Wurstbude.

g. Er bestellt
   (1) ein Stück Kuchen.
   (2) ein gemischtes Eis.
   (3) eine Limonade.

h. Er bezahlt
   (1) acht Mark.
   (2) nicht.
   (3) eine Mark achtzig.

251

16. Ergänze!

Complete the sentences, using **zu**, **mit** *or* **aus** *with either* **der** *or* **dem**.

a. Er kommt aus . . . Haus.
b. Er ist mit . . . Mädchen.
c. Sie fährt zu . . . Bahnhof.
d. Sie kommen aus . . . Galerie.
e. Hannelore fährt . . . Zoo.
f. Er fährt mit . . . Rad in die Schule.
g. Karl kommt aus . . . Post mit . . . Briefmarke in der Hand.
h. Ueli kommt aus . . . Schweiz.

17. Setz die richtige Form von ‚ein' ein!

a. Manfred kauft . . . Fahrausweis.
b. Ursula kauft . . . Rückfahrkarte.
c. Hast du . . . Fahrschein?
d. Maria sucht . . . Haltestelle.
e. Ulrike sucht . . . U-Bahnstation.

Kapitel 13 — Wiederholung

1. *Can you write the sign to show what there is for sale at the* Wurstbude? *(Today there are three sorts of sausage, chips and rissoles.)*

2. Du bist an der Wurstbude. Beantworte die Frage!
„Was darf es sein?"

a. 1 ×  + S

b. 2 × + M

c. 1 ×

3. Was essen sie gern und was essen sie besonders gern? Was trinken sie gern und was trinken sie besonders gern?

Bianca

Tania

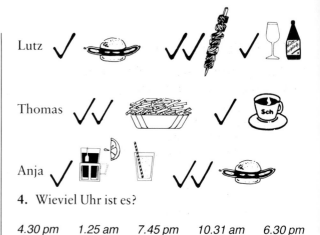

Lutz

Thomas

Anja

4. Wieviel Uhr ist es?

4.30 pm   1.25 am   7.45 pm   10.31 am   6.30 pm

A

ZWEITER TEIL (Seite 127)

5. Schreib aus!

Zum Beispiel:
10.20 = zehn Uhr zwanzig

a. 11.20   f. 11.17
b. 14.30   g. 21.19
c. 17.45   h. 23.11
d. 21.10   i. 18.05
e. 03.02   j. 19.17

6. Ergänze! An oder **ab**?

a. Wann kommt der Zug in München . . . ?
b. Wo fährt der Zug nach Goslar . . . ?
c. Kommt der Zug aus München auf Gleis 4 . . . ?
d. Der Zug nach Essen fährt auf Gleis 6 . . . .
e. Vorsicht! Der Zug auf Gleis 4 in Richtung Goslar fährt gleich . . . !

7. Sieh dir den folgenden Fahrplan an und bilde Sätze!
Make up sentences using the timetable below.

Zum Beispiel:
Der Zug nach Essen fährt um 4.09 auf Gleis 4 ab.

Ab	Gleis	Reiseziel
04.09	4	Essen
09.10	6	München
09.30	2	Frankfurt
10.17	1	Bonn
11.05	3	Bremen

DRITTER TEIL (Seite 129)

8. Wie sagt man? (Zwei Möglichkeiten)

Give two ways of saying the following.

a. *A single ticket to* Hamburg
b. *A return ticket to* Hamburg
c. *Two single tickets to* Bonn
d. *Three return tickets to* Kaiserslautern

VIERTER TEIL (Seite 131)

9. Wann fahren diese Züge?

(Sieh dir Seite 132 Übung 5 an!)

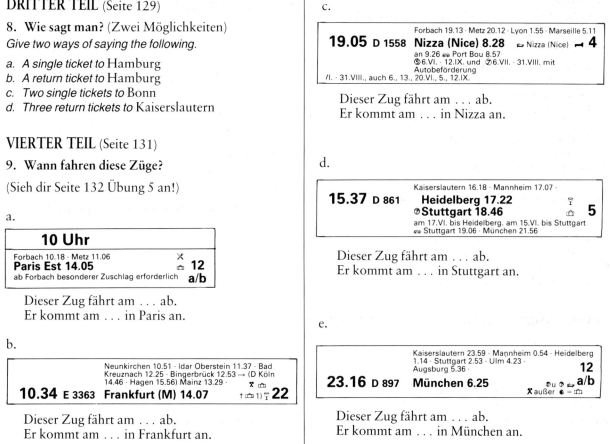

a.

| 10 Uhr |
| Forbach 10.18 · Metz 11.06 |
| **Paris Est 14.05** |
| ab Forbach besonderer Zuschlag erforderlich |

Dieser Zug fährt am . . . ab.
Er kommt am . . . in Paris an.

b.

Neunkirchen 10.51 · Idar Oberstein 11.37 · Bad Kreuznach 12.25 · Bingerbrück 12.53 → (D Köln 14.46 · Hagen 15.56) Mainz 13.29 ·
10.34 E 3363 **Frankfurt (M) 14.07**

Dieser Zug fährt am . . . ab.
Er kommt am . . . in Frankfurt an.

c.

Forbach 19.13 · Metz 20.12 · Lyon 1.55 · Marseille 5.11
19.05 D 1558 **Nizza (Nice) 8.28** Nizza (Nice) **4**
an 9.26 Port Bou 8.57
⑤6.VI. - 12.IX. und ⑦6.VII. - 31.VIII. mit Autobeförderung
/I. · 31.VIII., auch 6., 13., 20.VI., 5., 12.IX.

Dieser Zug fährt am . . . ab.
Er kommt am . . . in Nizza an.

d.

Kaiserslautern 16.18 · Mannheim 17.07 ·
15.37 D 861 **Heidelberg 17.22**
⑦**Stuttgart 18.46** **5**
am 17.VI. bis Heidelberg. am 15.VI. bis Stuttgart
Stuttgart 19.06 · München 21.56

Dieser Zug fährt am . . . ab.
Er kommt am . . . in Stuttgart an.

e.

Kaiserslautern 23.59 · Mannheim 0.54 · Heidelberg 1.14 · Stuttgart 2.53 · Ulm 4.23 · Augsburg 5.36 · **12**
23.16 D 897 **München 6.25** **a/b**
außer =

Dieser Zug fährt am . . . ab.
Er kommt am . . . in München an.

FÜNFTER TEIL (Seite 133)

10. Bilde Sätze!

Zum Beispiel:
Helga fährt am Montagnachmittag nach Köln.

Reisende	Montag			Dienstag			Mittwoch		
	V	N	A	V	N	A	V	N	A
Helga		Köln		Essen					Hamm
Horst		Hamburg			Osnabrück				Hannover
Manfred	Basel			Luzern				Genf	
Ulrike und Thomas					Bonn				

V = Vormittag N = Nachmittag A = Abend

11. Trennbare Verben. Bilde Sätze!

Zum Beispiel:
Der Zug fährt um 12.00 Uhr ab.

a. Der Zug fährt um 12.00 Uhr
b. Martina sieht gern
c. Helga steigt am Bahnhof
d. Der Zug kommt um 3.00 Uhr
e. Schreib das bitte
f. Mach das Fenster
g. Wir steigen in Bremen
h. Ich höre
i. Das Café macht um 19.00 Uhr
j. Das Geschäft macht um 9.00 Uhr

| auf | an | fern | auf | ab | zu | um | aus | auf | zu |

B

12. Sieh dir den Plan oben rechts an. Dieter will nach Bremen fahren. Wann kommt er an?

Wenn er mit dem Zug um 07.30 fährt, kommt er um 9.30 in Bremen an.
Und **wenn** er mit dem Zug um 8.00 Uhr fährt, ...

Schreib diesen Satz zu Ende und bilde drei weitere Sätze!
Finish this sentence and make up three more like it.

Abfahrt	Reiseziel	Ankunft
7.30	Bremen	9.30
8.00	Bremen	10.00
8.10	Bremen	10.10
8.50	Bremen	10.50
9.10	Bremen	11.10

13. Bilde Sätze! Was machen diese Leute morgen?

Zum Beispiel:
Florian: am Vormittag macht er nichts, ...

Name	9.00–12.00	12.00–18.00	18.00–22.00
Florian	nichts	Tennis	fernsehen
Sylvia	Schule	lesen	Kino
Heidrun	arbeiten	arbeiten	Jugendklub

14. Was machen diese Leute am kommenden Wochenende?

Beantworte die Fragen!

Zum Beispiel:
Wann spielt Gudrun Tennis?
Am Samstagnachmittag.

a. Wann sieht Ulrike fern?
b. Wann geht Frank schwimmen?
c. Wann geht Gudrun zum Jugendklub?
d. Wann geht Olaf ins Kino?
e. Wann geht Gudrun tanzen?
f. Wann spielt Frank Schach?
g. Wann geht Ulrike spazieren?
h. Wann geht Frank in die Disco?
i. Wann arbeitet Ulrike im Café?
j. Wann geht Olaf segeln?

Name	Samstag			Sonntag		
	Vormittag	Nachmittag	Abend	Vormittag	Nachmittag	Abend
Olaf	arbeiten	nichts	Kino	Kirche	segeln gehen	fernsehen
Gudrun	nichts	Tennis	Jugendklub	Tennis	lesen	tanzen gehen
Ulrike	im Café arbeiten	einkaufen gehen	fernsehen	nichts	spazierengehen	Kino
Frank	einkaufen gehen	schwimmen gehen	Schach spielen	lesen	Fußball spielen	Disco

15. Trennbare Verben. Bilde Sätze!

Zum Beispiel:
Klaus / Marburg / ankommen.
Klaus kommt in Marburg an.

a. Der nächste Zug / durchfahren.
b. Franz / Rathaus / aussteigen.
c. Helmut / Arnsberg / umsteigen.
d. Peter / bei gutem Wetter / gern / radfahren.
e. Michael / 17.30 / auf Gleis 6 / abfahren.

16. Bilde Sätze!

Zum Beispiel:
Man bekommt eine Auskunft im Informationsbüro.

Man bekommt	eine Auskunft Getränke Fahrkarten Geld Briefmarken Schaschlik Mehrfahrtenkarten Theaterkarten	an einer Wurstbude auf der Bank auf der Post am Bahnhof am Verkehrsbüro in einem Café an der Vorverkaufstelle am Automaten

17. Fahrplan: Hamburg — Passau.

Look at the timetable carefully and then answer the questions below.

a. How much is a second class ticket from Hamburg to Passau?
b. How much is a return ticket from Hamburg to Passau?
c. How much is the supplement you have to pay on the Inter-City?
d. How many main line stations are there in Hamburg? What are they called?
e. Which morning train/trains from Hamburg to Passau are direct?
f. Which platform does the IC 183 leave from at Hamburg-Altona?
g. You are at Hamburg-Harburg and want to catch the IC 183. Which platform must you go to?
h. You want to catch the D 499 from Hamburg Hbf. You are on platform 12. Is this the right platform for this train?
i. Which morning train doesn't have a restaurant car?
j. On which day of the week can you not catch the IC 179?

Fahrplan gültig vom 31. Mai bis 26. September 1989

von Hamburg nach **Passau**   864 km

Fahrpreise (Tarifstand 1. Mai 1989)
1. Klasse einfache Fahrt 192,—DM, Rückfahrkarte 384,—DM
2. Klasse einfache Fahrt 128,—DM, Rückfahrkarte 256,—DM
Zuschlag für (TEE) 10,—DM, für I⊏ 10,—DM (1. Klasse)
und 5,—DM (2. Klasse)

Zug	Hamburg-Altona ab	Gleis	Hamburg-Hbf ab	Gleis	Hamburg-Harburg ab	Gleis	Passau Hbf an	Bemerkungen
D 371	—	—	6.00	11	6.13	4	15.24	⊠; U Hannover in I⊏ ⊠ ⊕ 2. Klasse Passau—Wien; (1. Klasse U auch in Nürnberg)
I⊏ 599	{6.29	9	{6.45	13	—	—	{15.24	Ludwig Uhland ⊠; U Hannover I⊏ ⊕ 2. Klasse (1. Klasse U auch in Nürnberg); verk ① bis ⑥, nicht 8. VI.
D 785	7.34	9	7.50	14	8.06	4	18.03	⊺
I⊏ 585	8.16	8	8.30	14	8.44	4	18.03	Ernst Barlach ⊠; U Würzburg ⊺
I⊏ 175	8.29	9	8.45	13	—	—	18.03	Otto Hahn ⊠; U Göttingen D ⊺
I⊏ 183	9.16	9	9.30	13	9.45	4	18.12	Prinz Eugen ⊠
I⊏ 177	9.31	11	9.45	14	—	—	18.12	Hispania ⊠; U Hannover I⊏
I⊏ 179	{12.31	8	{12.45	13	—	—	{21.46	Helvetia ⊠; U Hannover I⊏ u Nürnberg; verk täglich außer ⑥
I⊏ 691	{13.31	9	{13.45	13	—	—	{22.49	Hohenstaufen ⊠; verk täglich außer ⑥, nicht 7. VI.; U Hannover I⊏ u Würzburg
I⊏ 693	{16.30	9	{16.45	13	—	—	{2.35	Konsul ⊠; U Fulda u Würzburg; verk täglich außer ⑥⑦, nicht 7./8. VI.
D 499	19.39	9	19.55	13	20.11	4	5.43	◄— ⊷
D 299	23.09	11	23.30	13	23.42	4	9.53	⊷, ◄— bis Würzburg, ⊷ bis Regensburg, ⊺ ab Würzburg

Zeichenerklärung:
(TEE) = Trans-Europ-Express, nur 1. Klasse
I⊏ = Intercity-Zug, 1. und 2. Klasse
D = Schnellzug
⊖ = Kurswagen
⊷ = Schlafwagen
◄— = Liegewagen
⊠ = Zugrestaurant
⊠ = Quick-Pick-Zugrestaurant
⊺ = Speisen und Getränke im Zug erhältlich
{ = verkehrt nicht täglich oder nur während eines bestimmten Zeitabschnittes
⊠ = an Werktagen
† = an Sonntagen und allgemeinen Feiertagen
① = Montag
⑤ = Freitag
⑥ = Sonnabend
U = umsteigen

18. Setz die richtige Form des bestimmten Artikels (der, die, das) ein!
Write in the correct form of the definite article.

a. Hast du ... T-Shirt?
b. Er kauft ... Kassette nicht.
c. Siehst du ... Schallplatte da?
d. Hast du ... Notizbuch?
e. Er will ... Füller dort kaufen.

19. Wo sind diese Leute?

a. Wo ist Kirsten?

b. Wo ist Jochen?

c. Wo ist Eva?

d. Wo ist Marietta?

e. Wo ist Lutz?

f. Wo ist Martina?

g. Wo ist Mark?

h. Wo ist Heidrun?

Kapitel 14 — Wiederholung

1. Was bestellt man? Wie stellt man die Frage?

a.

b.

c.

d.

e.

2. *You are with a friend. How do you ask him/her:*

a. *if he/she is hungry*
b. *if he/she is thirsty*
c. *if he/she would like something to eat*
d. *if he/she would like something to drink?*

3. *You are feeling generous! What would you say in order to offer these things to your friends?*

Käsekuchen?

Pflaumenkuchen?

4. *This person would like you to help him/her with the bill. Can you interpret?*

"Could you call the waiter, please, and tell him we had an Apfelstrudel, *a piece of cheesecake, a pot of coffee and a glass of tea. I'll pay for it all together, I think.*"

ERSTER TEIL (Seite 140)

5. Wichtige Termine für den Kalender! Schreib aus!

Write out these important dates for your diary in full.

Zum Beispiel:
Wann hat Erich Geburtstag? (2.2.)

Am zweiten Februar.

a. Wann hat Birgit Geburtstag? (4.3.)
b. Wann beginnen die Sommerferien? (6.7.)
c. Wann beginnen die Osterferien? (5.4.)
d. Wann ist Pfingsten? (1.6.)
e. Wann ist Aschermittwoch? (22.2.)
f. Wann ist Sylvester? (31.12.)
g. Wann ist Heiligabend? (24.12.)
h. Wann hast du Geburtstag?

6. Wie beantwortet man diese Frage?

Den wievielten haben wir heute?

Zum Beispiel:
Den wievielten haben wir heute? (4.7.)

Wir haben den vierten Juli.

a. Den wievielten haben wir heute? (17.9.)
b. Den wievielten haben wir heute? (3.3.)
c. Den wievielten haben wir heute? (27.5.)

ZWEITER TEIL (Seite 141)

7. Was haben diese Leute vor?

Zum Beispiel:

Jens

Jens hat vor, schwimmen zu gehen.

a. Martina

b. Hannelore

c. Hans-Peter

d. Verena  **STADTMITTE**

e. Tobias

8. Lies dir folgenden Brief durch!

> 1st August.
>
> Dear Mum and Dad,
> How are you? It must be very quiet now I'm gone! I've been having a really good time at Stefan's. Did you get my postcards? Save the stamps for me. I'm going to Bamberg on the 24th and staying there for three days and then having two more days in Ulm after that. You remember Peter? I'm going with him and his sister. I must get on and write to the Youth Hostel and make the booking. Must close now. Excuse the scrawl.
> Love,
> John

a. Write the letter John sends to the youth hostel in Bamberg to make the booking.
b. Write the letter he sends to the youth hostel in Ulm to make the booking.

9. Ergänze diese Briefe!

a.

> Leicester, ... 4. März
>
> ... Herr Bernds,
>
> ich habe ..., im Sommer nach Deutschland zu .... Wir hoffen, am 10. Juli in Köln ... und möchten in der Jugendherberge .... Haben Sie am 10. und am 11. Juli Platz ... ? Wir ... ein Mädchen und zwei Jungen.
>
> Ich danke ... im voraus.
> Mit bestem ...
>
> John Richards

b.

> Colchester, . . . 3. Februar
>
> . . . Herbergsvater,
>
> ich habe vor, . . . Mai mit . . . Bruder nach
> Deutschland zu fahren. Wir kommen . . . 6. Mai
> in Homburg an und fahren . . . 8. Mai ab. Bitte
> reservieren Sie zwei Plätze für . . . drei Nächte
> . . . 6. bis . . . 8. Mai.
>
> > Ihr
> >
> > Trevor Bee

DRITTER TEIL (Seite 145)

10. Wann haben diese Leute geschrieben?

*How many days, weeks or months earlier did these
people write?*

Zum Beispiel:

Ich . . . | 3T | . . . .

Ich habe vor drei Tagen geschrieben.

a. Ulrich . . . | 1W | . . . .

b. Marianne . . . | 2M | . . . .

c. Uwe . . . | 3T | . . . .

d. Peter und Elvira . . . | 3M | . . . .

e. Ich . . . | 10T | . . . .

SECHSTER TEIL (Seite 153)

11. In der Jugendherberge. Wie heißen diese Zimmer?

Give the names of these rooms.

a.

b.

c.

d.

e.

f.

g.

h.

B

12. Ergänze!

a. Das ist m . . . Bruder.
b. Das ist i . . . Schwester.
c. Du hast m . . . Kuli!
d. Sie hat m . . . Heft!
e. Das ist m . . . Fahrrad.
f. Ich fahre mit m . . . Schwester.
g. Er fährt mit s . . . Freund.
h. Kannst du m . . . Tasche sehen?
i. Hast du s . . . Hund gesehen?
j. Hast du i . . . Wohnung gesehen?

13. Vervollständige folgende Sätze!

Zum Beispiel:
Nach . . . Mittagessen trinken wir Kaffee.

Nach **dem** Mittagessen trinken wir Kaffee.

a. Nach . . . Hauptreisezeit ist der Urlaub billiger.
b. Vor . . . Abendessen sehen wir immer fern.
c. Nach . . . Schwimmen haben wir meistens
   Hunger.
d. Vor . . . Abfahrt muß man die Türe schließen.
e. Nach . . . Wochenende muß man wieder in die
   Schule.
f. Nach . . . Film gehen sie zur Wurstbude.
g. Vor . . . Reise gehen die Passagiere an Bord.
h. Nach . . . Frühstück fahren wir ab.

14. Vervollständige die Sätze!

Was macht man in den verschiedenen Räumen der Jugendherberge?

a. Der Herbergsvater arbeitet . . . .
b. Man sieht . . . fern.
c. Man spielt Tischtennis . . . .
d. Man nimmt die Mahlzeiten . . . .
e. Man kocht . . . .
f. Man schläft . . . .

15. Wortstellung

Start your answer with the underlined words.

Zum Beispiel:
Wann war er in Urlaub? – <u>im Mai?</u>
Ja. Im Mai war er in Urlaub.

a. Wie fährt er <u>meistens</u>? – mit dem Rad?
b. Wann hat er ihn gekauft? – <u>gestern?</u>
c. Wann fährt sie nach England? – <u>im August?</u>
d. Kommt Günther <u>meistens</u> zu spät?
e. Spielt sie <u>jeden Tag</u> Tennis?
f. Wie oft geht er schwimmen? – <u>einmal die Woche?</u>
g. Fährt sie <u>immer</u> mit dem Bus?

16. Bilde Sätze!

Write sentences, using each verb in the second column once.

Zum Beispiel:
Wir möchten am 30. August ankommen.
oder
Wir haben vor, am 30. August anzukommen.

Ich	können müssen wollen	am 30. August ankommen.
Wir Doris	hoffen, versuchen, vorhaben,	am 30. August anzukommen.

17. Mit oder ohne ‚zu‘?

a. Ich hoffe, im Mai (ankommen).
b. Ich möchte nach Bonn (fahren).
c. Wir müssen einen Brief an den Herbergsvater (schreiben).
d. Wann hast du vor, nach Deutschland (fahren)?
e. Mein Bruder will im nächsten Monat nach Wien (fahren).
f. Ich hoffe, einen Platz (reservieren).
g. Könnt ihr den Herbergsvater (anrufen)?
h. Versuche, den Herbergsvater (anrufen)!
i. Kannst du eine Briefmarke für mich (kaufen)?

18. Setz ins Plural!

a. Schlafsack
b. Platz
c. Nacht
d. Ausweis
e. Fahrplan
f. Umschlag
g. Briefmarke
h. Zeitschrift
i. Buch
j. Mahlzeit

Kapitel 15 — Wiederholung

1. Kannst du den Dialog vollenden?
„Herr . . . ! . . ., bitte.“
   „Das war?“
„ . . . Tee mit Zitrone, ein . . . Kaffee, und zwei . . . Käsekuchen.“
   „Geht das zusammen oder . . . ?“
„ . . ., bitte.“
   „Acht Mark vierzig.“

2. Wie ist die Frage und wie ist die Antwort?

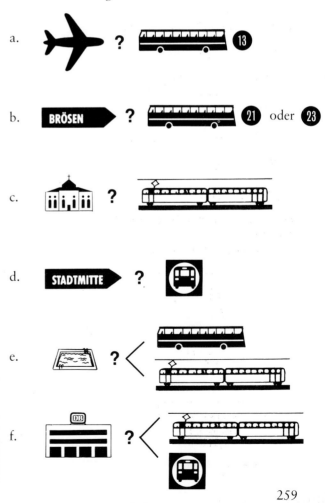

259

3. Wo ist die Haltestelle?

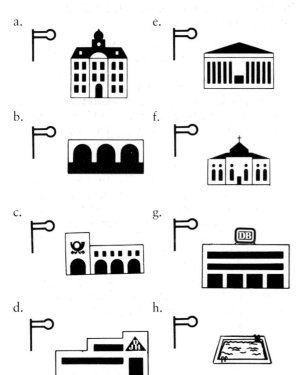

a.

b.

c.

d.

e.

f.

g.

h.

4. How would you ask the driver if he goes to these places and if you can get out there?

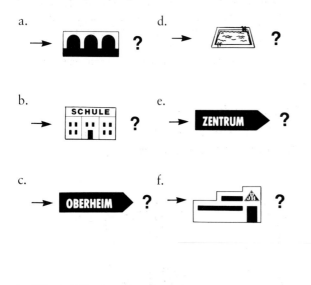

a.

b.

c.

d.

e.

f.

5. Wieviel Uhr ist es?

5.27 pm   9.10 am   3.25 pm   2.30 am   1.45 am

A

ERSTER TEIL (Seite 158)

6. Verbessere die Sätze!

Look at the letters and postcards on pages 158–159 and correct the following sentences, where necessary.

a. Chrissens Postkarte

(1) Er schreibt an den Herbergsvater.
(2) Er kommt am Sonntag an.
(3) Er fährt nach Mainz über Forbach.
(4) Er hat zwei Koffer.
(5) Er hat diese Postkarte am 21. Juli geschrieben.

b. Claudias Postkarte

(1) Sie schreibt an ihren Freund Chris.
(2) Sie hat seinen Brief bekommen.
(3) Ihre Familie kann ihn nicht abholen.

c. Sallys Postkarte

(1) Sie kommt in der Woche an.
(2) Sie kommt am Vormittag an.
(3) Sally hat den Brief geschrieben.
(4) Reinhardt wohnt in der Schweiz.

d. Val und Ralphs Brief

(1) Val und Ralph wohnen in Nordwestengland.
(2) Sie haben vor, am Nachmittag anzukommen.
(3) Der Zug fährt durch.
(4) Das Wetter in England ist nicht schlecht.
(5) Brigitte ist oft mit Ben spazierengegangen.
(6) Val und Ralph fahren im April nach Deutschland.

e. Malcolms Brief

(1) Malcolm schreibt an die Familie Schneider.
(2) Er fährt mit dem Auto nach Deutschland.
(3) Er hat vor, im Herbst nach Deutschland zu fahren.
(4) Er hat vor, in Deutschland eine Universität zu besuchen.
(5) Die Vorwahl für Geldern ist 051.

7. Vervollständige den folgenden Brief!

Complete this letter, choosing words from the table underneath.

> 14, Chestnut Drive,
> Bexleyheath,
> Kent.
> den 3. April
>
> Lieber Christoph,
>
> weißt Du wann ich . . . ? Morgens . . . 06.21!
> Ich . . . in Mönchengladbach um und muß
> dort eine halbe Stunde . . . . Kommst Du . . .
> abholen?
>
> Ich freue mich sehr auf die . . . . Ich bringe . . .
> Tennisschläger mit. . . . das Wetter gut ist,
> können wir vielleicht Tennis spielen.
>
> Bis bald!
> Es grüßt Dich
> . . . Peter.

> komme   mich   ankomme   wenn   wann
> abfahre   um   Ferien   warten   meinen
> Dein   Urlaub   mir   steige

ZWEITER TEIL (Seite 162)

8. Setz die richtige Form von letzt- oder jede- ein!

Complete these sentences by using a form of letzt- or jede-, as appropriate.

a. „Im Januar war ich in der Schweiz.“
  „War das . . . Jahr?“

b. Ich trinke . . . Abend Tee.

c. „Im August war ich in Mallorca.“
  „War das . . . Sommer?“

d. Ich fahre . . . Tag in die Stadt.

e. Wo warst du . . . Woche, Dienstag?

f. . . . Sommer waren wir in England.

g. . . . Winter fahren wir in die Schweiz.

h. . . . Herbst haben wir Urlaub in Bayern gemacht.

i. . . . Vormittag mache ich eine Stunde Training.

j. . . . Frühling war ich im Krankenhaus.

9. Kannst du eine Skizze machen?

Read these passages and draw a sketch of the photograph described in each.

a. Gary spricht und zeigt ein Foto.
  „Das ist mein Vater. Siehst du? Er spielt Fußball mit meiner Schwester, Sarah. Das war im Südwesten – es war ein sehr schöner Campingplatz. Das ist unser Zelt auf der rechten Seite. Siehst du Mutti drin? Unser Hund ist auch da irgendwo – er ist ganz klein. Da ist er oben links.“

b. Linda zeigt ein Foto.
  „Das ist die ganze Familie. Wir sind bei diesem Wetter spazierengegangen! Das war ganz dumm – siehst du den Regen? Das ist mein Bruder mit dem langen Anorak. Er war Vatis Anorak und viel zu groß für Thomas, aber der hatte keinen. Das ist Mick – ein Labrador.“
    „Und die hier?“
  „Das sind meine Eltern mit dem Opa. Er geht gern spazieren. Ich habe keine Oma. Sie ist gestorben. Vor vier oder fünf Jahren.“

c. Michael spricht.
  „Da bin ich.“
    „Wo war das?“
  „Ich weiß nicht . . . wo war das? Ja. Das muß Titchworth sein. Wir sitzen im Gras in der Nähe der alten Kirche da. Siehst du?“
    „Und wer ist das?“
  „Also. Rechts das ist Peter, mein Freund, und dann kommt Sally – sie ist Peters Schwester – dann komme ich und dann Andrew, und dann auf der linken Seite sitzt meine Freundin.“
    „Das Wetter war schön, nicht wahr?“
  „Ja. Es war sehr warm. Wie du siehst, essen wir alle Eis.“

DRITTER TEIL (Seite 167)

10. Sieh dir Seite 167 an! Was fragt man?

What questions are these people asking?

a.

b.

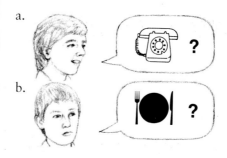

c.

d.

e.

f.

g.

VIERTER TEIL (Seite 171)

11. Verbessere folgende Sätze!

*Look at pages 171 and 172 and correct the following
sentences, where necessary.*

a. Lucy

(1) Lucy ist über Calais gefahren.
(2) Sie hat das Luftkissenboot genommen.
(3) Die Überfahrt war stürmisch.

b. Kevin

(1) Kevin ist mit der Fähre gefahren.
(2) Er ist über Hoek van Holland gefahren.
(3) Er ist mit dem Flugzeug weitergeflogen.
(4) Die Reise war nicht besonders gut.

c. Jill

(1) Die Reise war sehr gut.
(2) Sie ist mit der Bahn nach Frankfurt gefahren.
(3) Sie ist um zehn Uhr angekommen.

d. Andy

(1) Die Reise war sehr schlecht.
(2) Er hat im Zug übernachtet.
(3) Er hat die Reise mit dem Bus gemacht.

12. Ergänze!

a. (1) Ulrich . . . mit dem Wagen gefahren.
   (2) Annette . . . München um 12 Uhr verlassen.
   (3) Martina . . . im Zug geschlafen.
   (4) Frank . . . zweimal umgestiegen.
   (5) Heike und Ute . . . die Fähre genommen.
   (6) Norbert und Bodo . . . um drei Uhr
       angekommen.

b. (1) Kurt ist heute morgen um 3 Uhr (abfahren).
   (2) Erika ist nach England (fliegen).
   (3) Wo hast du unterwegs (übernachten)?
   (4) Welches Buch hast du im Zug (lesen)?
   (5) Hast du eine gute Reise (haben)?
   (6) Wie hast du die Überfahrt (machen)?

B

13. Lies folgenden Brief!

den 24. Juli

Liebe Andrea,
wir sind gestern zurückgekommen.
Südfrankreich war sehr schön. Sonne, Sonne,
Sonne und kein Tröpfchen Regen! Wir haben
nichts Besonderes gemacht: natürlich nach
Avignon, Arles, usw. gefahren — sehr
interessant, aber jeden Tag sind wir
geschwommen — das Wasser war sooo warm!
Ulrike hat viel gesegelt. Wir haben alle zu viel
gegessen! Nächstes Jahr fahren wir
wahrscheinlich wieder dahin.

Ich melde mich in den nächsten Tagen.

Bis dann

Deine Ulrike.

*Imagine that you met Ulrike without seeing her letter.
What would she be able to tell you about her family
holiday in answer to your questions?*

a. Du: Wann hast du dieses Jahr Urlaub gemacht?
   Ulrike: . . . .

b. Du: Wo warst du denn?
   Ulrike: . . . .

c. Du: Das kenne ich gar nicht. Wie war es?
   Ulrike: . . . .

d. Du: Und das Wetter war auch schön?
   Ulrike: . . . .

e. Du: Ich möchte auch dahin. Vielleicht nächstes
       Jahr. Was ist da zu machen?
   Ulrike: . . . .

14. *Give the past participles.*

Zum Beispiel:
Ich habe (schreiben).
Ich habe geschrieben.

a. Er hat einen Brief nach England (schicken).
b. Sie haben zwei Betten (reservieren).
c. Hast du meinen Brief (bekommen)?
d. Er ist nach Frankfurt (fliegen).
e. Sie ist mit dem Auto (kommen).
f. Sie haben das Luftkissenboot (nehmen).
g. Ich habe sehr gut (schlafen).
h. Ich habe auch eine sehr interessante Zeitschrift (lesen).
i. Bist du über Calais oder Ostende (fahren)?
j. Was hast du während der Überfahrt (machen)?

15. Was haben sie alle gemacht?

a. Hier sind einige Rechnungen: was haben sie gegessen oder getrunken?

Peter   Heidrun   Heike

b. Und was haben diese Leute gekauft?

Frau Bauer   Martin

c. Und wieviel haben sie bezahlt?

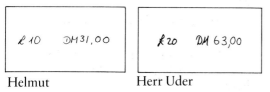

Erich   Herr Thiel

d. Und wieviel Geld haben sie bekommen?

| £ 10 | DM 31,00 |
| £ 20 | DM 63,00 |

Helmut   Herr Uder

16. Vervollständige den folgenden Text!

Ulrich … heute Nachmittag in Regensburg angekommen. Seine Freunde haben ihn mit dem Wagen … Bahnhof abgeholt, und sie … nach Hause gefahren. … Hause hat er zuerst eine Tasse Tee … , und dann ist er auf sein … gegangen, wo er … Koffer ausgepackt hat. Er … sich noch vor dem Abendessen geduscht. Nach seinem ersten langen … in Deutschland ist er früh ins … gegangen.

| seinen | am | getrunken | Tag | ist | hat | sind |
| zu | Zimmer | Bett | | | | |

17. *Write a postcard to a friend in Germany, saying when you are arriving and how much you are looking forward to your stay.*
Don't forget to sign off. (You will find some ideas to help you on pages 158–159.)

18. Ergänze!

Zum Beispiel:
Das ist ein Geschenk für … Vater.

Das ist ein Geschenk für meinen Vater.

a. Das ist ein Geschenk für … Opa.
b. Das ist ein Geschenk für … Onkel.
c. Das ist ein Geschenk für … Schwester.
d. Das ist ein Geschenk für … Freund.
e. Das ist ein Geschenk für … Eltern.

19. Ergänze!

Zum Beispiel:

Da bin ich mit meiner Schwester.

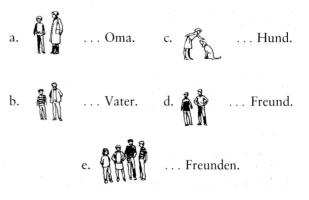

a.   … Oma.   c.   … Hund.

b.   … Vater.   d.   … Freund.

e.   … Freunden.

20. Setz das richtige Pronomen (ihn, sie, es) ein!

a. Hast du mein Buch? Ja. Ich habe . . . hier.
b. Hast du mein Lineal? Nein. Ich habe . . . nicht.
c. Hast du meine Tasche? Ja. . . . . . .
d. Hast du meinen Radiergummi? Nein. . . . .
e. Hast du mein Heft? Nein. . . . .
f. Hast du meinen Bleistift? Ja. . . . .
g. Hast du meinen Kuli? Ja. . . . .
h. Hast du mein Fahrrad? Nein. . . . .
i. Hast du meine Postkarte? Ja. . . . .
j. Hast du meine Telefonnummer? Nein. . . . .

Kapitel 16 — Wiederholung

1. Wie fahre ich . . . ? Sie können . . . .

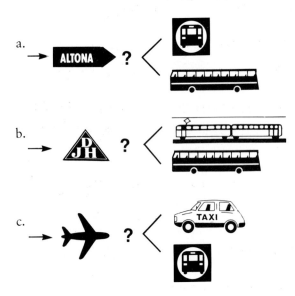

2. Kannst du hier Sätze schreiben, die mit ‚wenn' beginnen?
Vorsicht! Gehen oder fahren?

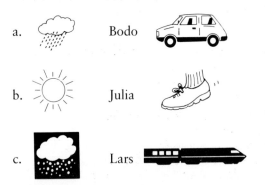

a. Bodo
b. Julia
c. Lars

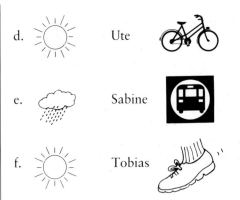

d. Ute
e. Sabine
f. Tobias

3. Das Wetter für morgen.

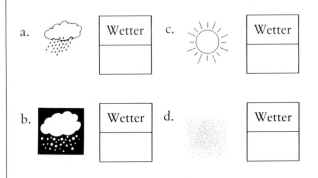

a. | Wetter |
c. | Wetter |
b. | Wetter |
d. | Wetter |

4. Füll die Wetterkarte aus! Du brauchst zwei Wetterkarten.
Wie ist das Wetter heute?
(Für die Symbole sieh dir Seite 119 an!)

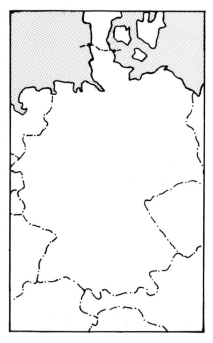

a. Im Norden beträgt die Temperatur 18°, im Süden 20°, im Westen 21°, und in der Mitte 17°. Es gibt Regen im Norden und in der Mitte. Schauer im Westen und Sonne im Süden.
Der Wind kommt von Nordwesten im Norden und in der Mitte und von Westen im Westen und im Süden.

b. Die Temperatur beträgt überall 8°. Schneeschauer im Süden und in der Mitte. Sonnig im Norden und im Westen. Wind kommt von Osten in der Mitte und im Norden, von Südosten im Süden und im Westen.

5. Mit der Bahn fahren.

a. Du möchtest nach Hamburg fahren. Du brauchst folgendes zu wissen:
Abfahrtszeit
Ankunftszeit
Gleis.
Was sagst du?

b. Was sagst du am Schalter?
(1) Du brauchst eine einfache Karte für eine Person nach Mainz.
(2) Du brauchst eine Rückfahrkarte für zwei Personen nach Bonn.
(3) Du brauchst zwei einfache Karten nach Berlin.

A

ERSTER TEIL (Seite 182)

6. Ergänze!

a. Zum Frühstück esse ich . . . .
b. Zum Mittagessen esse ich . . . .
c. Zum Abendbrot esse ich . . . .

ZWEITER TEIL (Seite 184)

7. *If you want some more of the following, what do you say?*

a. Kuchen.
b. Salami.
c. Erbsen.
d. Brot.
e. Tee.
f. Wein.

8. *How many types of food can you write down from memory? Remember:* **der, die, das!**

DRITTER TEIL (Seite 187)

9. Das ist Heidis Einkaufsliste. Wohin geht sie, um die Lebensmittel zu kaufen?

Zum Beispiel:
Um den (die, das, die) . . . zu kaufen, geht sie . . . .

Wein
Wurst
Dose Erbsen
Bohnen
Birnen
Zahnpasta
Schwarzbrot

B

10. Wer hat's gegessen?

Zum Beispiel:
Wo ist der Käse?   Peter

Peter hat ihn gegessen.

a. Wo ist die Wurst?   Monika

b. Wo ist die Schokolade?   Angelika

c. Wo ist das Brot?   Ulrich

d. Wo ist das Fleisch?   Molli

e. Und der Fisch?   Muschi

11. Ergänze!

Zum Beispiel:
Februar ist der . . . Monat.
Februar ist der zweite Monat.

a. Januar ist der . . . Monat.
b. März . . . .
c. Juli . . . .
d. August . . . .
e. November . . . .

12. *Write out the names of the months which are not mentioned in Exercise 11.*

13. Ergänze!

a. Ich freue . . . auf deinen Besuch.
b. Peter stellt . . . vor.
c. Vor dem Essen wäscht er . . . die Hände.
d. Möchtest du . . . frisch machen?
e. Ich möchte . . . ganz gerne duschen.

14. Setz das richtige Pronomen ein!

a. Wo ist mein Heft? Ich habe . . . hier.
b. Wo ist mein Buch? Hast du . . . ?
c. Wo sind die Bleistifte? Stefan hat . . . .
d. Wo ist deine Tasche? Ich habe . . . hier.
e. Wo ist mein Geld? Du hast . . . in der Hand.
f. Wo ist mein Rad? Rainer hat . . . .
g. Wo ist die Postkarte? Mutti hat . . . schon geschickt.
h. Wo sind die Handtücher? Ich habe . . . alle hier.

15. Wie sind sie gefahren?

a. Karl-Heinz hat . . . Bus genommen.
b. Maria hat . . . Schiff genommen.
c. Rainer hat . . . Wagen genommen.
d. Uschi hat . . . Zug genommen.
e. Paul hat . . . Flugzeug genommen.
f. Peter hat . . . Fähre genommen.

16. Beantworte die Fragen!

a. Was macht Lutz?
b. Was macht Ingrid?

17. Setz die richtige Form des unbestimmten Artikels ein!
Write in the correct form of **ein.**

a. Karl bestellt . . . Tasse Tee und . . . Kännchen Kaffee.
b. Gerda schreibt an . . . Jugendherberge in Deutschland.
c. Helga macht . . . angenehme Überfahrt.
d. Dorothea ruft . . . Freund an.
e. Hermann packt . . . Pullover.
f. Heinz kauft . . . Film und . . . Notizbuch.
g. Michael hat . . . Brief an seinen Freund geschickt.
h. Kannst du . . . Postkarte schreiben?
i. Die Familie Bauer hat . . . sehr schönen Hund.
j. Kannst du mir . . . Tube Zahnpasta kaufen, bitte?

18. Ergänze!

a. Er spielt Tennis mit . . . Bruder. (ihr)
b. Kennst du . . . Schwester, Inge? (mein)
c. Hast du . . . Fahrrad gesehen? Es ist ganz neu. (sein)
d. . . . Haus ist auf der rechten Seite. (unser)
e. Das ist . . . Haus da. (mein)
f. Wer hat . . . Kuchen gegessen? (mein)
g. Ich komme gleich. Zuerst trinke ich . . . Tasse Kaffee. (mein)
h. Ich kann . . . Kuli nicht finden. (mein)
i. Ist das . . . Kuli? (dein)
j. Das bin ich mit . . . Schwester. (mein)
k. Siehst du . . . Bruder da? Im Zelt? (sein)
l. Was macht sie? Sie sucht . . . Hund. (ihr)

19. *How many means of transport can you list in German? (You've been given at least eight.) Don't forget:* **der, die, das!**

20. Setz die Partizipien ein!

a. Florian hat Tee (trinken).
b. Margaret hat einen Brief (schreiben).
c. Heinz hat eine Postkarte (schicken).
d. Frau Müller hat ein Stück Kuchen (bestellen).
e. Doris hat ein gutes Buch (lesen).
f. Horst hat im Zug (schlafen).
g. Helga hat eine gute Überfahrt (haben).
h. Rolf ist in Stuttgart (umsteigen).
i. Lisa ist um 10.00 Uhr (abfahren).
j. Bernd ist um 12.00 Uhr (ankommen).

21. *Give a reason to explain these people's actions. Use* **um** . . . **zu** *in your answers.*

a. Karl geht zum Bahnhof.

b. Dorothea fährt in die Stadt.

c. Andrea geht ins Wohnzimmer.

d. Helmut und Kirsten gehen ins Café.

e. Inge geht in die Telefonzelle.

f. Hermann geht zur Post.

g. Barbara hat den Zug genommen.

h. Lutz hat an den Herbergsvater geschrieben. 1 ×

Kapitel 17 — Wiederholung

1. *You are at the railway station.*

a. *Tell the official you want to travel to* Kiel *next Thursday afternoon. (The train goes, you are told, at 13.00.) Ask if you have to change.*

b. *Say you want to go to* Mannheim *next Monday morning. (You are told there is a train at 14.50.) Ask when it arrives, whether you have to change and where the train goes from.*

c. *Say you want to go to* Herfurt. *When does the train leave? You want a return for two people.*

2. Kannst du die Frage stellen? Du bist mit Freunden zusammen.

Zum Beispiel:

Frank   ? Fußball?   Am Sonntagmorgen.
Frank, spielen wir am Samstagmorgen Fußball?

a. Andrea   ? Tennis spielen?   Am Freitag.

b. Hannelore und Bodo   ? Kino?   Am Samstagabend.

c. Inge   ? schwimmen?   Am Donnerstag.

d. Peter   ? Disco?   Am Freitagabend.

e. Manfred und Anja   ? segeln?   Am Sonntagnachmittag.

f. Karin und Mark   ? Jugendklub?   In fünf Minuten!

3. *Paul and Wendy are planning a holiday.*

"Shall we go to Würzburg *when we're in Germany?"*
    "OK, and to Heidelberg *too: it's not far from there."*
"For how long?"
    "Well, we could stay at youth hostels for three nights in each place — that would mean 29th to 31st July in Würzburg, *and the first three days of August in* Heidelberg."
"OK, let's book. Can you write the letters? Your German's better than mine."
    "You need the practice! You do one and I'll do the other and we'll see who gets a reply."

Kannst du beide Briefe schreiben?

4. Wieviel Uhr ist es?

9.35 am   7.30 pm   11.45 am   2.56 pm   3.19 am

[A]

ERSTER TEIL (Seite 194)

5. Diese Leute sind krank. Was haben sie?

a. Frank   c. Bernd

d. Katrin

b. Karin   e. Tobias

ZWEITER TEIL (Seite 196)

6. *What would these people say if asked what was wrong with them?*

a.   b.   c.

7. Setz die richtige Form des unbestimmten Artikels ein!
Write in the correct form of ein.
NB Dative!

a. Ich wohne hier seit . . . Jahr.
b. Mir ist seit . . . Woche schlecht.
c. Ich habe schon seit . . . Tag Kopfschmerzen.
d. Ich warte schon seit . . . Stunde.

8. Sieh dir Seite 199 an! Beantworte folgende Fragen!

a. Seit wann ist Andreas krank?
b. Ist er zur Arbeit gegangen?
c. Wer ruft an?
d. Ist er zur Apotheke gegangen?
e. Was hat er bekommen?
f. Was macht er am Abend?
g. Hat er Zahnschmerzen?

9. Ergänze! Präpositionen plus Dativ (an, mit, bei, aus, zu, seit).

a. Bei gut... Wetter fahre ich mit... Rad; bei schlecht... Wetter fahre ich mit... Straßenbahn.
b. Heidi kommt aus... Schweiz.
c. Wie komme ich am besten... Schloßkirche?
d. Wie komme ich am besten... Stadion?
e. Das ist mein Vater mit unser... Hund.
f. Das ist meine Schwester mit ihr... Freundin.
g. Das bin ich mit mein... Großmutter.
h. Ich habe seit ein... Woche Kopfschmerzen.
i. Wir haben seit ein... Jahr einen VW.
j. Kann man... Berlinerplatz aussteigen?
k. Er wohnt bei sein... Großmutter.

10. Setz die Partizipien ein!

a. Hast du genug (essen)?
b. Hat der Herbergsvater die Plätze (reservieren)?
c. Haben die Erbsen gut (schmecken)?
d. Hast du die Karotten (probieren)?
e. Wie bist du nach Deutschland (fahren)?
f. Bist du (fliegen)?
g. Ich habe das Luftkissenboot (nehmen).
h. Ich habe London um 10 Uhr (verlassen).
i. Was hast du (bestellen)?
j. Bist du viel (segeln)?

11. Was hat Ulrich gemacht?

Zum Beispiel:

1 Kännchen Kaffee	2.60

Er hat 2.60 bezahlt. Er hat ein Kännchen Kaffee getrunken.

£10 = 31 DM	Er hat £10 gewechselt.

a.

Bradwurst	2,50
Pommes Frites	2,00
Cola	1,50
	6,00

b.

gemischtes Eis	2,50
Tee	3,00
	5,50

c.

Sticker	2,00
Postkarten	4,50
	6,50

d.

Pullover	20,00
Jeans	30,00
T-Shirt	15,75
	65,75

e.

T-Shirt	15,00
Schal	7,50
	22,50

f.

£25	DM	
	72.	50

g.

£100	310 DM	00 %

Kapitel 18 — Wiederholung

1. *Can you complete the following letter?*

Hull, ... 18. Februar

... Herbergseltern,

ich fahre ... August mit meinen zwei Brüdern ... Deutschland. Wir hoffen, ... 2. August in Werden anzukommen und möchten eine Woche lang dort bleiben. Hätten Sie ... 2. bis ... 9. August ... frei?

mit bestem Gruß

Linda Sergeant

2. *You're going on holiday with your friend and you are checking whether you both have the following items. Your friend says whether he/she has them or not.*

a. „Hast du den  ?"

   „Ja. Ich habe . . . hier."

b. „Hast du den [camera] ?"

   „Nein. Ich habe . . .   nicht."

c. „Hast du deine [shorts] ?"

   „Nein. . . . ."

d. „Hast du das [towel] ?"

   „Ja. . . . ."

e. „Hast du den [snail/roll] ?"

   „Ja. . . . ."

f. „Hast du die [ID cards] ?"

   „Nein. . . . ."

g. „Hast du Regines [envelope: HERRN MICHAEL HASSE NEUSTRASSE 19 D5128 HERZOGENRATH] ?"

   „Nein. . . . ."

h. „Hast du ein [knife] ?"

   „Ja. . . . ."

i. „Hast du eine [fork] ?"

   „Nein. . . . ."

j. „Hast du die [binoculars] ?"

   „Ja. . . . ."

3. *You arrive at the youth hostel and explain that you wrote two weeks ago to make a reservation. How does the conversation with the warden go?*

4. Was möchtest du machen?

a.

b.

c.

d.
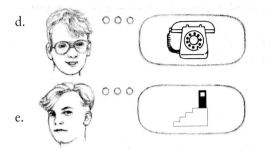

e.

5. Wie war die Reise?
Can you relate how you travelled, what time you set off and arrived and what you did during the journey?

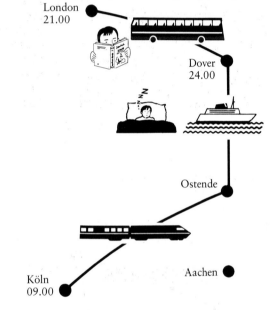

London
21.00

Dover
24.00

Ostende

Köln
09.00

Aachen

A

ERSTER TEIL (Seite 202)

6. Lies jetzt den Text auf Seite 202 und beantworte folgende Fragen!

a. Seit wann ist Sandra in Saarbrücken?
b. Ist sie zum ersten Mal da?
c. Was erwarten die Freunde?
d. Wen ruft sie an?

7. Lies dir den Text auf Seiten 202–203 durch und beantworte folgende Fragen!

a. Wo ist Sandra?
b. Was macht sie?
c. Wie oft versucht sie, die Nummer zu wählen?
d. Wie oft wählt sie die falsche Nummer?

B

8. Der Wennsatz. Bilde Sätze!

Zum Beispiel:
Wenn man Bauchschmerzen hat, geht man zur Apotheke.

a. Wenn man Zahnschmerzen hat, (Zahnarzt gehen).
b. Wenn man ein gemischtes Eis will, (Café gehen).
c. Wenn man mit der Bahn fahren will, (Bahnhof gehen).
d. Wenn man mit dem Flugzeug reisen will, (Flughafen gehen).
e. Wenn man schwimmen gehen will, (Schwimmbad gehen).
f. Wenn man anrufen will, (Telefonzelle suchen).
g. Wenn man einkaufen will, (Stadt fahren).

9. In welchen Ländern liegen die folgenden Städte?

a. Hamburg
b. Bern
c. Linz
d. Magdeburg
e. Dresden
f. Dublin
g. Birmingham
h. Aberdeen
i. Cardiff
j. Paris
k. Madrid
l. Rom
m. Kopenhagen
n. Brüssel
o. Straßburg

10. *Give the past participles for the following verbs.*

a. essen
b. trinken
c. bezahlen
d. verbringen
e. gehen
f. bleiben
g. fahren
h. finden
i. fliegen
j. ankommen

11. *Make sentences, putting each of the verbs in the previous exercise in the perfect tense.*

Zum Beispiel:
Ich habe im Zug gegessen.
Vorsicht! **sein** oder **haben**?

12. *What are the infinitives of these strong verbs?*

a. geschwommen
b. gegangen
c. gesehen
d. bekommen
e. ausgestiegen
f. umgestiegen
g. geschrieben
h. genommen
i. gelesen
j. geschlafen

13. Was wollen sie kaufen?

a. Ulrich

| Schlüssel |
| Badehose |
| Film |
| Seife |

b. Sigrun

| Fahrradlicht |
| Anorak |
| Tennisbälle |
| Sticker |

c. Winfried

| Farbstift |
| Schreibpapier |
| Tennisschläger |
| Füller |

d. Kirsten

| Kuli |
| Zahnpasta |
| eine Briefmarke (60 Pfg) |
| Stadtplan |

Kapitel 19 — Wiederholung

1. *How would you ask people who had just arrived at your house whether they would like to do these things?*

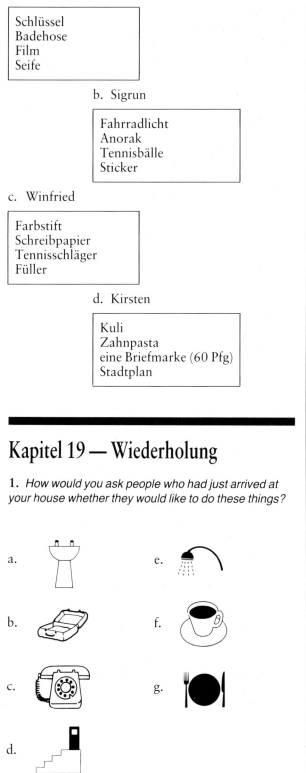

a.

b.

c.

d.

e.

f.

g.

2. *Imagine this is your family photo. Can you describe it?*

Zum Beispiel:
a. Das ist meine . . . .

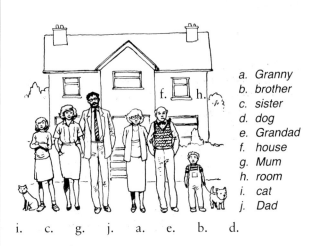

a. Granny
b. brother
c. sister
d. dog
e. Grandad
f. house
g. Mum
h. room
i. cat
j. Dad

i.   c.   g.   j.   a.   e.   b.   d.

3. Herr Baums Geschäftsreise. Beschreib die Reise!

Zum Beispiel:
Am Montag um 10.00 Uhr hat er Oslo verlassen. Er ist nach Berlin . . . .

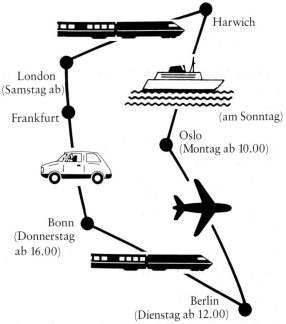

Harwich

London
(Samstag ab)

Frankfurt

(am Sonntag)

Oslo
(Montag ab 10.00)

Bonn
(Donnerstag
ab 16.00)

Berlin
(Dienstag ab 12.00)

271

ERSTER TEIL (Seite 214)

4. Vollende die folgenden Sätze!

a. Hast du Lust, einen . . . zu machen?
b. Ich würde lieber eine . . . machen.
c. Möchtest du . . . machen?
d. Möchtest du ins . . . gehen?
e. Ich würde lieber . . . gehen.

> Fahrradtour Stadt Kuchen Kino Tee
> Fotos Spaziergang schwimmen Disco

5. Match up the questions with the answers below.

Wer schreibt an den Herbergsvater?
Wer hat meinen Kuli?
Wer ist Manfred?
Wann kommt der Bus an?
Wann fährst du?
Wann fährt der nächste Zug nach Oldenburg?
Wohin fährt der Zug?
Wohin möchten Sie fahren?
Wo ist der Flughafen?
Wo steht die Telefonzelle?
Wo ist Herr Schmidt?
Wo liegt Regensburg?

Ich fahre morgen.
Im Süden.
Um 16.00 Uhr.
Nach Freiburg.
Ich mache es. Wann wollen wir fahren?
Drei Kilometer von Frankfurt entfernt.
Ich habe ihn hier.
Am Rathaus.
Er ist mein Bruder.
Der nächste fährt um 18.00.
Ich will nach Wien fahren.
Im Schwimmbad.

6. Ergänze!

*Complete these questions with **Wann, Wohin, Wer**, or* **Wo***. (In some cases it is possible to use more than one of these words.)*

a. . . . ruft an?
b. . . . essen wir?
c. . . . hast du Amsterdam verlassen?
d. . . . ist da?
e. . . . steht das Hermannsdenkmal?
f. . . . fährst du?
g. . . . ist mit dir nach England gefahren?
h. . . . sitzt im Café?

i. . . . fährt dieser Zug?
j. . . . ist John gefahren?
k. . . . bist du?
l. . . . kommst du in London an?
m. . . . möchtest du fahren?
n. . . . fährt der Zug ab?

7. Sieh dir Seite 218 an!

How would you tell a friend what the weather is going to be like?

8. Sieh dir Seite 218 an! Beantworte!

a. An welchem Tag machen sie den Ausflug?
b. Machen sie eine Fahrradtour?
c. Was wollen sie machen, wenn es regnet?
d. Was bereitet Martin vor?
e. Wo treffen sich die Freunde?

DRITTER TEIL (Seite 223)

9. Richtig oder falsch? Verbessere die falschen Sätze!

a. Sally schreibt an Ingo.
b. Sie ist nach Losheim gefahren.
c. Sie sind geschwommen.
d. Sie haben in Dreisbach übernachtet.

10. Sieh dir Seiten 223 und 224 an!

a. (1) *Where has Ingo been?*
   (2) *When did he stay at the youth hostel?*

b. (1) *What does Sabine do during the day now?*
   (2) *Where was Richard before Sabine's holiday in France?*
   (3) *Where did Sabine stay in Montpellier? And before that?*
   (4) *How did she spend her evenings in Montpellier?*
   (5) *Did they come straight back home?*
   (6) *What did Dietrich do?*
   (7) *What had Richard obviously asked for in his last letter?*
   (8) *How long did his letter take to reach Sabine?*

In + Akkusativ

11. Ergänze folgende Sätze!

a. Hannelore geht heute . . . Schwimmbad.
b. Willst du mit mir in . . . Diskothek gehen?
c. Hast du Lust, in . . . Ausstellung zu gehen?
d. Er geht jeden Dienstag in . . . Jugendklub.
e. Komm, fahren wir in . . . Stadt.
f. Wir wollen heute abend . . . Theater gehen.
g. Gehen wir . . . Jugendzentrum. Heute gibt's ein Konzert.
h. Der Peter will nicht . . . Museum gehen.

12. Bilde Sätze!

Zum Beispiel:
Sportzentrum / Ausflug

„Möchtest du ins Sportzentrum?"
„Nein. Ich würde lieber einen Ausflug machen."

a. Schwimmbad / Fahrradtour
b. Stadt / Wanderung
c. Galerie / Stadtbummel
d. Ausstellung / Einkaufsbummel

13. Sieh dir den Fahrplan (Frankfurt – Saarbrücken) an und beantworte folgende Fragen!

a. In welchem Monat fängt der Fahrplan an?
b. Du fährst mit dem Zug Nr. D 254:
Wann kommst du in Saarbrücken an?
Kannst du im Zug etwas zu essen bekommen?
c. Du fährst um 18.45.
Was für ein Zug ist er?
Mußt du umsteigen?
d. Du fährst mit dem Zug Nr. ▰ 693:
Wo steigst du um?
Wann fährt der Zug in Mannheim ab?
Wann kommt er in Saarbrücken an?
e. Du möchtest am Abend fahren, und du möchtest vom Zug aus telefonieren. Mit welchem Zug fährst du?
f. Kann man am Sonntag mit dem Zug Nr. ▰ 599 fahren?
g. Du fährst mit dem Zug Nummer ▰ 573. Mit welchem Zug fährst du von Mannheim weiter?
h. Der Zug Nr. E 3108 verläßt Mannheim um 06.27. Fährt er jeden Tag?
i. Vollende folgende Sätze!
(1) Der Zug Nr. E 3356 fährt um . . . und kommt um . . . in Saarbrücken an.
(2) Der Zug . . . 10.37 Uhr ab und kommt . . . .
(3) Wenn man mit dem Zug Nr. 3364 fährt, muß man in Bingerbrück . . . .
j. Wie weit ist es von Frankfurt nach Saarbrücken?
k. Was kostet eine Rückfahrkarte 2. Klasse nach Saarbrücken?
l. Was bedeuten:

| Hbf | Ffm | Nr. | DM | Saarbr | DB | ? |

DB

Fahr lieber mit der Bundesbahn

Gültig vom 27. September 1988 bis 22. Mai 1989

Frankfurt (M)—Saarbrücken   204 km

Zug-Nr.	Abfahrt Ffm Hbf	Ankunft Saarbr Hbf	Service im Zug	Besonderheiten
7101	0.18	6.14		▯ Darmstadt an 0.48, ab 3.15 (D 711) ▯ Mannheim an 3.51, ab 4.30 (D 896) nicht 25., 26. XII., 1. I., 12. IV.
D 473	4.31	8.26		▯ Mannheim an 5.24, ab 6.27 (E 3108) verkehrt nur werktags
D 824	4.36	8.27		▯ Bingerbrück an 5.31, ab 5.38 (3206) verkehrt nur werktags
E 2020	6.01	9.31		▯ Bingerbrück an 6.55, ab 7.25 (E 3212)
▰ 152	7.56	10.08	✕	
D 222	8.25	11.27		▯ Mainz Hbf an 8.51, ab 9.00 (E 3350)
▰ 171	9.37	12.31	⌧ ⊺	▯ Mannheim an 10.21, ab 10.43 (E 2552) ⌧ Ffm—Mannheim ⊺ Kaiserslautern—Saarbrücken
D 254	9.56	12.31	⊺	
▰ 573	10.37	13.08	✕ ⊺	▯ Mannheim an 11.21, ab 11.41 (D 860) nur Mo—Sa, nicht 25.—27. XII., 1.—3. I., 10.—12. IV. ✕ Ffm—Mannheim ⊺ Mannheim—Saarbrücken
E 3354	10.37	13.48		
▰ 599	11.37	14.36	✕	▯ Mannheim an 12.21, ab 12.53 (E 3218) nur Mo—Sa, nicht 25.—27. XII., 1.—3. I., 10.—12. IV. ✕ Ffm—Mannheim
E 3356	12.28	15.58		
E 3043	12.45	16.00		▯ Mannheim am 13.55, ab 14.04 (E 2556)
D 256	14.53	16.59	⊺	
▰ 575	15.37	18.10	✕ ⊺	▯ Mannheim an 16.21, ab 16.41 (D 894) ✕ Ffm—Mannheim ⊺ Mannheim—Saarbrücken
258	16.16	18.48	⊺	
3360	16.20	19.49		
D 862	17.02	19.21	⊺	
E 3157	17.42	20.31	⊺	▯ Mannheim an 18.49, ab 19.00 (D 950) ⊺ Mannheim—Saarbrücken
▰ 691	18.37	21.25	✕ ▰	▯ Mannheim an 19.21, ab 19.33 (E 3134) ✕ ▰ Ffm—Mannheim
E 3364	18.45	22.07		▯ Bingerbrück an 19.41, ab 20.07 (E 3244)
D 864	20.01	22.18	⊺	
D 354	20.40	23.33	⊺	
▰ 693	21.38	23.58	✕	▯ Mannheim an 22.22, ab 22.30 (▰ 594)
D 252	22.46	1.26		

Fahrpreise in DM:
(Tarifstand: 1. 10. 88)

	einfache Fahrt		Hin- und Rückfahrt	
	2. Klasse	1. Klasse	2. Klasse	1. Klasse
	34,00	51,00	68,00	102,00

Zuschläge für ▰-Züge: 5,00   10,00

▰ = 1. und 2. Klasse, bes Zuschlag
D = 1. und 2. Klasse
E = 1. und 2. Klasse
✕ = Zugrestaurant

⊺ = Speisen und Getränke im Zug erhältlich
▰ = Münz-Zugtelefon
▯ = umsteigen

Ohne Gewähr
Herausgeber: Deutsche Bundesbahn
Fahrkartenausgabe
Frankfurt (Main) Hbf

Grammar Summary

1. Persons

Person	Singular	Plural
First	Ich *I*	wir *we*
Second (familiar)	du *you*	ihr *you*
Second (polite)	Sie *you*	Sie *you*
Third (masc.)	er *he, it*	
Third (fem.)	sie *she, it*	sie *they*
Third (neuter)	es *it*	

Du and **ihr** *are used:*
a. *among relatives*
b. *among friends*
c. *among young people*
d. *when an adult is talking to children.*

Sie *is used:*
a. *between adults who do not know each other well*
b. *by young people when they are speaking to adults to whom they have no close relationship.*

2. Tenses
Present Tense

*Remember that the German present tense has only **one** form. (English has three!)*

Zum Beispiel:

Ich singe   *I sing*
          I do sing
          I am singing

Weak verbs

Zum Beispiel:

machen   *to make, to do*

ich	mache	wir	machen
du	machst	ihr	macht
er/sie/es	macht	Sie	machen
		sie	machen

Conjugating a weak verb

a. *Form the 'stem' by crossing -en off the infinitive:*
   machen → **mach-**   kochen → **koch-**
   spielen → **spiel-**

b. *Add the endings:*

ich . . . e	wir . . . en
du . . . st	ihr . . . t
er . . . t	
sie . . . t	sie . . . en
es . . . t	
	Sie . . . en

Here are some more examples of weak verbs:
spielen   tanzen   kochen   nähen.

Strong verbs

Zum Beispiel:

fahren   *to drive, travel*

ich	fahre	wir	fahren
du	fährst	ihr	fahrt
er/sie/es	fährt	Sie	fahren
		sie	fahren

Note:
*The endings are the same as for the weak verb **but there is a vowel change in the second and third persons singular**. In the example given here the sound is changed by an **Umlaut**.*

Another strong verb

sehen *to see*

ich	sehe	wir	sehen
du	siehst	ihr	seht
er/sie/es	sieht	Sie	sehen
		sie	sehen

Note:

*Again the endings are the same as those of weak verbs but there is a **vowel change** in the stem. This occurs **in the second and third persons singular**. This time the change is brought about by changing* e *to* ie*.*

Here are some more examples of the vowel change in strong verbs. In each case the third person singular is given.

nehmen	**nimmt**
geben	**gibt**
lesen	**liest**
laufen	**läuft**

Here are two more verbs which do not conform exactly to the above pattern. (The differences are underlined.)

sammeln *to collect*

ich	<u>sammle</u>	wir	sammeln
du	sammelst	ihr	sammelt
er/sie/es	sammelt	Sie	sammeln
		sie	sammeln

arbeiten *to work*

ich	arbeite	wir	arbeiten
du	<u>arbeitest</u>	ihr	<u>arbeitet</u>
er/sie/es	arbeitet	Sie	arbeiten
		sie	arbeiten

(In this second example the -e of the first person singular is retained throughout.)

Reflexive verbs

Zum Beispiel:

sich waschen   sich duschen   sich frisch machen

ich	wasche **mich**	wir	waschen **uns**
du	wäschst **dich**	ihr	wascht **euch**
er/sie/es	wäscht **sich**	Sie	waschen **sich**
		sie	waschen **sich**

Three important verbs **haben, sein** and **wissen**

haben *to have*

ich	habe	wir	haben
du	hast	ihr	habt
er/sie/es	hat	Sie	haben
		sie	haben

sein *to be*

ich	bin	wir	sind
du	bist	ihr	seid
er/sie/es	ist	Sie	sind
		sie	sind

wissen *to know*

ich	weiß	wir	wissen
du	weißt	ihr	wisst
er/sie/es	weiß	Sie	wissen
		sie	wissen

Separable verbs

Separable verbs are so called because they are made up of two parts which separate at certain times.

Zum Beispiel:

ankommen *to arrive*

Der Zug **kommt** um 10 Uhr **an.**
The separable prefix an *goes to the end of the clause. Here are some more examples:*

<u>aus</u>steigen   *to get out*
Er **steigt** in München **aus.**

<u>zu</u>hören   *to listen to*
Er **hört** gut **zu.**

<u>rad</u>fahren   *to cycle*
Ich **fahre** gern **Rad.**

However, if the infinitive or the past participle of the separable verb is used, the verb remains one word:

Infinitive: Sie müssen in München **aussteigen.**

Past participle: Er ist um 3 Uhr **angekommen.**

Perfect Tense

The perfect tense of a verb is made up of two parts: the present tense of **haben** *or* **sein** *and the past participle of the verb.*

The past participle of weak verbs

Add **ge-** *to the front of the stem and* -(e)t *to the end.*

Zum Beispiel:

spielen	spiel-	gespielt
kochen	koch-	gekocht
arbeiten	arbeit-	gearbeitet

The past participle of strong verbs

There are no rules to follow here and no set pattern for these verbs: the only thing to do is to learn them! The list at the end of the Grammar Summary gives all the verbs you need to know at this stage.

Zum Beispiel:

kommen	**gekommen**
gehen	**gegangen**
singen	**gesungen**

The past participle of mixed verbs

These verbs add **ge-** *and* -(e)t *to the stem, but also change the vowel.*

Zum Beispiel:

bringen **gebracht**

The past participle of separable verbs

*The separable prefix (***an, auf, unter,** *usw.) is added to the past participle.*

Zum Beispiel:

umsteigen	**umgestiegen**
ankommen	**angekommen**
unterbringen	**untergebracht**

The past participle of inseparable verbs

If the prefix is inseparable there is no **ge-**.
Inseparable prefixes are:
be-   ver-   emp-   ent-   er-   zer-.

Zum Beispiel:

Infinitive	Past participle
besuchen	besucht
versuchen	versucht
empfehlen	empfohlen
entnehmen	entnommen
erfinden	erfunden
zerbrechen	zerbrochen

The past participle of verbs ending in -ieren.

These verbs have no **ge-** *added to them in the past participle.*

Zum Beispiel:

Infinitive	Past participle
probieren	probiert
reparieren	repariert
reservieren	reserviert

Which verbs take **sein** in the perfect tense and which take **haben**?

Haben *is used to make up the perfect tense of most verbs.*
All transitive verbs (ie. verbs that can take an object) take **haben**.

Zum Beispiel:

Ich **habe** den Kuli **gekauft**.
Ich **habe** den Brief **geschrieben**.

Intransitive verbs that do not show a change of place or state also take haben.

Zum Beispiel:

Es hat geregnet.

Intransitive verbs that show a change of place or state take sein.

Zum Beispiel:

Er ist gegangen.
Sie sind umgestiegen.
(These show a change of place.)

Er ist eingeschlafen. *(He fell asleep.)*
Ich bin aufgewacht. *(I woke up.)*
(These show a change of state.)

Note the following exception to these rules:
Sie ist geblieben.
All verbs that take **sein** *in the perfect tense are marked with a star in the glossary and in the verb list at the end of this summary.*

How to form Questions
Present tense

Zum Beispiel:

Hast du Hunger?
Wann kommst du in Hamburg an?

Perfect tense

Zum Beispiel:

Hast du den Film gesehen?
Hast du gut geschlafen?
Wann bist du in London angekommen?
Wie bist du gefahren?

Note the word order. In questions the verb always precedes the subject and even the past participle retains its usual position at the end of the clause.

How to form Negatives

Zum Beispiel:

Positive	*Negative*
Ich tanze.	Ich tanze **nicht**.
Ich habe getanzt.	Ich habe **nicht** getanzt.
Ich habe den Tee getrunken.	Ich habe den Tee **nicht** getrunken.
Ich habe vor, nach Deutschland zu fahren.	Ich habe **nicht** vor, nach Deutschland zu fahren.

In each example, **nicht** *is added to the sentence to form the negative and is associated with the word it negates.*

Two other ways of forming a negative

kein *(not a, no, not any)*

Zum Beispiel:

Wir haben **keinen** Hund.

sondern *('but' after a negative, as in 'not only . . . but')*

Zum Beispiel:

Im Sommer fahren wir nicht in Urlaub, **sondern** verbringen die Ferien zu Hause.

Word Order

The main verb **must** *be the second idea in a main sentence.*

First idea	*Second idea*	*Third idea*	*Fourth idea*
Ich	fahre	nach Ulm.	
Am Samstag	fahre	ich	nach Ulm.
Wenn ich genug Geld habe,	fahre	ich	nach Ulm.

When expressions of **Time, Manner** *and/or* **Place** *occur in a sentence, they must occur in the following order: Time, Manner, Place.*

Zum Beispiel:

	Time	Manner	Place
Er fährt	um 3 Uhr	mit dem Bus	nach Hause.

Er fährt nach Hause. (Place)
Er fährt um 3 Uhr nach Hause. (Time Place)
Er fährt um 3 Uhr mit dem Bus nach Hause. (Time Manner Place)

Verbs taking **zu** with the Infinitive

Most verbs need **zu** *before the infinitive that follows them.*

Zum Beispiel:

brauchen	Du brauchst nicht, in die Stadt **zu** fahren.
vorhaben	Ich habe vor, im April nach Köln **zu** fahren.
beschließen	Er hat beschlossen, eine Gitarre **zu** kaufen.

The position in the sentence of **zu** *with a separable verb should be noted.*

Zum Beispiel:

hoffen Ich hoffe, am 20. August an**zu**kommen.

Modal Verbs

These verbs are irregular in the singular of the present tense.
When followed by a verb, they are followed by an infinitive (without zu).

mögen   *to like, to want to*

machen   *to make, to do*

ich	mag	wir	mögen
du	magst	ihr	mögt
er/sie/es	mag	Sie	mögen
		sie	mögen

mögen *is most often used in the following form:*

möchten   *would like*

ich	möchte	wir	möchten
du	möchtest	ihr	möchtet
er/sie/es	möchte	Sie	möchten
		sie	möchten

Zum Beispiel:

Ich mag Pommes Frites.	*I like chips.*
Ich möchte Pommes Frites essen.	*I would like to eat some chips.*
Möchtest du noch etwas?	*Would you like some more?*

müssen   *to have to*

ich	muß	wir	müssen
du	mußt	ihr	müßt
er/sie/es	muß	Sie	müssen
		sie	müssen

Zum Beispiel:

Muß ich umsteigen?
Sie müssen in Bonn umsteigen.
(For information on when to use ss *or* ß, *see below.)*

können   *to be able to*

ich	kann	wir	können
du	kannst	ihr	könnt
er/sie/es	kann	Sie	können
		sie	können

Zum Beispiel:

Kannst du etwas für mich kaufen?
Sie können am Rathaus aussteigen.
Kannst du mir einen Kuli kaufen?

wollen   *to want to*

ich	will	wir	wollen
du	willst	ihr	wollt
er/sie/es	will	Sie	wollen
		sie	wollen

Zum Beispiel:

Was wollen Sie kaufen?
Was willst du machen?

dürfen   *to be allowed to*

ich	darf	wir	dürfen
du	darfst	ihr	dürft
er/sie/es	darf	Sie	dürfen
		sie	dürfen

Zum Beispiel:

Darf ich noch ein Stück Kuchen haben?
Was darf es sein?

"ss" or "ß"?

ß is used:

a. *at the end of a word;*

   Zum Beispiel:
   muß   Schloß   Fluß   Fuß

b. *before a third consonant (or consonant group);*

   Zum Beispiel:
   muß<u>te</u>   Fuß<u>g</u>ängerzone   Schloß<u>p</u>ark

c. *between two vowels when the first one is long.*

   Zum Beispiel:
   fließen   großes   aßen   Füße

   Note:
   When the vowel sound is short, use ss.
   müssen   wissen   interessant.

The Cases

There are four cases.

1. **Nominative:** *the subject of the verb.*
   Zum Beispiel:
   Der Junge ist 14.

2. **Accusative:** *the direct object of the verb.*
   Zum Beispiel:
   Er kauft **den Pullover.**

3. **Genitive:** *this case denotes possession.*
   Zum Beispiel:
   Das wichtigste Industrieland
   der Bundesrepublik.

4. **Dative:** *the indirect object.*
   Zum Beispiel:
   Er schickt **dem Herbergsvater**
   einen Brief.
   Geben Sie **mir** den Kuli.

The Articles

The definite article: **der, die, das**

	Singular			Plural
	Masc.	*Fem.*	*Neut.*	
Nom.	der	die	das	die
Acc.	den	die	das	die
Gen.	des	der	des	der
Dat.	dem	der	dem	den

Here are some common contractions of the definite article:

ans (an das)
am (an dem)
aufs (auf das)
beim (bei dem)
ins (in das)
im (in dem)
vom (von dem)
zum (zu dem)
zur (zu der)

The indefinite article: **ein, eine, ein**

	Singular		
	Masc.	*Fem.*	*Neut.*
Nom.	ein	eine	ein
Acc.	einen	eine	ein
Gen.	eines	einer	eines
Dat.	einem	einer	einem

The negative article: **kein, keine, kein**

	Singular			Plural
	Masc.	*Fem.*	*Neut.*	
Nom.	kein	keine	kein	keine
Acc.	keinen	keine	kein	keine
Gen.	keines	keiner	keines	keiner
Dat.	keinem	keiner	keinem	keinen

(Note that nouns in the dative plural almost always have an -n added.)

Possessive Adjectives

mein	*my*	unser	*our*
dein	*your (familiar)*	euer	*your (plural familiar)*
Ihr	*your (polite)*		
sein	*his, its*	ihr	*their*
ihr	*her, its*		

These adjectives are all declined in the same way as the indefinite article.

Zum Beispiel:

mein

	Singular			Plural
	Masc.	*Fem.*	*Neut.*	
Nom.	mein	meine	mein	meine
Acc.	meinen	meine	mein	meine
Gen.	meines	meiner	meines	meiner
Dat.	meinem	meiner	meinem	meinen

Note:
*The possessive adjective **euer** drops its second **e** when it has an ending.*

	Singular			Plural
	Masc.	*Fem.*	*Neut.*	
Nom.	euer	eure	euer	eure
Acc.	euren	eure	euer	eure
Gen.	eures	eurer	eures	eurer
Dat.	eurem	eurer	eurem	euren

Plural Adjectives

einige	*some*
wenige	*a few*
ein paar	*a few*
viele	*a lot of, many*
mehrere	*several*

Pronouns
Personal pronouns

er, sie, es, sie

	Singular			Plural
	Masc.	Fem.	Neut.	
Nom.	er	sie	es	sie
Acc.	ihn	sie	es	sie

Zum Beispiel:

Wo ist der Dosenöffner?
Hier ist **er**.
Wer hat den Dosenöffner?
Ich habe **ihn**.

	Singular	
Nom.	ich	Ich bin hungrig.
Dat.	mir	Mir ist kalt.

Interrogative pronouns

Nom.	wer	Wer ist das?
Dat.	wem	Mit wem arbeitest du?

Prepositions
Prepositions that always take the dative

aus	Er kommt **aus der Schweiz**.
seit	Ich bin **seit drei Tagen** krank.
von	Viele Grüße **von Deinem Peter**.
nach	**Nach dem Schwimmen** habe ich immer Hunger.
zu	Fahren wir **zum Hallenbad**!
mit	Da bin ich **mit meiner Schwester**.
gegenüber	Die Post ist **gegenüber dem Bahnhof**.

Prepositions that take the accusative

für	Ich brauche das Geld **für mein Hobby**.
um	Der Klub ist **um die Ecke**.

Prepositions that take either the accusative or the dative

in	vor
an	über
auf	

*These prepositions take the **accusative** if they denote **motion**.*
*They take the **dative** if they denote **position**.*

Zum Beispiel:

Motion „Hast du Lust, **in den Jugendklub** zu gehen?"
„Nein. Ich würde lieber **ins Kino** gehen."

Position Die Disco ist **im Jugendzentrum**.
Frank ist heute abend **im Theater**.

Verbs that take a preposition

sich freuen auf + *accusative*

Zum Beispiel:

Ich freue mich auf deinen Besuch.

schreiben an + *accusative*

Zum Beispiel:

Ich schreibe an die Jugendherbergseltern.

Expressions of Time
Expressions of time using the accusative

jeden Tag	*every day*
jede Woche	*every week*
jedes Jahr	*every year*
letzten Montag	*last Monday*
letzte Woche	*last week*
letztes Jahr	*last year*

Dates

Dates go in the dative when the meaning is 'in' or 'on the'.

Zum Beispiel:

im April
im September
am 30. August
am dreißigsten August
am ersten April

(See also Letter-writing Conventions on page 281.)

Numerals
Cardinal

1 eins	22 zweiundzwanzig
2 zwei	23 dreiundzwanzig
3 drei	24 vierundzwanzig
4 vier	25 fünfundzwanzig
5 fünf	26 sechsundzwanzig
6 sechs	27 siebenundzwanzig
7 sieben	28 achtundzwanzig
8 acht	29 neunundzwanzig
9 neun	30 dreißig
10 zehn	31 einunddreißig
11 elf	40 vierzig
12 zwölf	50 fünfzig
13 dreizehn	60 sechzig
14 vierzehn	70 siebzig
15 fünfzehn	80 achtzig
16 sechzehn	90 neunzig
17 siebzehn	100 hundert
18 achtzehn	101 hunderteins
19 neunzehn	200 zweihundert
20 zwanzig	1000 tausend
21 einundzwanzig	

Ordinals

To make ordinals (ie. first, tenth, twelfth, etc.) for numbers 1–19, add -te to the cardinal number.

Zum Beispiel:

der **zehnte**
der **zwölfte**

There are four exceptions to this rule.
der **erste**   *the first*
der **dritte**   *the third*
der **siebte**   *the seventh*
der **achte**   *the eighth*

To make ordinals for numbers 20–100, add -ste to the cardinal number.

Zum Beispiel:

der zwanzigste   *the twentieth*
der einundzwanzigste   *the twenty-first*

To make ordinals for numbers from 101 on, apply the rules given above.

Once, twice, etc.

To make these, add -mal to the cardinal number.

Zum Beispiel:

einmal	*once (an exception: the s of eins is dropped)*
zweimal	*twice*
dreimal	*three times*
usw.	*etc.*

Letter-writing Conventions
The date and the address

In letters the date is written (in the accusative) at the top of the page next to the village or town where you live.

Zum Beispiel:

Essen, den 1. Februar
Weiskirchen, den 22. März

You do not write out your full name and address. This is often still put on the back of the envelope but people are now encouraged to put the sender's name and address on the front of the envelope in the bottom left hand corner.

How to address someone in a letter

The word for 'Dear' changes according to whether who you are writing to is:
a. singular or plural
b. male or female.

Singular		*Plural*
Masc.	*Fem.*	*Masc. or Fem.*
Lieber	Liebe	Liebe

Zum Beispiel:

Lieber Herr Braun,
Lieber Manfred,

Liebe Frau Schulze,
Liebe Jutta,

Liebe Herbergseltern,

Note:
If you are writing to two people you must repeat the word for 'Dear'.

Zum Beispiel:

Lieber Manfred, liebe Sigrid,

Note also this formal way of addressing someone in a letter:
Sehr geehrte Frau Simmer,
Sehr geehrter Herr Kranz,

How to set the letter out

Your letter heading should look like this:

> Essen, den 3. März
>
> Lieber Helmut,
> Wie geht es Dir? Mir geht
> es gut...

'You' and 'your' in letters

When writing to someone, the words for 'you' and 'your' are written with capital letters.

Familiar

Singular	Plural
Du	Ihr
Dein	Euer

Polite

Singular	Plural
Sie	Sie
Ihr	Ihr

How to sign off a letter

Formal
mit freundlichen Grüßen
Hochachtungsvoll

Formal or informal

a. *with* **von**
   viele Grüße von Deinem Peter
   mit herzlichem Gruß von Deiner Margaret
   mit herzlichen Grüßen von Deinem Michael

   (Note the use of the dative after **von***.)*

b. *without* **von**
   viele Grüße
   Ihr Peter
   viele Grüße
   Ihre Margaret

Informal
bis bald
schreib bald wieder
Dein Peter
Deine Margaret

Note the use of the nominative without **von***.*

Hin und Her

The prefix **hin**- *denotes* **movement away from the speaker**.
The prefix **her**- *denotes* **movement towards the speaker**.

Zum Beispiel:

Komm her!   *Come here!*
Geh hin!   *Go there!*

Hin *and* **her** *can be used with the question word* **wo**. *There are two possible word orders for questions made up in this way.*

Wohin gehst du?
Wo gehst du hin?

The meaning is the same in both cases: Where are you going to?

Her *can be combined with* **wo** *in the same way.*

Woher kommst du? }
Wo kommst du her? } *Where have you come from?*

Strong and Mixed Verbs

Infinitive	Third Person Present	Past Participle	English
(*means the verb is conjugated with sein in the perfect tense.)			
beginnen	beginnt	begonnen	to begin
betragen	beträgt	betragen	to come to
*biegen	biegt	gebogen	to bend, to turn
*bleiben	bleibt	geblieben	to stay
bringen	bringt	gebracht	to bring
essen	ißt	gegessen	to eat
*fahren	fährt	gefahren	to travel
finden	findet	gefunden	to find
*fliegen	fliegt	geflogen	to fly
*fließen	fließt	geflossen	to flow
geben	gibt	gegeben	to give
*gehen	geht	gegangen	to go
heißen	heißt	geheißen	to be called
helfen	hilft	geholfen	to help
kennen	kennt	gekannt	to know (people, places)
*kommen	kommt	gekommen	to come
lassen	läßt	gelassen	to let, to leave
*laufen	läuft	gelaufen	to run
lesen	liest	gelesen	to read
liegen	liegt	gelegen	to lie
nehmen	nimmt	genommen	to take
rufen	ruft	gerufen	to call
schlafen	schläft	geschlafen	to sleep
schließen	schließt	geschlossen	to shut
schreiben	schreibt	geschrieben	to write
*schwimmen	schwimmt	geschwommen	to swim
sehen	sieht	gesehen	to see
*sein	ist	gewesen	to be
sprechen	spricht	gesprochen	to speak
stehen	steht	gestanden	to stand
*steigen	steigt	gestiegen	to climb
treffen	trifft	getroffen	to meet
treiben	treibt	getrieben	to drive, to go in for
trinken	trinkt	getrunken	to drink
tun	tut	getan	to do, to make
vergessen	vergißt	vergessen	to forget
waschen	wäscht	gewaschen	to wash
*werden	wird	geworden	to become
werfen	wirft	geworfen	to throw
ziehen	zieht	gezogen	to pull

Handwritten annotations:

Spielen — spielt — spielte gespielt — to play

Fahren — Fahrt — fuhr gefahren — to go/travel
haben — hat — hatte gehabt — to play.

Glossary

1. The plurals of nouns are given in the brackets that follow them.
Zum Beispiel:

Singular	Plural
der Apfelstrudel (-)	die Apfelstrudel
der Apfel (¨)	die Äpfel
die Ankunft (¨e)	die Ankünfte
die Ampel (-n)	die Ampeln
der Anschluß (¨sse)	die Anschlüsse

2. The third person singular of the present tense and the past participle of verbs are given in brackets after the infinitive.
Zum Beispiel:

*laufen (läuft, gelaufen)

3. Verbs marked * are conjugated with **sein** in the perfect tense.

4. The following abbreviations have been used:
acc.   accusative
dat.   dative
gen.   genitive
m.   masculine
f.   feminine
n.   neuter
pl.   plural
fam.   familiar

A
das Abendbrot   supper, evening meal
der Abend (-e)   evening
das Abendessen   supper, evening meal
abends   in the evening
*abfahren (fährt ab, abgefahren)   to set off, to leave
die Abfahrt (-en)   departure
abholen (holt ab, abgeholt)   to meet, to fetch
das Abzeichen (-)   badge (sew-on variety)
achte(r)   eighth
die Adresse (-n)   address
alkoholfrei   non-alcoholic
alle   all
allein   alone
alles   all
also   therefore, so
alt   old
das Alter (-)   age

Amerika   America
die Ampel (-n)   traffic lights
anders   different
der Anfang (¨e)   beginning
das Angebot   offer
die Angelrute (-n)   fishing rod
angenehm   pleasant
*ankommen (kommt an, angekommen)   to arrive
die Ankunft (¨e)   arrival
der Anorak (-s)   anorak
der Anruf (-e)   telephone call
anrufen (ruft an, angerufen)   to telephone
der Anschluß (¨sse)   connection
antworten (antwortet, geantwortet)   to answer
der Apfel (¨)   apple
der Apfelsaft (¨e)   apple juice
die Apfelsine (-n)   orange
der Apfelstrudel (-)   apple strudel
das Apfelstreusel (-)   apple crumble cake
die Apotheke (-n)   chemist's shop
der Apparat (-e)   camera
der April   April
arbeiten (arbeitet, gearbeitet)   to work
der Arbeitsplatz (¨e)   place of work
der Arzt (¨e)   male doctor
die Ärztin (-nen)   female doctor
Aschermittwoch   Ash Wednesday
auch   too, also
der Aufenthaltsraum (¨e)   day room
aufhaben (hat auf, aufgehabt)   to be open
aufmachen (macht auf, aufgemacht)   to open
der Aufschnitt (-e)   cold meats
aufschreiben   to write down
*aufstehen (steht auf, aufgestanden)   to get up
das Auge (-n)   eye
auf Wiederhören   goodbye (on the telephone)
auf Wiedersehen   goodbye
der August   August
der Ausflug (¨e)   excursion
der Ausgang (¨e)   exit
auspacken (packt aus, ausgepackt)   to unpack
ausschreiben   to write out
außer + dat.   except
die Aussicht   view
die Aussprache (-n)   accent, pronunciation
*aussteigen (steigt aus, ausgestiegen)   to get off
austragen (trägt aus, ausgetragen)   to deliver
die Auswahl (-en)   choice

auswählen (wählt aus, ausgewählt)   *to select, to choose*
der Ausweis (-e)   *identity card, membership card*
der/die Auszubildende   *apprentice*
der Automat (-en)   *vending machine*

B

der Bäcker (-)   *baker*
die Badehose (-n)   *bathing trunks*
der Bademeister (-), die Bademeisterin (-nen)   *swimming pool attendant*
die Bademütze (-n)   *bathing cap*
das Badetuch (-̈er)   *towel*
Baden-Württemberg   *Baden-Württemberg (a federal* Land*)*
der Bahnhof (-̈e)   *station*
der Bahnsteig (-e)   *platform*
die Banane (-n)   *banana*
die Bank (-en)   *bank*
die Basilika (-)   *basilica*
basteln (bastelt, gebastelt)   *to do odd jobs, to do DIY/handicrafts*
die Bauchschmerzen (*pl.*)   *stomach pains, stomach ache*
die Baumwolle (-n)   *cotton*
die Baustelle (-n)   *work site*
Bayern   *Bavaria (a federal* Land*)*
der Beamte (-n), die Beamtin (-nen)   *official, civil servant*
bedeckt   *covered*
die Bedienung   *service*
beide   *both*
sich beeilen (beeilt, beeilt)   *to hurry*
beginnen (beginnt, begonnen)   *to begin*
beilegen (legt bei, beigelegt)   *to enclose*
das Beispiel (-e)   *example*
bekannt   *well-known*
bekommen (bekommt, bekommen)   *to get*
Belgien   *Belgium*
der Berg (-e)   *mountain*
Bescheid sagen + *dat.*   *to tell, to let someone know*
beschließen (beschließt, beschlossen)   *to decide*
besichtigen (besichtigt, besichtigt)   *to visit, to view*
besonders   *especially*
bestellen (bestellt, bestellt)   *to order*
der Besuch (-e)   *visit*
besuchen (besucht, besucht)   *to visit*
der Besucher (-), die Besucherin (-nen)   *visitor*
betragen (beträgt, betragen)   *to amount to, to come to*
die Bettwäsche (-n)   *bed linen*
bezahlen (bezahlt, bezahlt)   *to pay for*
das Bier   *beer*
das Bierfest (-e)   *beer festival*
der Bierkrug (-̈e)   *beer mug*
der Bikini (-s)   *bikini*
das Bild (-er)   *picture*
die Birne (-n)   *pear*
bis   *until*
ein bißchen   *a little*
bitte   *please*
bitten um + *acc.* (bittet, gebeten)   *to ask for*
blau   *blue*
Blaue, fahren ins   *to drive off into the blue, go on a mystery tour*
*bleiben (bleibt, geblieben)   *to stay*

der Bleistift (-e)   *pencil*
blöd   *stupid*
blond   *blond*
die Bockwurst (-̈e)   *a type of sausage*
die Bohne (-n)   *bean*
das Bonbon (-s)   *sweet*
brauchen (braucht, gebraucht)   *to need*
braun   *brown*
Bremen   *north German city and a federal* Land
der Brief (-e)   *letter*
der Briefkasten (-̈)   *letter box*
die Briefmarke (-n)   *stamp*
die Broschüre (-n)   *brochure*
das Brot (-e)   *bread*
das Brötchen (-)   *bread roll*
die Brücke (-n)   *bridge*
der Bruder (-̈)   *brother*
das Buch (-̈er)   *book*
das Bundesland (-̈er)   *federal* Land *(state)*
die Bundesrepublik   *Federal Republic (of Germany)*
die Bundeswehr (-)   *army*
die Burg (-en)   *castle*
das Büro (-s)   *office*
der Bus (-se)   *bus*
der Busfahrer (-), die Busfahrerin (-nen)   *bus driver*
die Butter   *butter*

C

das Café (-s)   *café*
die Campingausstellung (-en)   *camping exhibition*
die Comics (*pl.*)   *comics*
die Currywurst (-̈e)   *sausage with curry sauce*

D

da   *there*
die Dame (-n)   *lady*
Damen   *sign for ladies' toilets*
Dänemark   *Denmark*
danke   *thank you*
dazu   *in addition, with it*
die DDR   *GDR (the German Democratic Republic)*
dein   *your (fam.)*
denken   *to think*
denken (denkt, gedacht) (an + *acc.*)   *to think of*
das Denkmal (-̈er)   *monument*
deutsch   *German*
Deutschland   *Germany*
der Dezember   *December*
der Dialog (-e)   *dialogue*
dich   *you (acc.)*
dick   *fat*
der Dienstag   *Tuesday*
diese (*f. and pl.*)   *this, these*
dieser (*m.*)   *this*
dieses (*n.*)   *this*
direkt   *directly, exactly*
die Diskothek (-en)   *disco*
diskutieren (diskutiert, diskutiert)   *to discuss*
der Dom (-e)   *cathedral*
der Donnerstag   *Thursday*
dort   *there*

der Dosenöffner (-)   *tin-opener*
dritte(r)   *third*
drüben   *over there*
drücken (drückt, gedrückt)   *to push*
dumm   *stupid, silly*
dunkelbraun   *dark brown*
der Durchfall   *diarrhoea*
dürfen (darf, gedurft)   *to be allowed to*
der Durst   *thirst*
die Dusche (-n)   *shower*
sich duschen (duscht sich, sich geduscht)   *to shower*

E

eben   *just*
die Ecke (-n)   *corner*
das Ei (-er)   *egg*
der Eilzug (¨e)   *fast stopping train*
einfach   *easy, simple, single (train ticket)*
der Einfluß (¨sse)   *influence*
der Eingang (¨e)   *entrance*
einhängen   *to put down, hang up*
einige   *some, a few*
einkaufen (kauft ein, eingekauft)   *to go shopping*
einkaufen gehen   *to go shopping*
der Einkaufsbummel (-)   *shopping spree*
einmal   *once*
einnehmen (nimmt ein, eingenommen)   *to take (a meal)*
der Einstieg (-e)   *entrance (to bus etc.)*
die Eintrittskarte (-n)   *entrance ticket*
einwerfen (wirft ein, eingeworfen)   *to post*
der Einwohner (-)   *inhabitant*
der Einwurf   *slot*
der Einzelfahrschein (-e)   *single ticket*
das Einzelkind (-er)   *only child*
das Eis (-)   *ice-cream*
die Eisenbahn (-en)   *railway*
die Eissorte (-n)   *an ice-cream variety*
die Eltern (pl.)   *parents*
empfehlen (empfiehlt, empfohlen)   *to recommend*
endlich   *finally*
England   *England*
englisch   *English*
entführen (entführt, entführt)   *to carry off, to lead away, to kidnap*
entnehmen (entnimmt, entnommen)   *to take away*
Entschuldigung   *Excuse me*
entsprechen (entspricht, entsprochen) + dat.   *to correspond to*
enttäuscht   *disappointed*
entweder   *either*
entweder . . . oder   *either . . . or*
entwerten (entwertet, entwertet)   *to cancel tickets*
der Entwerter (-)   *machine to cancel or punch tickets*
die Erbse (-n)   *pea*
das Erdbeereis   *strawberry ice-cream*
die Erdbeertorte (-n)   *strawberry flan*
das Erdgeschoß (-e)   *ground floor*
die Erkältung (-en)   *cold*
sich erkundigen (erkundigt sich, sich erkundigt)   *to find out information*
erreichen (erreicht, erreicht)   *to reach*

erst   *not till*
erste(r)   *first*
der Erwachsene (-n)   *adult*
erwarten (erwartet, erwartet)   *to expect*
das Essen   *food*
essen (ißt, gegessen)   *to eat*
der Essig (-e)   *vinegar*
etwas   *something*
euer   *your (fam. pl.)*

F

das Fach (¨er)   *school subject*
die Fachhochschule (-n)   *college*
der Fahrausweis (-e)   *bus/train ticket*
die Fähre (-n)   *ferry*
*fahren (fährt, gefahren)   *to travel*
der Fahrgast (¨e)   *passenger*
das Fahrgeld (-er)   *fare*
die Fahrkarte (-n)   *bus/train ticket*
der Fahrkartenschalter (-)   *ticket counter*
der Fahrplan (¨e)   *timetable*
die Fahrplanauskunft (¨e)   *travel information*
das Fahrrad (¨er)   *cycle*
das Fahrradlicht (-er)   *cycle lamp*
die Fahrradtour (-en)   *cycle tour*
der Fahrschein (-e)   *bus/train ticket*
falsch   *wrong*
der Familienname (-n)   *surname*
die Farbe (-n)   *colour*
der Farbfilm (-e)   *colour film*
der Farbstift (-e)   *colour pencil*
fast   *almost*
die Feder (-n)   *feather*
der Februar   *February*
der Federball   *badminton*
der Feiertag (-e)   *holiday*
die Ferien (pl.)   *holidays*
das Ferngespräch (¨er)   *long distance call*
fernsehen (sieht fern, ferngesehen)   *to watch TV*
der Fernsehraum   *TV room*
das Fieber (-)   *temperature*
der Film (-e)   *film*
der Filzstift (-e)   *felt tip pen*
finden (findet, gefunden)   *to find*
der Fisch (-e)   *fish*
flach   *flat*
die Flakes (pl.)   *corn flakes*
die Flasche (-n)   *bottle*
das Fleisch   *meat*
die Fleischwurst (¨e)   *a type of sausage*
*fliegen (fliegt, geflogen)   *to fly*
*fließen (fließt, geflossen)   *to flow*
die Flöte (-n)   *flute*
der Flughafen (¨)   *airport*
der Fluß (¨sse)   *river*
das Formular (-e)   *form*
der Fotoapparat (-e)   *camera*
fotografieren (fotografiert, fotografiert)   *to photograph*
fragen (fragt, gefragt)   *to question*
der Franken (-)   *Swiss franc (100 Rappen)*
frankiert   *stamped*

Frankreich *France*
französisch *French*
die Frau (-en) *woman, wife, Mrs*
das Fräulein *waitress, Miss*
frei *free, empty*
das Freibad (-er) *open air swimming pool*
im Freien *in the open air*
der Freitag *Friday*
die Freizeit *free time*
fremd sein *to be a stranger*
sich freuen auf + *acc.* (freut sich, sich gefreut) *to look forward to, to be happy about*
der Freund (-e) *male friend*
die Freundin (-nen) *female friend*
freundlich *friendly*
der Friedhof (-e) *graveyard, cemetery*
die Frikadelle (-n) *rissole, meatball*
frisch *fresh*
der Fruchtsaft (-e) *fruit juice*
früh *early*
früher *earlier*
der Frühling *spring*
das Frühstück (-e) *breakfast*
frühzeitig *early, in good time*
der Füller (-) *fountain-pen*
fünfte(r) *fifth*
der Funkamateur (-e) *CB enthusiast, radio ham*
für + *acc.* *for*
furchtbar *terrible, terribly*
der Fuß (-e) *foot*
der Fußball (-e) *football*
der Fußballschuh (-e) *football boot*
das Fußballspiel (-e) *football match*
die Fußgängerzone (-n) *pedestrian precinct*

G

die Gabel (-n) *fork*
die Galerie (-n) *gallery*
gar nicht *not at all*
der Gastgeber (-) *host*
die Gastgeberin (-nen) *hostess*
das Gebäude (-) *building*
geben (gibt, gegeben) *to give*
das Gebiet (-e) *area*
geboren *born*
der Geburtstag (-e) *birthday*
die Gefahr (-en) *danger*
*gehen (geht, gegangen) *to go*
die Geige (-n) *violin*
gelb *yellow*
das Geld (-er) *money*
der Geldschein (-e) *banknote*
das Geldstück (-e) *coin*
der Geldwechsel *exchange*
die Gelegenheit (-en) *opportunity*
die Gemeinde (-n) *parish*
gemischt *mixed*
das Gemüse *vegetable(s)*
geöffnet *open*
das Gepäck *luggage*
das Gepäckschließfach (-er) *locker (for left luggage)*

geradeaus *straight on*
gern *willingly (eg. Ich lese gern — I like reading)*
Gern geschehen *It was a pleasure*
die Gesamtschule (-n) *comprehensive school*
das Geschäft (-e) *shop, business*
das Geschenk (-e) *present*
geschlossen *closed*
die Geschwister (*pl.*) *brothers and sisters*
gesteckt *put, stuck*
gestern *yesterday*
die Gesundheit *health*
das Getränk (-e) *drink*
die Getränkekarte (-n) *drinks list*
getrennt *separate, separately*
gewöhnt *used to*
die Gitarre (-n) *guitar*
gleich *same*
das Gleis (-e) *railway track*
der Grad (-e) *degree*
das Gras (-er) *grass*
grau *grey*
die Grenze (-n) *border, frontier*
grenzen an + *dat.* (grenzt, gegrenzt) *to border on*
die Grippe (-n) *influenza*
der Groschen (-) *unit of Austrian currency*
groß *big*
Großbritannien *Great Britain*
die Großmutter (-) *grandmother*
der Großvater (-) *grandfather*
grün *green*
grüßen (grüßt, gegrüßt) *to greet*
Grüß Gott *southern German and Austrian greeting*
gucken (guckt, geguckt) *to look*
gültig *valid*
der Gummi, der Radiergummi (-s) *rubber, eraser*
gut *good*
Guten Morgen *Good morning*
Guten Tag *Hello*
das Gymnasium (-ien) *grammar school*

H

die Haare (*pl.*) *hair*
haben (habt, gehabt) *to have*
der Hafen (-) *port*
halb *half*
das Hallenbad (-er) *indoor swimming pool*
die Halsschmerzen (*pl.*) *sore throat*
die Haltestelle (-n) *bus/tram stop*
der Haltestellenplan (-e) *bus/tram-stop plan*
Hamburg *north German city and a federal* Land
die Hand (-e) *hand*
das Handtuch (-er) *towel*
der Hauptbahnhof (-e) *main railway station*
die Hauptpost (-en) *main post office*
die Hauptreisezeit *main travel time, high season*
die Hauptstadt (-e) *capital*
das Haus (-er) *house*
das Haustier (-e) *pet*
das Heft (-e) *exercise book*
die Heide (-n) *heath*
Heiligabend *Christmas Eve*

heiß *hot*

heißen (heißt, geheißen) *to be called*

heiter *bright, cheerful*

helfen + dat. (hilft, geholfen) *to help*

hellbraun *light brown*

die Herbergseltern (pl.) *youth hostel wardens*

die Herbergsmutter (¨) *female youth hostel warden*

der Herbergsvater (¨) *male youth hostel warden*

der Herbst (-e) *autumn*

der Herr (-en) *gentleman*

Herren *sign for gents' toilets*

herrlich *splendid*

die Herrschaft (-) *rule*

Hessen *Hesse (a federal* Land*)*

heute *today*

hier *here*

das Himbeereis *raspberry ice-cream*

die Himbeertorte (-n) *raspberry flan*

hin *there*

hin und zurück *there and back, return*

das Hobby (-s) *hobby*

höchst *highest*

hoffen (hofft, gehofft) *to hope*

holen (holt, geholt) *to fetch*

holländisch *Dutch*

hören (hört, gehört) *to hear, listen to*

der Hörer (-) *receiver*

Hör zu! *Listen!*

der Hund (-e) *dog*

der Hunger (-) *hunger*

Hunger haben *to be hungry*

husten (hustet, gehustet) *to cough*

der Hut (¨e) *hat*

I

die Imbißhalle (-n) *snack bar*

die Imbißstube (-n) *snack bar*

immer *always*

die Industrie (-n) *industry*

das Informationsbüro (-s) *information office*

die Insel (-n) *island*

das Instrument (-e) *instrument*

irgendwo *somewhere*

Irland *Ireland*

Italien *Italy*

J

die Jägerwurst (¨e) *a variety of sausage*

das Jahr (-e) *year*

der Januar *January*

die Jeans (-) *a pair of jeans*

jeden Tag *every day*

jetzt *now*

der/das Joghurt (-s) *yoghurt*

die Jugendherberge (-n) *youth hostel*

der Jugendklub (-s) *youth club*

das Jugendzentrum (-ren) *youth centre*

der Juli *July*

der Junge (-n) *boy*

die Jungenduschen (pl.) *boys' showers*

die Jungentoiletten (pl.) *boys' toilets*

jünger *younger*

der Juni *June*

K

das Kaffeeservice (-) *coffee service*

der Kakao *cocoa*

kalt *cold*

der Kamm (¨e) *comb*

das Kaninchen (-) *rabbit*

das Kännchen (-) *coffeepot, teapot*

die Kantine (-n) *canteen*

kaputt *broken*

die Karotte (-n) *carrot*

die Karte (-n) *card, map*

die Kartoffel (-n) *potato*

der Käse *cheese*

der Käsekuchen (-) *cheesecake*

die Kasse (-n) *cash desk, till*

die Kassette (-n) *cassette*

der Kassettenrekorder (-) *cassette recorder*

die Katze (-n) *cat*

kaufen (kauft, gekauft) *to buy*

der Kaugummi (-s) *chewing-gum*

kegeln *to go bowling*

kein *not a*

der Keller (-) *cellar*

der Kellner (-) *waiter*

die Kellnerin (-nen) *waitress*

kennen (kennt, gekannt) *to know*

kennenlernen (lernt . . . kennen, kennengelernt) *to get to know*

das Kind (-er) *child*

die Kirche (-n) *church*

die Klasse (-n) *class*

klasse! *ace! magic!*

das Klavier (-e) *piano*

die Kleider (pl.) *clothes*

die Kleidung *clothes*

klein *small*

der Knopf (¨e) *button*

kochen (kocht, gekocht) *to cook*

der Koffer (-) *suitcase*

die Kohle (-n) *coal*

die Kohlensäure *carbon dioxide*

*kommen (kommt, gekommen) *to come*

kommen (aus + dat.) *to come (from)*

die Konditorei (-en) *cake shop*

können (kann, gekonnt) *to be able*

der Kontrabaß (¨sse) *double bass*

die Kopfschmerzen (pl.) *headache*

kosten (kostet, gekostet) *to cost*

krank *ill*

das Krankenhaus (¨er) *hospital*

die Kreuzung (-en) *crossroads*

der Krieg (-e) *war*

kriegen (kriegt, gekriegt) *to get*

die Küche (-n) *kitchen*

der Kugelschreiber (-) *biro*

kühl *cool*

der Kuli (-s) *biro*

der Kurs (-e) *rate of exchange*
kurz *short, shortly*

L
die Landkarte (-n) *map*
die Landschaft (-en) *countryside*
der Landtag *regional parliament*
lang *long*
längst *long ago*
lassen (läßt, gelassen) *to leave (an object)*
*laufen (läuft, gelaufen) *to run*
lebendig *lively*
das Lebensmittelgeschäft (-e) *grocery shop*
der Lehrer (-), die Lehrerin (-nen) *teacher*
leicht *easy*
die Leichtathletik *athletics*
leider *unfortunately*
leihen (leiht, geliehen) *to lend, to borrow, to hire*
lesen (liest, gelesen) *to read*
letzten Mai *last May*
letztes Jahr *last year*
letzte Woche *last week*
die Leute (*pl.*) *people*
liebe (*f. and pl.*) *dear (eg.* Liebe Frau Braun,*)*
lieber (*m.*) *dear (eg.* Lieber Herr Braun,*)*
die Lieblingsgruppe (-n) *favourite group*
liegen (liegt, gelegen) *to be situated, to lie*
die Limonade *lemonade*
das Lineal (-e) *ruler*
die Linie (-n) *line*
der Linienplan (-̈e) *route map*
links *left, on the left*
die Liste (-n) *list*
der Löffel (-) *spoon*
los *wrong (eg.* Was ist los? *What's the matter?)*
das Luftkissenboot (-e) *hovercraft*
Lust haben *to fancy doing something (eg.* Hast du Lust,
   schwimmen zu gehen?*)*

M
machen (macht, gemacht) *to do, to make*
das Mädchen (-) *girl*
die Mädchenduschen (*pl.*) *girls' showers*
die Mädchentoiletten (*pl.*) *girls' toilets*
die Mahlzeit (-en) *meal*
der Mai *May*
das Mal (-e) *time, occasion*
mal *at times*
malen (malt, gemalt) *to paint*
manchmal *sometimes*
der Mann (-̈er) *man, husband*
der Markt (-̈e) *market*
die Marmelade *jam*
der März *March*
die Maus (-̈e) *mouse*
das Meerschweinchen (-) *guinea-pig*
mehr *more*
die Mehrfahrtenkarte (-n) *a ticket allowing several
   journeys*
mein *my*

meistens *mostly*
sich melden (meldet sich, sich gemeldet) *to get in touch*
der Mensch (-en) *human, person*
merken (merkt, gemerkt) *to notice*
das Messer (-) *knife*
der Metzger (-) *butcher*
mich *me (acc.)*
die Milch *milk*
mild *mild*
das Mineralwasser *mineral water*
mir *me (dat.)*
mit + dat. *with*
das Mitglied (-er) *member*
das Mittagessen (-) *midday meal*
das Mittel (-) *remedy, medicine*
Mittelengland *the Midlands*
mittelgroß *medium height*
das Mittelmeer *Mediterranean*
der Mittwoch *Wednesday*
das Mofa (-s) *moped*
mögen (mag, gemocht) *to like*
die Möglichkeit (-en) *possibility*
das Mokkaeis *mocca ice-cream*
der Monat (-e) *month*
die Monatskarte (-n) *monthly season ticket*
der Montag *Monday*
montags *on Mondays*
morgen *tomorrow*
morgens *in the morning, every morning*
müde *tired*
die Münze (-n) *coin*
das Museum (Museen) *museum*
die Mutter (-̈) *mother*

N
der Nachbar (-n), die Nachbarin (-nen) *neighbour*
der Nachmittag (-e) *afternoon*
nachmittags *in the afternoon*
nächst *next, nearest*
die Nacht (-̈e) *night*
der Nachtisch (-e) *dessert*
in der Nähe von + dat. *near*
nähen (näht, genäht) *to sew*
der Name (-n) *name*
natürlich *natural, naturally*
der Nebel (-) *fog*
nebelig, neblig *foggy*
nehmen (nimmt, genommen) *to take*
nett *nice*
neu *new*
neunte(r) *ninth*
nicht *not*
nichts *nothing*
nichts zu danken *not at all, it was a pleasure*
nie *never*
die Niederlande (*pl.*) *The Netherlands*
Niedersachsen *Lower Saxony, a federal* Land
noch *still, another*
der Norden *north*
Nordengland *Northern England*
nördlich *northern, northerly*

Nordrhein-Westfalen   *North Rhine Westphalia, a federal* Land

Nordwestengland   *North West England*

Norwegen   *Norway*

das Notizbuch (-er)   *note book*

der November   *November*

der Nudelsalat (-e)   *noodle salad*

die Null   *nought*

die Nummer (-n)   *number*

nur   *only*

das Nußeis (-e)   *walnut ice-cream*

O

ob   *whether*

oben   *upstairs*

Herr Ober!   *Waiter!*

der Oberbürgermeister (-)   *Lord Mayor*

das Obst   *fruit*

oder   *or*

ohne + acc.   *without*

der Oktober   *October*

das Öl   *oil*

die Ölkanne (-n)   *oil can*

die Oma (-s)   *granny*

der Onkel (-)   *uncle*

der Opa (-s)   *grandad*

die Orgel (-n)   *organ*

der Osten   *east*

Ostengland   *East England*

die Osterferien (pl.)   *Easter holidays*

das Ostern   *Easter*

Österreich   *Austria*

östlich   *eastern, easterly*

Ostschottland   *East Scotland*

der Ozean (-e)   *ocean*

P

packen (packt, gepackt)   *to pack*

die Packung (-en)   *packet*

das Paket (-e)   *parcel*

die Paketannahme   *parcel-receiving office*

das Papier (-e)   *paper*

der Park (-s)   *park*

das Parkhaus (-er)   *multi-storey car park*

der Partner (-)   *male partner*

die Partnerin (-nen)   *female partner*

der Paß (-sse)   *passport*

der Passagier (-e)   *passenger*

passend   *appropriate*

die Person (-en)   *person*

die Pfalz   *the Palatinate, a federal* Land

das Pfand (-er)   *deposit*

der Pfenning (-e)   *penny, pfennig*

Pfingsten   *Whitsun*

der Pflaumenkuchen (-)   *plum tart*

das Pfund (-)   *pound (sterling and weight)*

das Pistazieneis (-e)   *pistachio ice-cream*

der Plattenspieler (-)   *record-player*

der Platz (-e)   *room, space, square*

Polen   *Poland*

die Polizei   *police*

der Polizist (-en)   *policeman*

die Polizistin (-nen)   *police woman*

die Pommes Frites (pl.)   *chips*

die Portion (-en)   *portion*

die Post   *post*

das Postamt (-er)   *post office*

die Postkarte (-n)   *postcard*

das Postwertzeichen (-)   *stamp*

die Praline (-n)   *chocolate*

die Preisliste (-n)   *price list*

preiswert   *worth the money*

probieren (probiert, probiert)   *to try, to taste*

der Prospekt (-e)   *pamphlet*

der Pullover (-)   *pullover*

R

das Rad (-er)   *wheel, bicycle*

*radfahren (fährt Rad, radgefahren)   *to cycle*

der Radiergummi (-s)   *rubber, eraser*

die Radtour (-en)   *cycle tour*

der Rappen (-)   *Swiss coin*

das Rathaus (-er)   *town hall*

die Rechnung (-en)   *bill*

rechts   *right, on the right*

regelmäßig   *regularly*

der Regen   *rain*

der Regenmantel (-)   *raincoat*

regnen (regnet, geregnet)   *to rain*

regnerisch   *rainy*

die Reihe (-n)   *row, series*

die Reise (-n)   *journey*

die Reiseauskunft (-e)   *travel information*

der Reisescheck (-s)   *traveller's cheque*

*reisen (reist, gereist)   *to travel*

reservieren (reserviert, reserviert)   *to reserve*

die Reservierung (-en)   *reservation*

richtig   *right, correct*

die Richtung (-en)   *direction*

der Roman (-e)   *novel*

die Rostwurst (-e)   *type of sausage*

die Rückfahrkarte (-n)   *return ticket*

der Ruhetag (-e)   *closing day (pubs, cafés, restaurants)*

rund   *approximately*

der Rundfunk   *radio, broadcasting company*

S

das Saarland   *a federal* Land

die Sache (-n)   *thing, matter*

sagen (sagt, gesagt)   *to say*

die Sahne   *cream*

die Salami   *salami*

der Salat (-e)   *salad*

die Salatsorte (-n)   *kind of salad*

sammeln (sammelt, gesammelt)   *to collect*

der Samstag   *Saturday*

das Schach   *chess*

die Schachtel (-n)   *little box*

Schade!   *Pity!*

die Schallplatte (-n)   *record*

der Schalter (-)   counter, ticket office
das Schaschlik   meat grilled on a skewer
der Schein (-e)   banknote
schicken (schickt, geschickt)   to send
das Schiff (-e)   ship
die Schiffsreise (-en)   (sea-)voyage
das Schild (-er)   traffic sign, notice
der Schilling (-e)   unit of Austrian currency
schlafen (schläft, geschlafen)   to sleep
der Schlafraum (¨e)   dormitory
der Schlafsack (¨e)   sleeping bag
schlagen (schlägt, geschlagen)   to beat
der Schläger (-)   racket
Schlange stehen   to queue
schlecht   bad, unwell
schließen (schließt, geschlossen)   to shut, to close
schlimm   bad, nasty, terrible
das Schloß (¨sser)   castle
schlucken (schluckt, geschluckt)   to swallow
Schluß machen   to end, to close
der Schlüssel (-)   spanner, key
schmecken (schmeckt, geschmeckt)   to taste
die Schmerztablette (-n)   pain killer
der Schnee   snow
der Schneebericht (-e)   snow report
der Schneefall (¨e)   snow fall
der Schneeschauer (-)   snow shower
der Schnellimbiß (-sse)   snack
der Schnellzug (¨e)   fast train
der Schnupfen   head cold, runny nose
die Schokolade (-n)   chocolate
schon   already
schön   beautiful
Schottland   Scotland
der Schraubenschlüssel (-)   spanner
schreiben (schreibt, geschrieben)   to write
das Schreibpapier   writing paper
die Schreibwaren (pl.)   stationery
schriftlich   in writing
schwarz   black
der Schwarzweißfilm (-e)   black and white film
die Schweiz   Switzerland
schwer   difficult
die Schwester (-n)   sister
das Schwimmbad (¨er)   swimming pool
*schwimmen (schwimmt, geschwommen)   to swim
sechste(r)   sixth
der See (-n)   lake
segeln (segelt, gesegelt)   to sail
sehen (sieht, gesehen)   to see
sehr   very
die Seife (-n)   soap
sein   his, its
sein (ist, gewesen)   to be
seit   for, since
die Seite (-n)   side, page
der Sekretär (-e), die Sekretärin (-nen)   secretary
der September   September
die Serviette (-n)   serviette
die Shorts (pl.)   shorts
sicher   certainly

siebte(r)   seventh
die Skier (pl.) (pronounced Sch . . .)   skis
der Sohn (¨e)   son
der Sommer (-)   summer
sondern   but (after a negative)
der Sonnabend   Saturday
die Sonne   sun
sonnig   sunny
der Sonntag   Sunday
sonst   otherwise
sonst noch etwas?   anything else?
Spanien   Spain
sparen (spart, gespart)   to save
der Spaß (¨e)   fun
spät   late
später   later
*spazieren (spaziert, spaziert)   to walk
spazierengehen   to go for a walk
der Speiseraum (¨e)   dining room
das Spiegelei (-er)   fried egg
spielen (spielt, gespielt)   to play
der Sport   sport
Sport treiben   to go in for sport
der Sportplatz (¨e)   sports ground
das Sportzentrum (-ren)   sports centre
sprechen (spricht, gesprochen)   to speak
der Sprudel (-)   fizzy non-alcoholic drink, soda water
das Stadion (-ien)   stadium
die Stadt (¨e)   city
die Stadtmitte (-n)   city centre
der Stadtplan (¨e)   plan of town
der Stahl   steel
stark   strong
stattfinden (-findet, -gefunden)   to take place
der Stausee (-n)   reservoir
der Steckbrief (-e)   personal description
stehen (steht, gestanden)   to stand
die Stelle (-n)   place, job
der Stempelausdruck (¨e)   stamp
*sterben (stirbt, gestorben)   to die
die Steuer (-n)   tax
der Sticker (-)   badge (with pin)
der Stock (¨e)   stick
Stracciatella   an Italian ice-cream
die Straße (-n)   street
stricken   to knit
das Stück (-e)   piece, each
die Stunde (-n)   hour, lesson
stürmisch   stormy
suchen (sucht, gesucht)   to look for
Südafrika   South Africa
der Süden   south
Südengland   South England
südlich   southern, southerly
Südostirland   South East Ireland
Südwales   South Wales
Südwestengland   South West England
die Suppe (-n)   soup
das Sweatshirt (-s)   sweat shirt
Sylvester   New Year's Eve
das Symptom (-e)   symptom

T

die Tafel (-n)   *bar, board*
der Tag (-e)   *day*
täglich   *daily*
der Tanz (-e)   *dance*
tanzen (tanzt, getanzt)   *to dance*
die Tasche (-n)   *pocket, bag*
die Taschenlampe (-n)   *pocket torch*
der Taschenrechner (-)   *pocket calculator*
die Tasse (-n)   *cup*
tätig sein   *to be occupied, active*
der Tee   *tea*
der Teil (-e)   *part*
die Telefonnummer (-n)   *telephone number*
die Telefonzelle (-n)   *telephone box*
das Telegramm (-e)   *telegram*
die Temperatur (-en)   *temperature*
der Tennisball (-e)   *tennis ball*
das Theater (-)   *theatre*
die Theke (-n)   *bar, counter*
das Tier (-e)   *animal*
das Tischtennis   *table tennis*
die Tochter (-)   *daughter*
die Toilette (-n)   *toilet*
die Tomate (-n)   *tomato*
das Tomatenketchup   *tomato ketchup*
die Tradition (-en)   *tradition*
das Training (-s)   *training*
der Trainingsanzug (-e)   *track suit*
treffen (trifft, getroffen)   *to meet*
treiben (treibt, getrieben)   *to do (eg. Sport treiben to do sport)*
trinken (trinkt, getrunken)   *to drink*
die Trinkhalle (-n)   *drink stall*
trocken   *dry*
das Tröpfchen (-)   *drop*
die Tschechoslowakei   *Czechoslovakia*
Tschüs!   *So long!*
das T-Shirt (-s)   *T-shirt*
die Tube (-n)   *tube*
tun (tut, getan)   *to do, to make*
der Turm (-e)   *tower*

U

die U-Bahn (-en)   *underground railway*
die U-Bahnstation (-en)   *underground station*
überall   *everywhere*
die Überfahrt (-en)   *crossing*
überlegen (überlegt, überlegt)   *to consider*
übernachten (übernachtet, übernachtet)   *to spend the night*
überwachen (überwacht, überwacht)   *to keep a watch on, to observe*
die Übung (-en)   *practice, exercise*
die Uhr (-en)   *clock*
die Umleitung (-en)   *diversion*
der Umschlag (-e)   *envelope*
sich umsehen (sieht sich um, sich umgesehen)   *to look round*
*umsteigen (steigt um, umgestiegen)   *to change (trains, etc.)*
unbedingt   *at all costs*

und   *and*
ungefähr   *about*
unheimlich   *really (fam.)*
die Uni (-s)/Universität (-en)   *university*
unmöglich   *impossible*
unser   *our*
unten   *downstairs*
der Unterschied (-e)   *difference*
unterschreiben (unterschreibt, unterschrieben)   *to sign*
unterwegs   *on the way*
der Urlaub (-e)   *holiday*
usw (und so weiter)   *and so on*

V

das Vanilleeis (-e)   *vanilla ice-cream*
der Vater (-)   *father*
verbringen (verbringt, verbracht)   *to spend (time)*
verbunden   *connected*
verdienen (verdient, verdient)   *to earn*
der Verein (-e)   *club, society*
vergessen (vergißt, vergessen)   *to forget*
verkaufen (verkauft, verkauft)   *to sell*
die Verkäuferin (-nen)   *sales girl*
das Verkehrsamt (-er)   *tourist information office*
verlassen (verläßt, verlassen)   *to leave (a place)*
versagen (versagt, versagt)   *to fail, malfunction*
verschieden   *different*
verstehen (versteht, verstanden)   *to understand*
versuchen (versucht, versucht)   *to try*
viel   *many, much*
vielleicht   *perhaps*
das Viertel (-)   *quarter*
vierte(r)   *fourth*
vollenden   *to complete*
vorbereiten   *to prepare*
vorhaben (hat vor, vorgehabt)   *to intend, have planned*
der Vormittag (-e)   *morning*
der Vorname (-n)   *first name*
vorschlagen (schlägt vor, vorgeschlagen)   *to suggest*
vorstellen   *to introduce*
der Vorverkauf   *advance booking*
die Vorverkaufstelle (-n)   *advance booking office*
die Vorwahl   *dialling code*

W

der Wagen (-)   *car*
wählen (wählt, gewählt)   *to choose*
während + *gen.*   *while (with a verb), during (with a noun)*
wahrscheinlich   *probably*
der Wald (-er)   *forest*
die Wanderung (-en)   *hike*
warm   *warm*
warten   *to wait*
warten auf + *acc.* (wartet, gewartet)   *to wait for*
was   *what*
sich waschen (wäscht sich, sich gewaschen)   *to wash (yourself)*
der Waschraum (-e)   *wash room*
was für . . . ?   *what sort of . . . ?*
das Wasser (-)   *water*
wechseln   *to change*

die Weihnachtsferien (*pl.*)   *Christmas holidays*
weh – das tut weh   *that hurts*
weil   *because*
der Wein (-e)   *wine*
weiß   *white*
weiter   *further*
welcher   *which*
der Wellensittich (-e)   *budgerigar*
wenig   *little*
wenn   *if*
*werden (wird, geworden)   *to become*
werfen (wirft, geworfen)   *to throw*
der Werktag (-e)   *workday*
der Westen   *west*
Westengland   *West England*
westlich   *western, westerly*
das Wetter   *weather*
wichtig   *important*
wie   *how, as*
wieviel   *how much, how many*
windig   *windy*
der Winter (-)   *winter*
wissen (weiß, gewußt)   *to know*
wo   *where*
die Woche (-n)   *week*
das Wochenende (-n)   *weekend*
die Wochenkarte (-n)   *weekly ticket*
woher   *where from*
wohin   *where to*
wohnen (wohnt, gewohnt)   *to live*
der Wohnort (-e)   *residence*
die Wolke (-n)   *cloud*

wolkig   *cloudy*
wollen (will, gewollt)   *to want*
die Wurst (⁻e)   *sausage*
die Wurstbude (-n)   *sausage stall*

Z

die Zahl (-en)   *number*
zahlen (zählt, gezahlt)   *to pay*
der Zahnarzt (⁻e)   *male dentist*
die Zahnärztin (-nen)   *female dentist*
die Zahnpasta (-ten)   *tooth paste*
die Zahnschmerzen (*pl.*)   *tooth ache*
zehnte(r)   *tenth*
zeigen (zeigt, gezeigt)   *to show*
die Zeit (-en)   *time*
die Zeitschrift (-en)   *magazine*
die Zeitung (-en)   *newspaper*
das Zelt (-e)   *tent*
zelten (zeltet, gezeltet)   *to camp*
der Zettel (-)   *slip of paper*
ziehen (zieht, gezogen)   *to pull, draw*
ziemlich   *fairly*
das Zimmer (-)   *room*
die Zitrone (-n)   *lemon*
der Zoo (-s)   *zoo*
der Zucker   *sugar*
zuerst   *first*
der Zug (⁻e)   *train*
zurück   *back*
zusammen   *together*
die Zweifahrtenkarte (-n)   *a ticket allowing two journeys*
zwischen + dat.   *between*